Josef Ponten
Architektur die nicht gebaut wurde

Josef Ponten

Architektur die nicht gebaut wurde

Mit einem Vorwort von
Frank Werner

Deutsche Verlags-Anstalt · Stuttgart

CIP-Kurztitelaufnahme der Deutschen Bibliothek

PONTEN, JOSEF
Architektur die nicht gebaut wurde / Josef Ponten.
Mit e. Vorw. von Frank Werner. – Einbändige
Wiedergabe d. Ausg. Stuttgart, Berlin, Leipzig,
Dt. Verl.-Anst., 1925. –
Stuttgart: Deutsche Verlags-Anstalt, 1987.
ISBN 3-421-02854-0

© 1987 Deutsche Verlags-Anstalt GmbH, Stuttgart
(Einbändige Wiedergabe der 1925 in der
Deutschen Verlags-Anstalt
erschienenen Ausgabe in zwei Bänden)
Alle Rechte vorbehalten
Umschlagentwurf: Hans Peter Willberg, Eppstein
Druck: Gutmann + Co, Heilbronn
Bindearbeit: Großbuchbinderei Monheim, Monheim
Printed in Germany

Expedition in das Reich verschollener Bauideen

Der Schriftsteller Josef Ponten, der sich in seiner eigenen Vorstellungswelt sehr stark mit dem Bild eines »literarischen Baumeisters« identifizierte, legte in dem 1912 begonnenen und 1918 vollendeten Roman »Der Babylonische Turm« einem seiner Hauptakteure, dem vom Leben enttäuschten, alten Baumeister, eine aufschlußreiche Feststellung in den Mund. So ließ er den von zahllosen Rückschlägen heimgesuchten Alten zu seinem Sohn sagen: »Das Beste, was gebaut wurde, mein Sohn, ist nur auf dem Papier gebaut worden ... Es gibt auf der ganzen Welt kein wahrhaft großes Bauwerk, das nicht Ruine wäre, im einen oder anderen Sinne. Und wenn es scheinbar auch vollendet wurde, so konnte es nie vollendet werden, wie der Baumeister es sich gedacht hatte, tausend Rücksichten verhinderten das.«

Fast siebzig Jahre später kommt der österreichische Schriftsteller Thomas Bernhard in seinem 1985 publizierten Roman »Alte Meister« durch den Mund des Romanhelden und Musikphilosophen Reger zu folgendem Schluß: »Ein großes Bauwerk ... wie rasch verkleinert es sich unter der Betrachtung eines Auges wie dem meinigen, und ist es noch so berühmt und gerade, und genau dann schrumpft es doch über kurz oder lang auf eine lächerliche Architektur zusammen. Ich bin auf Reisen gegangen ... um große Architektur zu sehen, natürlich zuerst nach Italien und nach Griechenland und nach Spanien, aber die Kathedralen sind unter meinen Augen bald zusammengeschrumpft auf nichts weniger als hilflose, ja lächerliche Versuche, dem Himmel so etwas wie einen zweiten Himmel entgegenzusetzen, von einer Kathedrale zur anderen immer noch einen großartigeren zweiten Himmel, von einem Tempel zum anderen immer noch etwas Großartigeres ... und es ist doch immer nur etwas Stümperhaftes herausgekommen dabei ... All die sogenannten Alten Meister sind ja Gescheiterte, ohne Ausnahme sind sie alle zum Scheitern verurteilt gewesen, und in jeder Einzelheit ihrer Arbeiten kann der Betrachter dieses Scheitern feststellen ... in dem kleinsten und allerkleinsten Detail.« Für Thomas Bernhard stellt sich somit die ganze real existierende Kulturwelt als einzige große »Fälschung« dar.

Obwohl zwischen beiden Aussagen eine Zeitspanne von fast siebzig Jahren liegt, scheinen sie gleichermaßen resignativ auf die Diskrepanz zwischen der Idee eines Kunstwerks in statu nascendi und dem schließlich ausgeführten, durch vielerlei Sachzwänge häufig modifizierten Resultat zu reagieren. Dieser Eindruck ist jedoch trügerisch. Denn Pontens pessimistische Einschätzung der baulichen Realität mündete zu Beginn dieses Jahrhunderts nicht etwa in larmoyante Tatenlosigkeit, sondern ganz im Gegenteil sogar in einen höchst stimulierenden und befreienden Akt spekulativer Investigation. Denn schließlich hatte ja der alte Baumeister im »Babylonischen Turm« seine Reflexion über den »ruinösen« Zustand einer verbauten Architekturgeschichte nicht etwa mit einem müden Achselzucken, sondern mit einer ganz konkreten und anspornenden Aufforderung an sich und seinen Sohn beendet: »Das alles nun würde ich ergänzen – ich würde dir helfen und zeichnen, aber du müßtest das Nötigste dazu schreiben und überhaupt forschen, und wir geben es dann heraus als die Architektur, die nicht gebaut wurde. ›Architektur, die nicht gebaut wurde‹, wäre ein guter Titel.«

Beflügelt von den revolutionären, expressionistischen Moralvorstellungen seiner Zeit, die in der öffentlichsten aller Künste, der Architektur, eine adäquate Projektionsebene fanden, machte sich Ponten daran, den gesamten abendländischen Fundus »reiner« architektonischer Vorstellungswelten, mithin also die nicht gebaute Architektur, zu durchstreifen. Während Pontens älterer Schriftstellerkollege Paul Scheerbart (1863–1915) in kauzig-versponnenen Romanen phantastische, kristalline Architekturvisionen beschwor, interessierte sich Ponten mehr für die konkret nachweisbaren Spuren und Dokumente originärer Bauideen. Aus dem Theorem, daß »die Architektur ein erhabenes Symbol für die Spannung zwischen dem« sei, »was man im Geiste will und was man in Wirklichkeit kann«, leitete er den Schluß ab, daß nicht gebaute meist die »schönste Architektur« sei, denn sie »verhalte sich zur gebauten, wie das Ideal sich zur Wirklichkeit verhält«.

Daraus entstand ein ursprünglich zweibändiges Werk, dessen schrankenloser Wagemut auch heute noch, also über sechs Jahrzehnte später, in Gestalt einer Neuauflage ungeschmälerte Hochachtung verdient. Seine Vollendung verdankte dieses riskante Unterfangen seinerzeit wohl nur zwei Umständen: Zum einen wollte Ponten seine Expedition in das Reich verschollener Bauideen keineswegs als wissenschaftliche, sondern ganz im Gegenteil als »leidenschaftliche« und »künstlerische« Arbeit verstanden wissen. Er sicherte sich somit von vornherein gegen fachspezifische Sottisen jeder Art ab. Zum anderen versicherte er sich aber dennoch ganz explizit des wissenschaftlichen Beistands von zwei Wölfflin-Schülern (Heinz Rosemann und Hedwig Schmelz). Bedenkt man, daß eben dieser Heinrich Wölfflin (1864–1945) im Jahre 1886 seine Dissertation mit dem Titel »Prolegomena zu einer Psychologie der Architektur« eingereicht hatte, dann werden Wahlverwandtschaften zwischen einem damals schon sehr renommierten, weit über sein Fachgebiet hinauswirkenden Kunstwissenschaftler und einem avantgardistischen Kulturessayisten spürbar, denen weiter nachzugehen sicher sehr aufschlußreich wäre. Da ein Vorwort dies nicht leisten kann, sind die Leser von damals und heute auf Pontens karge Anmerkung angewiesen, daß die beiden Kunsthistoriker nach seinen Anweisungen »am Karren des Stoffes« gearbeitet hätten, wohingegen er selbst »für das Ganze und seine Teile, für Idee und Ausführung, namentlich für den ganzen Text« verantwortlich zeichne.

So hat denn auch weniger wissenschaftliche Präzision jene legendäre Wertschätzung begründet, deren sich Pontens Buch seit seiner Erstveröffentlichung im Jahre 1925 in zunehmendem Maße erfreuen durfte. Es war vielmehr der Charakter eines umfassenden Sittengemäldes abendländischen »Ent-Werfens«, der Freunde wie Gegner eines solchen Unterfangens bis heute gleichermaßen in Bann geschlagen hat. In Form einer atemberaubenden Collage, deren visuelle Eindringlichkeit Pontens gegenteiliger Meinung zum Trotz die dazugehörigen Begleittexte weit in den Schatten stellt, wird der Betrachter (weit stärker als der Leser) mit der idealen Baugeschichte schlechthin konfrontiert. Scheinbar zufällig reiht sich dabei Mythisches an Anekdotisches, Natürliches an Versteinertes, Skurriles an Dekoratives, Ideales an Alltägliches, Monumentales an Bescheidenes, Visionäres an Halbfertiges, immer wieder durchsetzt mit konkret faßbaren Demonstrativobjekten »vertaner Chancen«.

Dinokrates neben dem Straßburger Münster, Filaretes Idealstadt neben Perrets Hochhaus-Präkonzeption, Raffaels Gartenplan für die Villa Madama neben dem esoterischen architektonischen Alphabet Goberts, die Bemühungen zähen Ringens um den Neubau von St. Peter neben Piranesis Carceri-Visionen, Matteos barocker Größenwahn neben Weinbrenners rigorosem, asketischem Pathos, Schinkels humanistisches Proportionsdenken neben maßstabsprengenden Stahlskelett-Türmen und Brücken, eklektizistische Nationaldenkmäler neben prämodernen Stadt-Visionen, gerade diese harten Kontraste sind es letztendlich, die, weit über eine rein deskriptive Bau- oder Stilkunde hinausgehend, den permanenten Prozeß, die verborgenen, zyklisch wiederkehrenden Mechanismen von Formaneignung und Formverwerfung, von »Naissancen und Renaissancen« – wie Paul Frankl das einmal genannt hat – visuell verdeutlichen.

Gewiß, manches bedarf aus heutiger Sicht der Korrektur. So vermißt der Leser an wichtigen Stellen den Hinweis auf zwingende sozialgeschichtliche Bezüge oder die Erhellung politischer Hintergründe. Fundierte wissenschaftliche Recherchen haben darüber hinaus den Wissensstand des Jahres 1925 zu diesem oder jenem Phänomen, zu dieser oder jener Ideengeschichte eines Bauwerks längst überholt oder gar weitaus aufregendere Schauplätze kulturideologischer Auseinandersetzungen zutage gefördert. Ich denke in diesem Zusammenhang beispielsweise an Werner Oechslins Bemühungen, unter Einbeziehung des Fiktiven und Temporären genealogische wie anthropologische Bezüge des gesamten abendländischen Baugeschehens in Relation zu den realen Möglichkeiten und Grenzen der Architektur zu setzen, wobei seiner Meinung nach »hypothetische Anzeige« und »Vorwegnahme« unabdingbare Kriterien des ideellen, künstlerischen Korrektivs sind. In diesem Sinne stellt Pontens Buch auch heute noch eine Pioniertat dar, da er visuelles Anschauungsmaterial zu derartigen »Vorwegnahmen« und »hypothetischen Anzeigen« erstmals in solch komprimierter Form »ausgegraben«, beschrieben und für eine große Leserschaft auch chronologisch aufbereitet hat.

Mit dieser Feststellung ließe sich ein Vorwort trefflich schließen, gäbe es da nicht noch einen bedeutenden, die ideengeschichtliche Rezeption des frühen 20. Jahrhunderts tangierenden Aspekt. So verwies Josef Ponten im Nachwort von 1925 auf den vermeintlich »schwächsten Punkt« seines Werkes, auf die »Behandlung der modernen Zeit«. Von Selbstzweifeln geplagt, schrieb er: »Es wäre vielleicht besser gewesen, sie [die moderne Zeit] überhaupt auszuschließen. In der engen Gasse der Zeit stehend, kann niemand einen Überblick über diesen noch im Bau begriffenen Palast der Zeit, der noch dazu berüstet ist, gewinnen.« Diese mit expressionistischer Diktion verbrämte Exkulpation ehrt den Verfasser, für den heutigen Leser dagegen stellt sich die Abhandlung der seinerzeit aktuellen Baugedanken als regelrechter Glücksfall dar. Keine andere Passage des Buches fächert auf über fünfzig Seiten das zeitgenössische Ringen der sogenannten »Prämoderne« um das sozialhygienische Embellissement der aus den Fugen geratenen Großstädte und die Reduktion der Baugestalt auf das Wesentliche so sachkundig und detailliert auf wie eben dieser letzte Abschnitt.

Anhand mitunter längst verschollener städtebaulicher und objektbezogener Wettbewerbsentwürfe, Gutachtervorschläge oder auch nur höchst privater Visionen lassen sich hier aus einer Vielzahl divergierender Entwicklungslinien zwei parallele Hauptstränge architektonischen Engagements ablesen: das gefühlsbetonte bis revolutionäre expressionistische Gedankengut und die empirische Vorstellungswelt des bereits in Umrissen erkennbaren Neuen Bauens. (Wobei Josef Ponten kein Kind seiner Zeit wäre, würde seine Präferenz nicht unübersehbar dem Expressionismus gelten.) Unter deutlicher Einengung des internationalen Blickwinkels konzentrieren sich die städtebaulichen Akzente des Schlußkapitels auf Reorganisation und Ausbau der Reichsmetropole Berlin. Die zahllosen imperialen bis regionalistischen Platzgestaltungen oder

Forumsvisionen als etwas zu kurz geratene Antwort auf die gravierenden gesellschaftlichen Probleme der Großstadt um 1900 einmal außer acht lassend, scheinen sich völlig neuartige Bautypen wie Turm- und Terrassenhäuser, lichtdurchflutete, begrünte Wohnblocks, ganz anders aussehende Kultureinrichtungen und Kirchen als zukunftsweisende Eckpfeiler einer denkbaren »neuen Baukultur« anzubieten.

Mit Bruno Möhring, Otto Kohtz, Martin Elsässer, Theodor Fischer, Paul Bonatz, German Bestelmeyer, Richard Döcker, Hans Poelzig, Bruno Taut, Paul Gösch, Hans und Wassili Luckhardt, Hermann Finsterlin und Walter Schwagenscheidt, dem Finnen Eliel Saarinen oder dem Amerikaner Daniel Burnham sind hier die führenden Protagonisten jener wichtigen Amalgamationsjahre versammelt. »Avantgarde« und »Traditionalisten« wirken hier noch vergleichsweise euphemistisch konturiert. Oder deutet der Vergleich von Kohtz' 200 Meter hoher Stahl-Glas-Zikkurat für das Reichszentralbürohaus am Berliner Königsplatz mit Bestelmeyers amphitheatralischer Hochhausrotunde für die Berliner Reichsschuldenverwaltung nicht schon jene Gefahren an, die von autonomer Architektur jedweder Couleur ausgehen werden? Und nimmt die Gegenüberstellung liebevoller expressionistischer Miniaturen mit den neuen Wahrzeichen der geordneten, segregierten Stadt nicht schon das Scheitern von Pontens geschätzter »Revolutionsarchitektur« vorweg?

Ponten selbst, dessen Bildkommentare gegen Ende des Buches zunehmend dichter und »betroffener« werden, entzieht sich – wie unter anderem seine Stellungnahme zu Schwagenscheidts »Raumstadt« dokumentiert – der persönlichen Stellungnahme nicht. Selbst die beiden letzten Bildtafeln, die scheinbar ganz unverfänglich monumental-eklektizistische Leitbilder amerikanischen Zuschnitts thematisieren, wirken bereits wie eine dunkle Vorahnung jenes menschenverachtenden, brachialen Neoklassizismus, der ein Jahrzehnt später jede Alternative, und sei es auch nur eine auf dem Papier ersonnene, zugunsten hypertropher Weltmachtvorstellungen im Keim ersticken sollte.

Josef Ponten, bei Fertigstellung seines Buches soeben den Schrecken des Ersten Weltkriegs entronnen, beendete den Text mit einem eindringlichen Apell an die eigentlichen Träger jedweder Baukultur: »Und ihr, die ihr durch Macht und Geld in der Welt hervorragt, ihr Namentlichen, ihr Eigentlichen, ihr, deren diese Kunst [gemeint ist die Architektur] wie keine andere bedarf, ihr, nach denen diese strengste und stolzeste der Musen abwartend ausschauen muß, ob ihr ihr ein Freund werden wollt – bedenkt, auch heute hat das von Filarete mitgeteilte Wort noch seine Gültigkeit: daß nämlich ›niemals ein Land durch Bauten verarmt oder zugrundegegangen‹ ist, wohl aber durch irrsinnige Kriege.« Das sozialrevolutionäre Pathos dieses Apells, der – erinnern wir uns – am Abend der großen europäischen Revolutionen des Jahres 1918 verfaßt wurde, beschließt so mit einer letzten gesellschaftskritischen Retouche das große Sittengemälde einer abendländischen Ideengeschichte, die von vergeudeten Chancen, verpaßten Gelegenheiten, politischen Obstruktionen und vergeblichen Bemühungen um den »Ideal-Bau« schlechthin geprägt wird. Bis heute hat der abschließende Appell Josef Pontens nichts an Aktualität eingebüßt. Eingebunden in das »künstlerische Projekt« dieses Buches stellt er eine Art Vermächtnis dar, das bei aller Skepsis das Prinzip Hoffnung nicht auszuschließen scheint.

Frank Werner

ARCHITEKTVR DIE NICHT GEBAVT WVRDE

JOSEF PONTEN

ARCHITEKTVR DIE NICHT GEBAVT WVRDE

MIT AM WERKE
HEINZ ROSEMANN
HEDWIG SCHMELZ

ERSTER BAND
TEXT

1925

DEVTSCHE VERLAGS-ANSTALT / STVTTGART
BERLIN LEIPZIG

ALLE RECHTE VORBEHALTEN
COPYRIGHT 1924 BY DEUTSCHE VERLAGS-ANSTALT, STUTTGART
DRUCK DER DEUTSCHEN VERLAGS-ANSTALT IN STUTTGART

DEM ANDENKEN SEINES VATERS MICHAEL JOSEF PONTEN †
DEM LICHT DER TAGE SEINER MVTTER KATHARINA PONTEN
BAVLEVTEN MIT DENEN ER DIE STRENGE LVST DES BAVENS
ERLEBTE WIDMET DER SOHN SERVATIVS JOSEF PONTEN
DANKBAR VND NACHDENKLICH DIESES BVCH VOM BAVEN

Das seind schwere nothen
Friedrich Wilhelm IV. König-Architekt

ÜBER DIE KÜNSTE IM ALLGEMEINEN UND DIE ARCHITEKTUR IM BESONDEREN

An der Spitze stehe die Musik. Ihre Wirkung ist die unmittelbarste, die am stärksten verführerische, wenngleich ihr Umkreis nicht groß ist. Sie ist die geistigste, besser: die seelischste, sie rührt das Mystische im Menschen auf, sie, die undinglichste, macht geheime Vermögen der Seele reden, die für alle anderen Erregungen stumm bleiben. Sie erweitert das Reich des Menschen nach innen hin, in einen Punkt, in einen Mikrokosmos hinein. Sie ist der Philosophie am meisten verwandt, soweit die Philosophie das ahnende Erfassen des Makrokosmos ist. Aber nahe dem hohen Geistigen ist sie auch nahe dem niederen Triebhaften: das Erotische wird durch sie am ehesten erregt. Sie ist die primärste: ihre Äußerung in Wohlbehagen oder Trauer liegt der summenden Lippe nahe. Selbst dem Tiere ist sie nicht fremd, vom Singen des Vogels ganz zu schweigen. Alle Naturvölker kennen sie. Und wie sie die ursprünglichste ist, so ist sie die komplizierteste und sublimste, sie ist die nächste und die fernste. Sie ist die älteste und doch die jüngste, ihre Entfaltung hat sie als letzte in der Geschichte gefunden. Auch wegen ihrer äußeren Vorzüge ist der musikalische Schöpfer zu beneiden. Ist die Musik auch erdgebunden, in merkwürdiger Weise an das Instrument, so ist sie doch überallhin beweglich und international und ist überall original. In keiner Kunst kann ein Künstler so leicht bekannt und berühmt werden. Auch die Dichtkunst ist in Form des Buches beweglich, aber sie ist an eine Sprache gefesselt. Auch die Malerei und die Plastik sind international, auch ihre Werke, selbst die der Plastik, sind beweglich, aber dann sind sie nur einmalig, an das Original und den zufälligen Ort seines Seins gebunden. Auch die Architektur ist international, aber auch sie ist an das einmalige Original gebunden und dazu unbeweglich. Ihr ist die frei schweifende Musik, im Technischen beide auf das Mathematische gegründet, noch am nächsten und in merkwürdiger Weise verwandt, das Wort Albertis von der Architektur als der »gefrorenen Musik« ist schon fast langweilig geworden.

Erd- und stoffbeschwert ist die Plastik. Ihre Welt, der Körper von Mensch und Tier und allenfalls noch der Pflanze, ist eng, klein ist der Kreis ihrer Möglichkeiten, und ihre gleich der der Architektur abstrakte und indirekte Sprache wird heute wohl am schwersten verstanden, sie ist die am wenigsten populäre Kunst. Sie ist asketisch und in gewisser Weise monologisch, und wenn sie wie im Figurenrelief des Donatello etwa episch wird, verläßt sie ihr Stammland und dringt in Gebiete, wo schon sowohl Malerei wie Dichtung Hoheitsfahnen aufgestellt haben.

Die Malerei ist verhältnismäßig nur lose mit dem Stoffe verknüpft. Unmittelbar die Welt gibt sie wieder, einen großen Teil der dinglichen Welt, und auf eine sehr einfache Weise, im farbigen Abbild. Plastik und Architektur sind zutiefst vornehme Künste, ihnen verbietet sich soviel. Für die Malerei aber (und ihre grafischen Schwesterkünste) ist fast alles darstellbar, sie ist die gemeinste Kunst. Sie ist auch die populärste, nirgendwo urteilt das Publikum so vorlaut und sicher wie vor ihr. Sie ist wie keine andere Spiegel der Welt, schon dem Orte ihres Gestaltwerdens, der Rahmenebene, nach. Sie ist die primitivste, in ihr versucht sich das Kind zuerst. In ihren Hainen wächst der Lorbeer am niedrigsten. Glücklich in ihrem Verhältnis zur Zeit ist sie auch: eine Architektur kann ein Lebens-, ein dichterisches, ein plastisches ein Jahreswerk sein, ein malerisches braucht selten mehr als eine Woche oder sagen wir denn einen Monat (größeren Zeitaufwand bestraft meist ihre unruhige Sinnlichkeit). Das Risiko eines Mißlingens, in der heroischen Architektur ästhetisch und oft auch polizeilich katastrofal, ist daher klein, leicht mag der Maler ein mißglücktes Bild, Arbeit von Tagen, in die Ecke stellen, wenn ein Romandichter z. B. sich nur schwer entschließt, den Aufwand von Mühe und Zeit dreier Jahre oder mehr als vergeblich zu erkennen. Und etwas freilich nur Äußerliches, doch äußerst Beneidenswertes: ihr Werk ist stets übersehbar. Der Maler hat das Geviert seiner Leinwand in jedem Augenblicke des Entstehens des Bildes als Ganzes vor Augen. Wie schwierig vergegenwärtigt sich der Dichter im langen Werden seiner Arbeit alles Einzelne und behält den notwendigen Überblick! Und dem Publikum kann der Maler in einer Stunde sein ganzes Lebenswerk übersehbar vorführen. Wieviel kann auch der Willige in einer Stunde von einem Dichter, von einem Musiker, kennen lernen? Die Malerei ist volkstümlich (wie die Musik), weil sie sinnlich ist, sie vermittelt das Erleben durch den vollendetsten Sinn, das Auge.

Die Dichtkunst ist die größte Kunst! Ist es schon deshalb, weil sie das größte und wichtigste Stoffgebiet hat. Sie hat die eigentliche Welt zur Gestaltung. Sie schafft den Menschen. Sie schafft die Typen für seine Gestaltwerdung. Die Innerlichkeiten des Menschen weckt sie und befriedigt sie, seine Sehnsüchte und Hoffnungen, sie zeigt ihn sich freuend, subjektiv und objektiv leidend, strebend und kämpfend, sie baut seine Gedankenwelt auf wie sie seine Bindungen an die Welt dartut. Das Ideale wie das Reale ist ihr Gebiet, beider Zufuhren bedarf sie. Sie steht der Philosophie nahe, da diese gedanklich ist, sie ist letztlich Philosophie wie die Philosophie am Ende Dichtung ist, sie lebt geradezu vom Gedanklichen. Sie hat es schwer, denn sie ist wie der Gedanke an ein so sprödes und nüchternes Mittel wie den Begriff gebunden. Sie hat mit allen Künsten etwas gemeinsam: mit der Musik das Stimmunghafte, Weltschweifige und Ahnende, mit der Plastik das Bildhafte und Gestaltete, mit der Malerei das Sinnliche, Breite und objektiv Wirkliche, mit der Architektur das Gesetzmäßige und Tektonische. So ist sie die Kunst der Künste, welche vor ihr nur Spezialisierungen sind. Aber sie erreicht nirgendwo das Unmittelbare und Ausschließliche der Wirkung jener: sie ist nicht so verführerisch wie die Musik, nicht so unzweideutig wie die

Plastik, nicht so eindrucksmächtig wie die Malerei, nicht so unerbittlich wie die Architektur. Von ihrer Beschränkung im Äußern war schon die Rede.

Von der Architektur, von der im Vorüberstreifen öfter die Rede war, war immer die Rede. Indem dargelegt wird, was die andern Künste in ihren wesenhaften Andersheiten sind, wird gezeigt was s i e nicht ist, und indem gezeigt wird was sie nicht ist, was sie ist. Ihre Formgrenze wird gesetzt.

Aber wir wollen sie von innen zu fassen versuchen. Das Primitivste, das man von ihr sagen kann, ist, daß sie immer ein Berg ist, eine Erhebung, eine Masse, ein Menschenberg, eine vom Menschen erhobene Masse. (Selbst wenn sie einmal das Gegenteil einer Erhebung ist, eine Höhle, wie in ägyptischen und in indischen Höhlentempeln, so ist sie ein negativer Berg, die bewegte Bergmasse liegt draußen auf der Halde.) Und zwar ist sie eine sinnvoll und zweckmäßig erhobene bewegte versetzte Masse. Der Berg ist niemals massiv, chaotisch massiv wie die Berge der Erde — eine ägyptische Grabpyramide, eine persische oder mexikanische Stufenpyramide, selbst wenn wir bei der ersten die Grabkammer dreingehen lassen, sind zwar massiv, aber im Innern nicht chaotisch sondern sinnvoll-massiv und im Äußern von strenger willkürlicher, nicht wie tellurische Berge von zufälliger unwillkürlicher Formung. Architektur treibt Masse durch das Filter des Geistes, sie ist ein von Geist, von Zweckgeist, Formgeist geblähter aufgeblasener Berg. Insofern ist sie die deutlichste sinnfälligste Darstellung von Bewältigung der Materie durch den Geist. Damit ist jene tiefe Wirkung erklärt, die sie auf alle, auch die Amusischen, ausübt. Keine Kunst kommt ihr in dieser unwillkürlichsten Wirkung gleich.

Aber faßt sie in dieser elementaren Weise alle für das Erlebnis des Künstlerischen auch nur irgendwie empfänglichen Menschen an und wäre sie sonach die allgemeinste und könnte sie die populärste sein, so setzt sie, im besonderen Erleben, eine besondere Seelenlage und eine Bildung ganz eigentümlicher Art voraus. Ihr Bildsein antwortet nur einem besonderen Bildsinne in den Menschen. Dieser ist selten, und so wird die im vordergründigen Erleben populärste Kunst im hintergründigen und oberstufigen eine sehr aristokratische. Sie ist überhaupt die Kunst, in der die größten Gegensätzlichkeiten vereinigt sind, sie hat die größte Spannung im Geistigen. Sie ist gewiß die materiellste, die dinglichste, die am meisten erdgebundene, die schwerstlastende, aber in ihrer Formsprache, in ihrem eigentlichen Leben ist sie die abstrakteste, also im inneren Sinne geistigste. Sie ist Körperlichkeit wie keine und doch im Letzten reine Mathematik. Sie mischt mystische Fantasie mit nackter Zahl. Man kann ihre schwere geheimnisvolle Dinglichkeit letztlich in ein Papier voller Zahlen verwandeln. Sie ruft fast immer den Eindruck der Gewalt, das höchste bewundernde Staunen vor der Größe hervor, und ermüdet leicht wie alles Monumentale. Sie ist sinnlich wie Musik und Malerei und rührt doch das sentimentale Empfinden nicht an wie jene und unterhält nicht das nach Weltdingen gierige Auge wie diese. Sie ist momentan wie keine von den andern, in einem einzigen Augenblicke wird ihre meist in e i n e Zweck- und Formformel gedrängte Sprache aufgenommen und verstanden, und doch ist sie dauernd und immer gegenwärtig. Sie hat es nicht nötig, sich selbst zu reproduzieren wie die Musik durch den Ton, die Dichtung durch das Wort, ihr kommt auch durch den ganz bestimmten Zweck, der jedem ordentlichen Bauwerke zugrunde liegt, ein höheres, ich will sagen: festeres, gleichsam mehr berechtigtes Sein zu als der Malerei und der Plastik. Von diesen beiden ihr nächsten Schwestern unterscheidet sie noch, daß sie nicht flächenhaft ist wie die Malerei und nicht außenhäutig wie die Plastik. Die Malerei muß Tiefe vortäuschen — s i e hat sie, die Plastik kann nie von innen her sich gestalten — s i e ist, indem sie meist auch ein Außenhäutiges ist, im Eigentlichen ein Inneres; denn die Plastik ist Körper und Gebilde, sie ist im Wesen Raum und Zelle. In ihr erlebt man, obgleich sie die einzige ist, die sich verwegene technische Künstlichkeiten, wie z. B. ein Gewölbe eine ist, erlaubt, die größte Sicherheit des Weltgefühls, das Dichtung und Musik gern ins Grenzenlose entführen, indem sie die zwei Bewegungen von einem bildenden Innen in die Welt hinaus und aus der Welt gegen ein Gebildetes hin mit ihrer Mauer auffängt und mit der Innenwand einen Raum gegen die Welt, mit der Außenwand aber die Welt gegen einen Raum ab- und ausschließt. Und sie ist, indem sie ein sehr Zweckvolles und zugleich ein sehr Ästhetisches ist, auch ein sehr Moralisches. Ein Moralisches, weil sie ein Öffentliches ist, sie ist die öffentlichste Kunst. In jeder andern Kunst sind Werke denkbar, die nur für den Schöpfer und einzig im Augenblicke der Schöpfung leben und die der Schöpfer sogleich nach dem Entstehen vernichten kann; in ihr kann der Schöpfer nicht im Geheimen arbeiten, er muß in die Öffentlichkeit treten und mit dem Schritte in die Öffentlichkeit Verantwortungen gegenüber der Allgemeinheit übernehmen. Das Moralische eignet ihr schon in der Form der Statik. Die Mauer darf nicht umfallen, das Gewölbe nicht einstürzen. Dieses Moment der Richtigkeit und Zuverlässigkeit bringt die im kalten Stein und Eisen wohnende Kunst am meisten von allen Künsten in warme Menschennähe. Der Musik, auch wenn sie öffentlich wird, macht es nichts, den Menschen innerlich aufzuwühlen und ihn in seiner Erregung und Bestürzung liegen zu lassen; die Plastik ist so asketisch und ästhetisch, daß ihr nichts gleichgültiger ist als das Moralische; die Malerei kommt vor Sinnenfreude nicht zum moralischen Gedanken, einzig noch der Dichtung eignet es, soviel Spielfreude im Untunlichen und Widersinnigen ihr bleiben mag, in gewissem Maße in Form jener Vernünftigkeit, deren das Leben nicht entbehren kann.

Und noch in anderer Weise empfinden wir die Architektur als menschlich (unbewußt schleicht sich dieses Moment in das Erleben vor ihr ein): sie hat es auf der Welt so schwer wie der Mensch selbst. Es geht ihr zu ihrer Verwirklichung schwerer als irgendeiner ihrer Schwestern. Bei keiner ist das Mißverhältnis zwischen dem Theoretischstatisch- und dem Praktischweltlich-Möglichen so groß wie bei ihr. Und da diese Spannung zwischen Wollen und Können allgemein im menschlichen Leben besteht, so ist die Architektur ein erhabenes Symbol für die Spannung zwischen dem, was man im Geiste will und was man in der Wirklichkeit kann.

Die Architektur ist wahrhaft königlich und majestätisch, aber von wieviel nüchternen und gemeinen Bedingungen ist sie abhängig! Sie steht da, Turm in den Zeiten, langer Schatten auf den Jahrhunderten — aber verhaftet ist sie dem Irdischen, gar dem Erdischen, ausgeliefert den Mächtigen und angewiesen auf den Reichtum. Einsam steht sie da, wenige hören in Liebe und Leidenschaft auf ihre Sprache, denn diese hat nur einige wenige große oder gewaltige Laute, für das Mittlere im Menschen hat sie keine Zunge. Dramatisch ist ihre Geschichte, dramatisch ist schon im frühesten Sinne des Wortes alles Erleben mit ihr, schon deshalb weil sie soviel körperliches Bewegen, soviel Handlung vom Handlanger bis zum Architekten hinauf fordert. Und das Drama ist sehr oft, man kann in den großen Fällen sagen fast immer, ein tragisches, weil selten oder fast nie die Absicht des Handelns und Arbeitens ungeschmälert verwirklicht wird, weil zwischen Wollen und Vollbringen sich viele feindliche Mächte einschieben, weil das große Spiegelbild in Stein draußen in der Welt selten dem kleinen Vorstellungsbilde da drinnen im Gehirne des Architekten entspricht. Dann bleibt es bei einer Architektur in der Absicht, in der Vorstellung, im Bilde, auf dem Papier — Architektur die nicht gebaut wurde.

Diese ist meist die schönste Architektur! Sie verhält sich zur gebauten wie das Ideal sich zur Wirklichkeit verhält. Diese schönste Architektur der Bauten, die nicht gebaut wurden, wollte ich kennen lernen und lehren.

Die Absicht ist alt bei mir, 1918 — ich muß von mir reden und mich selbst zitieren dürfen — ließ ich sie aussprechen durch den Mund des alten enttäuscht und müde aber weise gewordenen Baumeisters Großjohann in dem Romane »Der Babylonische Turm«. Der Sohn Gabriel führt den vergrämten und verbitterten, an den Widerständen der Welt zermürbten Vater zum Weine, und dort spricht der einsame wortkarge Alte aus den Wünschen seines Herzens: »Das Beste, was gebaut wurde, mein Sohn, ist nur auf dem Papier gebaut worden ... Wenn ich gelehrt wäre wie du, Gabriel, so ging' ich in die alten Büchereien und auf die Trödelmärkte und stellte das zusammen an Rissen und Zeichnungen, was nicht gebaut wurde. Es gibt soviele Bücher über das Gebaute. Das ist auch da und steht leidlich da und braucht keine Bücher. Aber es gibt auf der Welt kein wahrhaft großes Bauwerk, das nicht Ruine wäre, im einen oder andern Sinne. Und wenn es scheinbar auch vollendet wurde, so konnte es nie vollendet werden, wie der Baumeister es sich gedacht hatte, tausend Rücksichten verhinderten das. Das alles nun würde ich ergänzen — ich würde dir helfen und zeichnen, aber du müßtest das Nötige dazu schreiben und überhaupt forschen, und wir geben es dann heraus als die Architektur, die nicht gebaut wurde«...

Wir wollen uns in unsrer Geschichte beschränken auf diese Widerstände, die aus dem äußeren Bereiche kommen. Da sind die berechtigten Wünsche und die oft törichten Einfälle der Bauherren; da sind zu achtende Sitten; da sind ältere bestehende Rechte; da sind Umtriebe der Kollegen; da wandelt sich während langsam voranschreitender gebundener Bauarbeit schnell der flüchtige Geschmack und die Stilmode; da stirbt der Auftraggeber, etwa ein Fürst, und sein Nachfolger hat andere Ideale; da überlebt ein Bauzweck sich durch eine geschichtliche Katastrofe von selbst — meistens aber handelt es sich ums liebe Geld. Die Kaiserin Maria Theresia bezahlte zwar die Rechnungen für ihren Schloßbau in Schönbrunn, aber dann verbrannte sie sie, um die Summen nicht mehr vor Augen zu haben!

Solche Spannungen einmal geschichtlich zu überschauen, die Baugeschichte auch von dieser allzumenschlichen Seite aus zu sehen, war seit langem mein Ziel. Und mein Wunsch war es, einmal etwas vom menschlichen Ringen und Leiden der Männer vom Bauwesen darstellen zu können. Alle andere Kunstgeschichte war lange Zeit Künstlergeschichte, erst jüngst wurde sie Kunst- d. i. Sach- und Stilgeschichte. Die Baukunst dagegen war immer vorwiegend Sachgeschichte — dies ist ein Versuch, sie als Künstlergeschichte darzustellen.

ATHOS

Als eine Art Rache am Allzumenschlichen, am Kleinlichen und Dürftigen hatten meine Liebe jene architektonischen Gedanken, in denen Erdenschwere am wenigsten lastete, die freiesten, die kühnsten, die größten, alles das, von dem das sakrale Wort sagt »einen Turm bauen der bis an den Himmel reicht daß ihn die Völker bestaunen«, das Babylonische! Ich habe mich nicht hindern lassen von dem, was praktischer- oder vernünftigerweise nicht zu bauen war — im Gegenteil zog ich dieses, eben das Babylonische, vor — ich verzichtete auch nicht auf die rein »ideale« Architektur, wo sich des Architekten Fantasie einmal ungehemmt zu ergehen Lust hatte, ich schied nur alles aus, was rein technisch, rein mathematisch und sachlich zu bauen unmöglich gewesen wäre, wie etwa Architekturen in gotischen Glasfenstern oder Glasarchitekturen über die Alpen. Eine aus dem Wirklichen wachsende, das Wirkliche steigernde und vergrößernde Fantastik wollen wir uns gefallen lassen, ablehnen als unerfreulich wollen wir nur die aus dem Unwirklichen ins Wirkliche hereinragende, dieses aufhebende oder zertrümmernde Fantastik. Also Architektur, die nicht gebaut wurde, die aber allenfalls von Menschen, auch Übermenschen, hätte gebaut werden können, oder Architektur, die nicht so gebaut wurde, wie sie hätte gebaut werden sollen, meistens nicht so großartig wie geplant gebaut wurde.

Als Auftakt und Vorklang gleich eine babylonisch-ungeheure, orientalisch-kolossale Idee: »Der Mazedonische Berg Athos in Gestalt eines Riesen, wie der Dinokrates des Bild 1 großen Alexander Architekt solchen Bau angegeben«, in der Darstellung des großen Fischer von Erlach. (Auch andere Architektennamen als Träger dieser Idee überliefert uns das Altertum: Stasikrates, Diokles.) Dinokrates schlug vor, das ins Meer stoßende Vorgebirge Athos der Halbinsel Chalkidike zu einem Koloß auszuhauen, der in der linken Hand eine Stadt von 10 000 Einwohnern, in der Rechten eine Schale halten sollte, welche alle Flüsse dieses Gebirges sammeln und wieder ins Meer ergießen könnte. Die Idee ist orientalisch, von Semiramis wird berichtet, sie habe in dem Medischen Berge Bagistan aus einem Felsen von 17 Stadien, also 3 km Höhe — man vergegenwärtige sich die Zugspitze — ihr Bild aushauen lassen. Alexander betrachtete den Gedanken des Dinokrates, heißt es, als »seiner Hoheit und Größe würdig«, ließ ihn aber nicht ausführen, weil eine solche Stadt nicht Äcker und Felder genug haben würde, die Einwohner zu ernähren.

DER TEMPEL DES HEILIGEN GRALES
nach dem Titurel und der Versuch seiner zeichnerischen Darstellung von
Sulpiz Boisserée

Wir eröffnen unsere Darstellung würdig und erhaben mit einem Werke des ältesten und bislang noch größten Architekten, des Erbauers des Weltgebäudes.

Im Titurel, einem von Wolfram von Eschenbach unvollendet hinterlassenen Heldengedichte aus der Zeit größter abendländischer Baugesinnung findet sich die Fantasie- und Wunschschilderung eines Gebäudes, das, wenn es hätte auf Erden sein dürfen, sicherlich das weitaus schönste wäre, das jemals architektonische Erfindungslust sich ausgedacht hat. Man wird aus der Art Beschreibung, von der ausgewählte Strofen mitgeteilt werden, bald merken, daß der Dichter selbst keine architektonische Bildung hatte.*

Vieles klingt gar unbeholfen, ungeschickt, und das Ganze ist nicht eben klar und übersichtlich. Daher es denn auch nicht leicht ist, unzweideutig mit dem Stifte wiederzugeben, was der Dichter sich wohl gedacht haben mag. Hier wird ein Versuch von Sulpiz Boisserée, dem großen Romantiker, wiedergegeben, des Dichters Architekturfantasie zeichnerisch darzustellen. Aber gerade weil der Dichter architektonisch nicht klar sieht, ist es offenbar, wie groß das Interesse und das Verständnis der Leser

Bild 2 bis 4

---

* Der Berg überall so michel ein Felse war, von Grunde
Nicht anders denn Onichel, mit Wunsche man die Reichheit dess wohl gunde;
Verwachsen doch mit Grase und auch mit Kraute,
Titurel der süsse mit Fleisse war des Baues also traute.

Die Tempels Grundfeste kam auf den Stein gerissen,
Dass Titurel nun wüsste, wie das Werk werden sollte und erfließen,
Der Stein war Klafter hundert und mehr breite
Allumher von der Mauer Klafter fünf bis an der Gräde Aufgeleite.

Sinwel als ein Rotunde, nach Aventür Gehöre,
Des Tempels man begunde mit Werk, darinne zwen und siebenzig Chöre,
Außenher dann achtecke und vorgeschossen
War jeglich Chor besonder; so reicher Kost ein Armen hätt' verdrossen.

Auf eherne Säulen gewölbet das Werk war so spähe,
An Freuden ungeselbet wär' mein Herze, ob ich es noch gesähe;
Innerhalb gezieret überall begarbe,
Da schien aus rothem Golde jeglich Edelstein nach seiner Farbe.

An Säul'n und an Pfeilern ergraben und ergossen
Viel Bild waren kostbäre, sam Engel dar vom Himmel wär'n geschossen
In Freudenfluge und also lachebären,
Dass ein törscher Bayer geschwöre wohl, dass sie bei Leben wären.

in damaliger Zeit für architektonische Dinge gewesen sein muß, wenn er es wagen durfte, zu versuchen, mit einer so weitläufigen umständlichen Schilderung den Anteil der Leser — oder der Zuhörer im Vortrage — zu erregen.

Der Dichter ist vielleicht nicht Wolfram von Eschenbach selbst, denn das Gedicht beschreibt eine architektonische Formenwelt, die Wolfram, der um 1230 starb, in Deutschland wenigstens, wo die ersten gotischen Bauten eben erst grundgelegt wurden (Liebfrauenkirche in Trier 1227, Elisabetkirche in Marburg 1235, Dom in Köln 1248) nicht gesehen haben kann. Die der Darstellung des Bauwerkes zugrunde liegende, den Torso Wolframs vollendende Handschrift mag von Albrecht von Scharfenberg stammen, der nicht früher als 1310 oder 1320, also zur Zeit der Hochblüte der Gotik in Deutschland, schrieb.

Der Gral, die Abendmahlschüssel Jesu, von Josef von Arimathäa nach dem Abendlande gerettet, schwebte, von Engeln getragen, dauernd über dem Berge Monsalvatsch in Biscaya, bis Titurel, Sohn eines alten Königs von Frankreich, sich und seiner Ritterschar dort ein Burghaus und dem Gral einen Tempel baute, zu dem der Gral selbst alles Nötige auf wunderbare Weise lieferte: die Baustoffe, den Unterhalt für die Bauleute, Gold und Edelstein. Aber der Gral will wegen der Unwürdigkeit der abendländischen Christen nicht länger in ihrem Lande bleiben, er entschwebt nach Indien und schwebt dort wieder über einem Berge. König Titurel zieht ihm nach. Er läßt den Berg, einen Felsen von Onyx, eben und glänzend schleifen — und findet morgens den Grundriß auf dem polierten Onyxfelsen aufgezeichnet. Ein Rundbau ist Bild 4 es wie der altchristliche Tempel in Jerusalem einer war — in Ettal, dem Bau Kaiser Ludwigs von Bayern, erscheint derselbe architektonische Gedanke — mißt 100 Klaf-

---

Aller Zierde Wunder trugen die Altare,
Auf jeglichem besunder waren Schreine, Tafeln, Bilder kostbare;
Über jeglichem stund ein Ziborie
Gesimset über Haubet viel mannichem Himmelkind zu reicher Glorie.

Sammet der grüne gewebete, geschnitten über Ringe
Ob jedem Altar schwebete, für den Staub. Und swenne der Priester singe
So ward ein seiden Schnürlein da gezucket,
Ein Taub' einen Engel brachte, der kam aus dem Gewölb herabgeflucket.

Swer an das Dach gedenket, das war von rothem Golde
Mit Blaumal überblenket, darum daß es nicht verschneiden solde
Die Augen klar gen lichter Sonnen Glizzen;
Also ward es besorget von meisterlicher Kraft mit guten Witzen.

Mit Wunsch allda zerschniden gab ihm Gott die Steine,
So dass man Schall vermiden konnt' in Jerusalem; groß noch kleine
Ward Meißel, Hammer noch ander Waffen erklänget
Nie zu halbem Nageln; so ward sein Werk mit Gottesskraft gemenget.

Überall das Gewölbe obene mit Saphir war gebläuet
Der Heiligkeit zu Lobene, mit keinem anderen Stein understreuet
Wan lauter licht gestirnet mit Karfunkel,
Die sam die Sonne luchten, es war die Nacht licht oder dunkel.

ter im Durchmesser, hat 72 Chöre für den Altardienst der geistlichen Ritterschaft, die als Seiten vom Achteck ausschießen. In den Grundrißzwickeln zwischen je zwei von ihnen wird ein Turm gebaut, achtseitig, 6 Stockwerke hoch, jedes mit Fenstern geöffnet, durch die eine innen aufsteigende Spindeltreppe sichtbar ist, 36 Türme also rundherum und einer wie der andere. Ein Kristall auf der Spitze eines jeden. Die Halle des Tempels ist auf ehernen Säulen gewölbt, die Rippen sind mit Perlen geziert, die Kappen mit blauem Safir bedeckt, der Gewölbeschlußstein ist ein Smaragd, in den das Lamm mit der Osterfahne in Schmelzwerk eingelassen ist. Die Fenster sind nicht mit Glas, sondern — in der Weise heutiger morgenländischer Moscheen — mit lichtdurchlässigen Steinen, aber nicht wie diese mit Dünnschliffen von Marmor oder Alabaster sondern mit Beryllen und Kristallen geschlossen. In der Mitte des Bauwerks erhebt sich ein beherrschender Turm doppelt so hoch und breit als einer der 36 Randtürme. Die Tempeltüren sind von Gold, mit Edelsteinknöpfen verziert, das Tempeldach ist ebenfalls von Gold, doch damit es das Auge in der Landschaft nicht blende, ist blauer Glasfluß in die goldenen Dachplatten eingegossen. Der Knauf des Turmes ist ein Karfunkel, so hell daß er nachts die Waldwege der Landschaft erleuchtet, auf denen etwa verspätete Ritter heimeilen.

Man sieht aus dieser Beschreibung, daß dem Dichter als Vorbild kein Werk der Groß- sondern der Klein- ja der Kleinstarchitektur vorschwebte, der Goldschmiedekunst, die in ihren Reliquienschreinen die Formen der Steinarchitektur nachahmte. Das zeigen das Gold und das Email der Wände und Dächer, die Kristalle und Beryllen der Fenster, die Smaragde als Schlußsteine, die ehernen Säulen und der Karfunkel als Turmknauf.

Viel wenig sie vermißten vier edler Bilde starke,
Nach den Evangelisten ergossen aus Golde mancher Marke,
Ihr Flügel hoch, lang, weit ausgebreitet;
Welch Aug' es war sehende, dess Herze ward zu Gott in große Freud' geleitet.

Als ausgeschossen waren die Chöre mit den Ecken,
Den König nicht beschwaren die Kost wollt', er hieß auf zween je legken
Ein Glockhaus hoch sechs Gadem, überall geleiche;
Der das nicht gelaubet, der sag' von Armuth, ich sag'et nun von Reiche.

An jeglichem Gademe drei Fenster zu allen Wänden
Die Spindel außer, Brademe darinne gedreht, das Werk wohl Auge pfänden
Komt' auf seiner Weide gen die Sonnen;
Ihr Dach gelich des Tempels Dach, ihr Knöpfe Rubin groß, die vaste brunnen.

Ein Thurm in mitten stand bei diesen allen,
Aus mancher Goldschmitten war von Werk Wunders dran gefallen,
Und manch' tausend licht, klar, luter Steine;
Zweier andern Weite Höh und Zierde an diesem lag alleine.

Der Knopf ein Karfunkel, war michel hoch zu lobene,
Swenn die Nacht gab dunkel, daß man gesäh' beide nieden und obene,
Ob in dem Walde Tempeleise sich verspäten,
Daß sie von seinem Glaste Weisunge zur rechten Herberg hätten.

Der Dichter sagt dann auch ausdrücklich, daß solcher Schreine — Ziborien, die über dem Altar standen—auch hier einer über jedem der 72 Altäre, neben Bildertafeln, stand. Auch sonst fehlte es dem Dome nicht an bildnerischem Schmucke, der die Gewölbe verzierte, aber auch Freifiguren, so vier Evangelisten in Gold, gab es im Tempel. Kunstvolle, die Messestimmung erhöhende Einrichtungen fanden sich, so eine Taube, die an einer Seidenschnur hangend einen Engel beim Gesang des Priesters herabbrachte.

In der vom Turm betonten Mitte und unter diesem stand der ganze Tempel in Kleinform wiederholt, darin wohnte eingehäuselt der Gral. Eine Art Gnadenkapelle also, wie sie sich in großen Wallfahrtskirchen durch die ganzen christlichen Jahrhunderte findet, ich erinnere an Loretto, an Portiunkula in Assisi, und wir werden dasselbe noch bei einem monumentalen Bauentwurfe für das bayrische Altötting sehen.

Gott lieferte die Bausteine »zerschniden« also gequadert, es brauchte weder, wie der Dichter sagt, »Meißel noch Hammer noch ander Waffen« gerührt zu werden—trotzdem baute man an dem Wunderwerke dreißig Jahre.

In dem Wiederherstellungsversuche sind von dem Kölner Boisserée, der sich soviel Mühe um Ausbau und Vollendung der Kölner Domruine gegeben hat, Formen der Kölner Bauhütte verwandt. An den Kreuzarmen, die der Wiederhersteller in halber Länge der Bauachsen basilikaartig über die rundgelagerte Baumasse der Hallen Bild 2 hochführt, erkennt man das Kölner Chor wieder. Namentlich Einzelheiten erinnern an Köln, die große Rose, die die Wagerechte der Gesimse übergreifenden Wimperge mit dem windmühlflügelartigen Dreipaß, das Maßwerk im allgemeinen und der zweistöckige Portalbau.

CAPELLAS IMPARFEITAS, »DIE UNVOLLENDETEN KAPELLEN« DER KLOSTER- UND GRABKIRCHE VON BATALHA

Wir gehen von Indien nach Portugal, auch deshalb, weil mit der frühen portugiesischen, von Vasco da Gama eingeleiteten Herrschaft Portugals über Indien in dem Gebäude selbst indische Einflüsse zu sehen sind. Die Kapellen, in Formen des da- Bild 5 bis 7 mals Europa beherrschenden internationalen Stiles, der Gotik, zeigen im Grundriß Anklänge an Formen der französischen Frühgotik, das Aufgehende ist aber geografisch-national gefärbt in den vom Klima der Pyrenäenhalbinsel erlaubten flachen Dächern, die in der Baumasse nicht sichtbar werden, in den vom Klima, dem Lichtüberfluß, geforderten kleinen Fenstern. Das portugiesische Haus Ariz baute in einem einsamen Tale als Erinnerungsmal an die glorreiche Schlacht von Algularrok 1385 ein Kloster »Unsere Liebe Frau vom Siege« (für das aber bald der Name Batalha [Schlacht] allgemein wurde) und als Grabkirche für seine Angehörigen. Die (auf dem Bilde nicht sichtbare) Grabkapelle an der Südseite der Kirche war aber bald mit Toten gefüllt, der herrschende Zweig der Familie forderte einen neuen und eigenen Raum, den man für sich und die nächste Generation östlich in der Hauptachse, hinter dem Chore, zu errichten beschloß. Es ist unser Bau. Der König sollte in der Mitte unter der Hauptkuppel bestattet werden, seine Familienglieder in den Kapellen rundherum. Der 1438 sterbende König hinterließ das Gebäude bis zum Hauptgesims über den Bogenstellungen der Kapellen vollendet, seinem Nachfolger testamentarisch die Fortführung ans Herz legend. Die Nachfolger aber hatten es, in des Lebens Fülle prangend, mit dem Bau ihres Mausoleums nicht eilig, nur schleichend zwischen Ruhepausen wurde er fortgesetzt. Erst als der Urenkel des Gründers als 16jähriger Prinz verunglückte, wurde der Bau des bereits damals »capellas imparfeitas« genannten Mausoleums (mit dessen Fertigstellung man also überhaupt nicht mehr zu rechnen schien, nachdem die Familienglieder schon hier und dort in der Kirche ihre vorläufige Ruhestatt gefunden hatten) kräftig aufgenommen. Die Kapellen wurden, in reicheren Formen des inzwischen kühner und üppiger gewordenen Stiles, eingewölbt, das Hauptgewölbe aber sollte höher und fantastischer werden, als der erste Entwurf es vorgesehen hatte. Man verstärkte Bild 6 die aufgehenden Hauptgewölbpfeiler auf Kosten der in den Kapellenzwickeln liegenden kleinsten Kapellen (im ganzen hatte der erste Grundriß 16 Kapellen gestattet), die wie gewaltige von Bändern umschlungene Bambusbündel aussehen, und überschüttete die neuen Bauteile mit der architektonischen Kleinpracht, die mittlerweile aus der Nachwirkung der glänzenden Reste maurischen Stiles in Verbindung mit den Kunstfertigkeiten des entwickelten christlichen möglich wurden. Man sieht die wie Goldschmiedearbeit ziselierten und hohlen neuen Gesimse und die wie Urwaldgewächse die Pfeiler auf den Innenseiten überwuchernden Spielgebilde der Zierkunst. Aber man brachte in immer langsamer und schläfriger werdender Arbeit, die trotzdem jahrzehntelang dauerte, die Pfeiler nur bis zum Gewölbeanfang hoch, neue Herrscher kamen und starben, ein halbes Jahrhundert nach dem Wiederbeginn des Baues wird noch ein Maurermeister Antonio Gomes genannt, die Arbeit schlief ein, die »imparfeitas« erwarben sich endgültig ihren geschichtlichen ewigen Namen der »Unvollendeten« wie Schuberts letzte Simfonie. So stehen sie da, und bleiben hoffentlich unvollendet so stehen, in glühender Sonne Portugals Male melancholischen Zaubers voll.

DER DOM VON SIENA

Der Dom, auf dem höchsten Punkte der auf wasserscheidender weitläufiger Höhe gegründeten Stadt gelegen, ist wohl das schönste Beispiel für den liebeseligen Eifer, mit dem eine mittelalterliche Stadt »ihren« Dom betreut, fast möchte man sagen verfolgt, denn schließlich richtet sie ihn, was Ebenmäßigkeit und ruhige Wirkung angeht, zugrunde. So wie der Dom heute dasteht, ist auch er eine Ruine. Eine Ruine besonderer Art, denn das Gebaute bleibt nicht wie gewöhnlich unter Plan und Willen des Erfinders, sondern geht weit darüber hinaus. Schon wenn man sich ihm nähert und die Schauseite betrachtet, erkennt man's: der obere Stock mit der Rose hat Bild 8 und 9 breitere Maße als der untere mit den drei Toren. Der untere wurde seitlich um die Mauerdicke verbreitert, als man während des Baues bei schon halbfertiger Schauseite die Schiffe sich seitlich dehnen ließ. Nur der obere Stock, dessen Rose, das obere Sinnbild für das Mittelschiff, das untere Sinnbild, das Mitteltor, weit übergreift, deutet die heutigen Innenmaße der Schiffe an. Wenn man den Grundriß betrachtet, sieht man, daß die obere Basilikawand, die Fensterlangwand des Mittelschiffes, der sogenannte Lichtgaden, nicht auf die Mitte sondern auf die äußeren Kanten der Torpfeiler niedergeht. Tritt man dann in das wahrhaft gewaltige Innere, so erlebt man Bild 11 zunächst einen architektonisch einheitlichen Eindruck, wenn auch die große Tiefe des Chorhauses hinter dem Querhause dem Kenner verdächtig ist. Indem man dann, berauscht übrigens von der Wunderpracht dieser Entfaltung künstlich gesetzten Steines, gegen die Vierung hinschreitet, beobachtet man, daß diese mit der sie schirmenden Kuppel zu früh auftaucht, um ein Joch zu früh, sie scheint nach dem Langhause hin versetzt zu sein. Schreitet man das Gebäude zu Ende aus, bis an die Bild 9 Schlußwand des Chorhauses, das ausnahmsweise rechtwinklig, in voller Kirchenbreite schließt und nur um ein Joch kürzer ist als das Langhaus, so löst sich das architektonische Rätsel: man hat den Dom nach Osten hin erweitert. (Es gibt wenige so gewaltige Architekturwirkungen auf der Erde wie die des Blickes unseres Bildes Bild 12 rückwärts aus dem Chorwinkel links das Haupthaus entlang bis zur Portalwand, rechts bis zur nördlichen Schlußwand des Querhauses.) Die Verlängerung des Chores nach Osten hinaus war aber nicht eben leicht, denn das Gelände des Berges fällt nach dieser Seite hin ab, die Kirche mußte unterfangen werden, und die Unterbauten ergaben den Raum für die Taufkirche San Giovanni. (Auch deren Schauseite Bild 13 — ihre zwei Oberstocke gehören zur Rückwand des Domchores — baute man, doch baute sie nicht aus, sie blieb eine Ruine.) Das geschah in der zweiten Hälfte des dreizehnten Jahrhunderts. In der ersten Hälfte des vierzehnten Jahrhunderts steigerte sich der bis jetzt schon in Bau und Umbau gezeigte Baueifer der Sienesen zu einem wahren Baufieber. Nun genügte ihnen überhaupt der ganze, obschon vergrößerte, Dombau nicht mehr, sie projektieren nach Süden hinaus ein neues außerordentliches Langhaus, fast um die Hälfte länger, fast um ein Drittel breiter als das alte, zu dem Bild 9 sich der jetzt bestehende Dom nur als Querhaus verhalten sollte. 1340 begann der Architekt Lando di Pietro den Bau. Der Grundriß zeigt deutlich das stolze Wollen der Bürgerschaft und die Kühnheit des Baumeisters. Oben auf der Treppenhöhe neben San Giovanni erscheint die Sargmauer des neuen östlichen Seitenschiffes, ein Bild 13 Eingangsportal an dieser Seite wird sogleich fertig gemacht — aber man schaut Bild 14 und 9 durch es hindurch ins Leere, über den Domplatz weg auf die Mauer der gegenüberliegenden Kirche Maria della Scala, denn das neue Langhaus blieb Ruine. Ein paar Säulenstümpfe wurden gesetzt, und auf dem Bilde erscheint ein Stück der Bild 10 inneren Stirnwand des neuen Langhauses. Acht Jahre hatte man im Taumel des Größenwahns gebaut, da brach 1348 die Pest aus. Der Bau blieb liegen, die geschwächte Bürgerschaft nahm ihn nie wieder auf. Vielleicht, wenn sie ihn ausgeführt hätte, wäre er ihr zusammengestürzt, Dehio und Bezold meinen, daß in der Schlankheit der Pfeiler bei so weiter Bogenspannung einem technisch unausführbaren Ideal nachgestrebt ist. (Wenn man aber an St. Martin in Landshut denkt, ist diese Sorge vielleicht unbegründet.) Jakob Burckhardt sagt, der ausgeführte Bau wäre das bei weitem schönste gotische Gebäude Italiens und ein Wunder der Welt geworden.

Bild 8   Werfen wir vor dem Scheiden noch einen Blick auf das heute Stehende: in der Pracht seines weißen roten und schwarzen Marmors steht es da und überquillt auch
Bild 9 schon in seinen heutigen Maßen den Fuß des dem ersten bescheideneren Plane nach seinem Standorte angehörenden edlen Turmes, der sich so schön durch die zunehmenden Fenster nach oben erleichtert in den Zahlen 0, 1, 2, 3, 4, 5, 6, um in einem steinernen Zeltdach und vier Türmchen ins Blaue zu entrauchen ...

SAN PETRONIO IN BOLOGNA

Die größte Bauruine des Mittelalters, der, wenn ausgeführt, größte Bau und die in ihrer Verschrumpfung sprechendste Ruine ekstatischer Andacht mit Hilfe der in Mauern und Pfeilern zum Himmel sinnvoll gehäuften, in den Gewölben gen Himmel geschleuderten und durch das zweckvolle statische Gerüst in der Schwebe gehaltenen Steine, ist die Kirche des Stadtheiligen in Bologna. Doch schon diesseits, namentlich aber jenseits der Alpen würde man das geschichtliche Gewissen fälschen, wollte man die Antriebe zu den monumentalen Großbauten des Mittelalters nur in der Gottgläubigkeit und der Himmelssehnsucht suchen. Ins Unter- und Unbewußte fast sind der mittelalterlichen Bauabsicht der großen Städte die religiösen Antriebe gesunken, Grund mögen sie noch sein, Veranlassung aber sind fast immer sehr irdische weltliche Wünsche: man will das eigene Lebensgefühl Sichtbarkeit werden, das bürgerliche und städtische Wohlbehagen sich darstellen sehen, künstlerische und namentlich auch wirtschaftliche Kraft nach außen zur Schau stellen, man will namentlich die wettbewerbende Nachbarstadt übertrumpfen! So in Bologna. Verhältnismäßig spät tritt diese Stadt draußen am Apenninbogen in Blüte und Glanz des mittelalterlichen italienischen Stadtruhmes, man konnte also, als man das Stadtheiligtum zu bauen begann, alle Bauerfahrungen der früher beflissen gewesenen Nachbarstädte sich zu eigen machen, man konnte sie in den Maßen der heiligen Stadtburg mit leichtem Wagnis und ungestraft überbieten, man konnte Florenz in den Schatten stellen. Man wollte es wenigstens! Freilich hatte man seine Rechnung nicht mit dem flutenden Geiste der Geschichte gemacht, der im bologneser Falle dahingegangen war wie in sovielen anderen, bevor man das Ziel des Ehrgeizes erreicht hatte, und so ist doch Florenz der ihm gebührende Ruhm der Originalität eines großen Wollens, der Kühnheit ohne Nutzbarmachung der Erfahrung anderer verdientermaßen geblieben, denn die Florentiner brachten ihr Gebäude unter Dach, als der mittelalterliche, Kathedralen wollende Geist noch lebendig und stark war. Die Bologneser nicht. Da steht an einem der schönsten Stadtplätze Italiens die schwarze Schauseite der Kirche, die bis heute auf Bild 16 ihre Verkleidung wartet. Nur der untere Stock wurde rechtzeitig mit gotischem Marmorgewande bedeckt, und Jacobo della Quercia brachte seine wundervollen Figuren ins Giebelfeld. Michelangelo stellte noch seine Erzfigur des Papstes Julius hinein, aber die aus politischen Gründen erzürnte Stadt warf sie nach drei Jahren hinunter.

Selten so wie hier habe ich die innere Notwendigkeit, die Eigengesetzlichkeit eines einmal angeschlagenen Raumthemas gefühlt. Die unvollendete Schauseite ist ja eine in Italien sehr häufige, viele Kirchen geradezu kennzeichnende Erscheinung. Tritt man aber nun in das gewaltige Innere, so ist das erste, was man erlebt, Bild 17 ein sehr peinliches Gefühl. Es ist einem, als rännte das Raumgefühl im Beschauer, das dem äußeren Raume entsprechen muß, wider die die drei Schiffe allzu jäh, allzu früh abschließenden Mauern. Als schlügen die Schwingen des Raumgefühls sich daran wie an den Mauern eines Käfigs wund. Niemals so wie hier, wo es in großartigem Mangel beleidigt wird. Niemals auch ist mir die mystische Rolle des Querschiffes, dessen Kopfwände man für gewöhnlich beim Hinaufschreiten eines Domes nicht sieht, sodaß es sich seitlich zu verlieren, den Raum ins Unendliche fortzuleiten oder auch aus dem Unendlichen herzuleiten scheint, so deutlich, nie sein Fehlen so empfindlich geworden wie hier. Aber das Querschiff war, samt Vierungskuppel, in der sich Querschiff und Langschiff aufeinandertreffend aufzubäumen scheinen, gewollt, geplant. Die Bolognesen hatten sich ein Projekt ausarbeiten lassen, dessen Bild 18 Länge fast einen Viertelkilometer maß, dessen Grundfläche doppelt so groß gewesen wäre als die der bis zu ihren Zeiten größten Kirche, des Florentiner Doms, und dreimal so groß als selbst die der Mütter dieses Stiles, der großen französischen Kathedralen. Ein herrlicher Größenwahn wird offenbar! Die Bürgerschaft ließ sich, um während der langen Bauzeit immer und schon im Abbild vollendet vor Augen zu haben was sie Großes wollte, ein Riesenmodell von einem Zwölftel der vorhabenden wirklichen Größe des Bauwerkes aus Stein und Gips errichten und im Palazzo der damals mächtigsten Bologneser Familie Pepoli aufstellen. Daran mochte man sich satt gesehen haben, als dieses nach einiger Zeit abgebrochen und ein neues Modell, fünfmal so klein aber immer noch über 3 Meter lang aus Holz und Papier gefertigt wurde. Und erst 100 Jahre später, im Anfang des 16. Jahrhunderts, nachdem in der Mitte des 15. die Bauarbeit schon zum Erliegen gekommen, wurde das bekannte, heute noch vorhandene von Ariguzzi gemacht. Bild 15

Es zeigt den ursprünglichen Plan verändert. Statt der vier Türme, mit denen die Kuppel nach lombardischer Bauüberlieferung hätte umgeben sein sollen, wie aus dem Grundrisse zu erkennen ist (der heutige Zustand zeigt einen von ihnen aus- Bild 18 u. 16 geführt), sah es vier Türme an den Ecken der Querschiffronten vor, ein in dieser

Zeit bereits veralteter, an die großen französischen romanischen Klosterbauten anklingender Baugedanke.

So ohne Querhaus, ohne Chorhaus, ohne Kuppel, mit einem statt mit vier Türmen steht das auch heute noch gewaltige Gebäude vor uns, ein Langhaus allein, und auch dieses hat nicht mehr die ursprünglich gewollten Abmessungen, denn die erst im 17. Jahrhundert noch als gotische Kreuzgewölbe eingespannten Gewölbe sind niedriger als früher vorgesehen eingebracht worden. In der Mitte des 15. Jahrhunderts aber war die Sehne des gotisch-monumentalen Bauwillens erschlafft.

Viel bescheidener waren die Bolognesen geworden, und es bedeutete schon etwas, daß der Gedanke, wenigstens das Vorhandene auszubauen, nicht zur Ruhe kam. Namentlich die Schauseite forderte sie heraus. Viele große Baumeister der nächsten Geschlechter, die Peruzzi, Giulio Romano, Vignola, Palladio, sind noch mit Entwürfen für die Schauseite beschäftigt gewesen, von denen sich 50 erhalten haben. Aber es zeigt eine gewisse Verkalkung, durch die sich sonst nur das 19. Jahrhundert, wenn es über unvollendete alte Bauwerke kam, ruhmlos auszeichnete, daß man in einer für die Renaissancezeit gänzlich fremden Weise in gotischer Art die Schauseite zu vollenden trachtete. Vignola, der Nachfolger Michelangelos an St. Peter, der Baumeister der ersten römischen Jesuitenkirche und einer der Väter des Barocks, fertigte
Bild 20 noch einen rein gotischen Entwurf an, freilich auch einen der Weise, die seinem Stil und Zeitgefühl besser entsprach, wenn auch gotische Gegebenheiten berücksichtigt wurden. Von Peruzzi, auch einem Renaissancemeister, ist der merkwürdige Versuch
Bild 19 bekannt, die Aufgabe in einer malerischen barocken Gotik zu lösen, in der man — in den durchlaufenden Gesimsbändern, in der Stockwerkzusammenfassung, in den übereinander geordneten Nischen — Gedanken der Renaissancekunst unschwer feststellen kann. Ein anderer Entwurf von Vignola versucht die Lösung in Formen der
Bild 21 Spätrenaissance.

DER DOM VON UTRECHT

Auch der Dom von Utrecht ist eine Ruine, hier wurde nicht ausgeführt, was nach menschlichem Ermessen wohl hätte ausgeführt werden können. Hier war kein technischer Größenwahn, der etwa konstruktiv Unmögliches gewollt hätte, am Werke gewesen, hier ging das Baugeld nicht aus, hier versank nicht die baulustige Bauherrnmacht, hier waren es menschliche Widerstände von einer uns heute tragikomisch anmutenden Art, die das Gewaltige schließlich verhinderten. Schon in
Bild 35 Regensburg hatte es einen gleichen Fall gegeben. Dort legte 1275 der Bischof Leo der Tundorfer den Grundstein zu einem großartigen Neubau, für den er die Einkünfte seiner Stammesherrschaft stiftete. Als nach zehn Jahren das Chor schon benutzungsbereit stand, begann (nach Hans Hildebrandt) »ein langer, auf beiden Seiten mit List, Eigensinn und Erbitterung geführter Kampf gegen das Kollegiatstift St. Johann, dessen

Basilika und Nebengebäude sich dort ausdehnten, wo die Westteile des Münsters errichtet werden sollten. Bischof Nikolaus von Stachowitz setzte wenigstens durch, daß eine Kapelle und ein Speicher zum Abbruch freigegeben wurden, und konnte einige Pfeiler der Südreihe sowie Teile des rechten Seitenschiffes aufrichten. Allein erst Konrad von Heimberg brachte einen Vergleich mit St. Johann zustande, wonach die Bauhütte des Domes binnen 12 Jahren dem Stifte eine neue Basilika zu erstellen hatte und dann die alte Kirche abreißen durfte.« Von nun an war der Regensburger Dombau gesichert und schritt schnell, bis auf die Türme, ein Werk des vorigen Jahrhunderts, fort. Nicht so in Utrecht. Auch hier kam zuletzt ein Vergleich zwischen neuem Bauwillen und alten Rechten zustande, übrigens nur auf Kosten einer Verstümmelung des Baugedankens, wie wir sehen werden, aber es war zu spät. — Nach einem großen Brande in der Mitte des dreizehnten Jahrhunderts begann die Bischofsmacht den Domneubau. Bild 22 Nach 50 Jahren war das Chor mit seinen Kapellen vollendet. Nun schloß man aber nicht den Bau des Querhauses an, denn nach Westen lag das Altmünster, dessen Kanoniker nichts von ihrem Grund und Bau opfern wollten. Das Domkapitel baute nun, in der Hoffnung auf eine spätere Einigung, dort weiter, wo der Weg frei war, im Westen seines Planes und auch westlich des Turmes des Altmünsters: während sonst die Türme und überhaupt die Westseite in der Regel das Letzte war, das man baute — mit Ausnahme vom Kölner Dom, wo auch der Bau der Türme, und nicht aus Hemmungen wie in Utrecht sondern in einem ruhelosen Baueifer, sehr früh angegriffen wurde — begann man in Utrecht im Anfang des vierzehnten Jahrhunderts mit der Aufrichtung des Bild 22 u. 23 Turmes. Schließlich, nach 60 Jahren Bauzeit, stand er da, damals schon von aller Welt bestaunt, 110 Meter hoch, in den gereckten Formen niederländischer Gotik, wie man sie heute am besten an dem als einheitliche Gestaltung vielleicht schönsten und ungeheuersten gotischen Turme, dem der Kathedrale von Mecheln, sehen kann. Die Bischöfe waren so stolz auf dieses himmelanragende Sinnbild ihrer Macht, daß ein niederländischer Mystiker, Geert Groote, gegen ihren babylonischen Übermut eine Streitschrift loslassen zu müssen meinte: contra turrim Trajectensem, »gegen den Turm von Utrecht«. (Utrecht hat, ähnlich wie Maastricht, seinen Namen von einer Fähre in römischer Zeit: trajectum.) Aber wenn man gedacht hatte, sechzig Jahre möchten genügen, den Widerstand des Kapitels des Altmünsters einschlafen zu lassen, so sah man sich getäuscht. Das Kapitel gab keinen neuen Bauplatz frei. Wie am Anfang nach Westen so wich jetzt am Ende des Jahrhunderts der Baueifer des Domkapitels nach Süden aus — man baute, nachdem mittlerweile auch das ge- Bild 22 waltige Querhaus entstanden war, Kapitelhaus und Kreuzgang, dessen Mauer an das Querschiff von Süden anstoßend, auf dem Bilde rechts sichtbar ist. Der Bischof David von Burgund war noch einmal ein vom echtesten mittelalterlichen Bauwillen besessener Mann, er stieß mit neuer Kraft nach Westen vor. Man begann mit den drei östlichen, dem Querhause nächsten Jochen der Langkirche. Man sieht an den vermauerten südlichen Seitenschiffstümpfen, daß sehr hoch gestelzte Schiffe beabsichtigt waren. Die Kirche war auf fünf Schiffe wie in Köln, ja sieben Schiffe wie in Antwerpen angelegt, wenn man die Achsen der Seitenschiffkapellen um 90 Grad

25

drehen will, was man, von der Raumwirkung des gedachten Innenbaues aus, in die sie praktisch eintreten, wohl darf. Rührend ist es, den schwachen Rest des Vorstoßes nach Westen in den zwei schließlich gebauten Jochen der südlichen Seitenschiffe zu sehen, eine Andeutung, ein Stummel. Man baute schnell. Aber der Streit flammt wieder auf. Das Kapitel des Altmünsters kämpft nun, schon mit kleinerem Ziele, dafür, daß der Zugang zum eigenen Gebiete und zu seiner Kirche von Süden her offenbleibe. Man opfert ihm ein Joch, das westliche, an den Turm stoßende. An seiner Stelle soll ein Durchgang freibleiben, der überwölbt werden darf und den Zusammenhang zwischen Turm und Kirche herstellt. Aber das Bauganze schrumpft auch ein, von fünf oder gar sieben Schiffen auf drei. Am Ende des fünfzehnten Jahrhunderts, 110 Jahre nach der Fertigstellung des Turmes, kann man das Gebäude endlich, wenn auch in verstümmeltem Plane, zusammenschließen — aber nun ist, im Fortschreiten der immer weltlicheren und bürgerlicheren Gesinnung der abendländischen Kulturwelt, der ekstatische Bauwille, Dome zu errichten, gebrochen. Noch nicht tot ist er, aber immer schwächer fließen die Geldquellen, man errichtet auch noch Pfeiler und Sargmauern des Langbaues, aber zur Einwölbung kommt es nie. Die Bauarbeit schläft im sechzehnten Jahrhundert ein, und fast 200 Jahre ragen die basilikalen Sargmauern frei in die Luft, bis sie, nicht durch Gewölbe von innen und Verstrebung von außen gesichert, 1674 durch einen Sturm umgeworfen werden. Heute dehnt sich ein freier Platz zwischen den auch im Trümmerzustande noch Ehrfurcht gebietenden Resten des Domes hin.

Bild 22 oben

DIE WESTSEITE DES MÜNSTERS VON STRASSBURG

Mit dem allerschmerzlichsten Gefühle betrachten wir die westliche Prachtseite des Straßburger Münsters. Vor keinem Architekturwerk können wir gleiches Weh empfinden. Den einen Grund des Leides verbergen wir Deutsche in die Hülle des Schweigens . . .

Aber auch der zweite, der ästhetische Grund, die Ruinenhaftigkeit, in der uns Europäern eine in jeder Hinsicht und ganz wörtlich verstanden unvergleichliche architektonische Idee überkam, ist nicht minder beklagenswert. Ein ausgezeichneter Kenner des Münsters, Dehio, sagt, daß, wäre sie so ausgeführt wie ausersonnen, »Straßburg der schönsten gotischen Fassade Deutschlands, vielleicht der Welt sich hätte rühmen dürfen«. Die Idee Erwins ist uns in einem seiner Risse überliefert. Die unerschöpfliche Fantasie in Stein, der reiche sinnbildliche Ausdruck statischer Beziehungen, der holde Streit von Schwere und Kraft ohne Härte, die Sachlichkeit ohne Dürftigkeit, der Reichtum ohne Überladung, Pracht ohne Prunk, Kraft ohne Protz, Völligkeit ohne Überfüllung, das in einer Gleichung ohne Rest aufgehende steinerne Spiel von Wagerecht und Senkrecht, das Entblühen des Schweren ins Leichte, das ganze Gedicht, in dem man versuchen könnte, dem steinernen Traum mit dem Zauber

Bild 26

ausgesuchtester Worte nahezukommen, es spricht auch aus der dürren körperlosen Zeichnung und selbst aus dem kleinen Bilde nach dem fast drei Meter hohen Risse. Man muß aber in seiner Vorstellung der Körperlosigkeit Körper geben, die Wirklichkeit danebenhalten — am liebsten würde der Beschreiber verstummen. Das Erstmalige, das Höchstpersönliche, das schlechtweg Geniale dieses Bildes ist die Erscheinung in doppeltem Körper, die eines festen und gediegenen Baukerns, dem ein anderer luftig-duftiger Bau sozusagen übergeworfen ist. Nicht in Blendung aufgelegt, wie das in der Gotik schon lange gesehen war und wie es auch hier z. B. an den Strebepfeilern zu sehen ist, sondern vorgezogen, abgerückt, sodaß die Schatten des Überwurfs auf dem steinernen Bauleibe spielen können. Dabei so dünn und fein (was übrigens nur der für diese Gotik eigens vom Erdbaumeister scheinbar absichtlich in die Nähe gelegte harte aber nicht spröde, darum kleinsten Querschnitt der Formen gestattende rote Sandstein der Trias, der sogenannte Vogesensandstein erlaubte), daß man glauben sollte, nur in gegossenem Eisen sei das steinerne Stabwerk vor der unteren Mauer, namentlich aber die großartige Fensterrose mit dem kostbaren vorgezogenen Zwickelwerk auszuführen möglich gewesen. Schinkel brauchte das Gleichnis der Saitenbespannung einer Harfe, man kann auch von steinernem Spitzenwerk, von einem übergeworfenen Steinschleier reden. Aber keine Worte gibt es, um derlei würdig zu schildern. Was man auf diesem Bilde vor sich sieht ist ungefähr das, was der Erfinder Erwin hat ausführen, nach seiner unverstümmelten Erfindung hat ausführen können. Es fehlt links das nördliche Seitenportal, aber schon die weit gröberen Stäbe vor dem Südfenster des ersten Stockes, auch die Höhe dieses Fensters, dessen Scheitelpunkt unter keinen Umständen höher als der höchste Punkt der Rose liegen durfte, wodurch diese gedrückt wird und nach unten durchzusacken scheint, ebenso die ungeschickte, durch die Fenster- und Stockwerkerhöhung nötig gewordene Apostelgalerie, sind Verstümmelungen des Erwinschen Planes.

Wie kam das? In diesem Falle war Naturgewalt schuld. 1277 (ich folge Dehio) hatte Erwin zu bauen begonnen, 1298 brach während des Besuches des deutschen Königs Feuer aus, das die Baugerüste der Fassade, das Dach des Langhauses ergriff, die Glocken schmelzte. Nun hatte man für lange alle Hände voll zu tun, um die Schäden auszubessern, eine Notarbeit, vor der der Bau an der Turmfassade zurücktreten mußte. Es ist nicht sicher, ob Erwin, wennschon er noch 20 Jahre nach dem Feuerunglück lebte, wieder an der Fassade hat arbeiten können. Jedenfalls wurde im nächsten Jahrhundert in seinem Entwurfe je länger je mehr herumgewütet. Die Wimperge über den Hochfenstern, die in der Art deutscher Münstergotik zum dritten Stocke hinaufgeleitet hätten, fallen fort, man betonte — und das ist Einwirkung vom Westen her, von französischer Gotik — die Wagerechte durch eine Balustrade und die Apostelgalerie und setzte lange nach Erwins Tode die ziemlich trockenen dritten Turmgeschosse auf. Es ist das Jahr 1365. »Man war baumüde.« Die Schauseite sah damals aus wie die der meisten französischen Kathedralen geblieben ist, deren Doppeltürme nicht ausgebaut wurden.

Die Versündigungen an Erwins Baugedanken waren bis dahin vielleicht verzeihlich gewesen, es waren läßliche Sünden, jetzt beging man die schwere, die unverzeihliche, die den Gedanken Erwins mordende Todsünde. Es ist ein trauriges Schicksal für den Meister Cuntze, wegen mangelnden Talentes in der Geschichte fortleben zu müssen als ein Herostrat der Straßburger Münsterfassade. Er baute das abscheuliche Bild 24 Glockenhaus ein über der Rose und zwischen den Turmstümpfen. Man würde ihm seine Tat noch nachsehen, wenn er etwa ein zierliches Gehäus mit eigenem Leben errichtet hätte, wenn sein Werk nicht so gottverlassen fantasielos und nüchtern wäre. So ist es nun da, und die Zeiten müssen sich damit abfinden.

War in den hohen Zeiten der deutschen Gotik »Unserer Lieben Frauen Werk« oder kürzer »das Frauenwerk« von Straßburg der Führer der deutschen Bauhütten gewesen, jetzt hatte die Bauhütte ihren Ruf verloren. Jetzt um die Wende zum vierzehnten Jahrhundert, als unter der Mitwirkung des Kaisers die sich hinschleppende Bautätigkeit am Frauenwerk sich wieder belebte, sah man sich nach einem auswärtigen Baumeister um. Und eben bot der noch immer schöpferische gotische Zeitgeist einen anderen großen Baumeister vom Range, aber nicht von der Wesensart Erwins, wie dieser einen der größten Baumeister deutscher Zeiten dar: Ulrich von Ensingen.

Soll man fragen, war es ein Unglück, daß ein großer Geist über das Gebäude kam und nicht ein mittlerer, der vielleicht treu auf Erwin zurückgegriffen hätte? Aber wenn man Cuntzes Zutat nicht rücksichtslos verwerfen wollte, war Erwins Gesamtwerk doch rettungslos verstümmelt, und so war es vielleicht gut, daß ein herrischer Gleichwertiger kam, der ohnehin, wie er am Ulmer Münster gezeigt hatte, auf Gedanken verstorbener Vorgänger nichts gab und von der Plattform des dritten Stockes nun in höchst persönlicher und man kann es Gott sei Dank sagen genialer Weise wie von einem neuen Boden aus weiterbaute. Erwins Idee im Bau war verloren, es sollte nun wenigstens eine gleich große neue Idee in den Bau hinein- und hinzutreten. Auch der Zeitgeschmack hatte sich gewandelt. Erwins Plan hatte zwei, nicht Bild 26 sehr hohe Türme vorgesehen, die sich nach oben stark verjüngten. Jetzt aber wollte man hohe himmelhohe wolkenkratzende Türme, man betrachtete den Bau als einen großen Torso, gab die Idee eines Turmpaares auf und begnügte sich wie am Wiener Stefansdom mit einem Turme. Dafür aber sollte er das Höchste an Kühnheit zeigen, Bild 27,28,24 Steine bis zu noch nie dagewesener Höhe in den Luftraum hinauftragen. Ulrich war Bild 27 ganz der Mann dazu! Er entwarf ein überaus schlankes hochgerecktes Achteck. In den Ecken des Grundquadrates stehen, losgelöst vom Baukörper des Achtecks, vier höchst zierliche Treppentürme, ebenfalls im Achteck und wie das Hauptachteck offen, Bild 28 und dazu jedes noch in besonderem Grundriß. Eine Spindeltreppe windet sich in jedem nach oben. Ulrich baute schnell. Und nun kommt das Merkwürdige, das Ulrichsche, Bild 27 das Babylonische! Wie der Riß zeigt und wie Rippenanfänge für das Turmgewölbe im Inneren auf der Höhe der schlanken Hauptfenster des Hauptachtecks unzweideutig beweisen — noch während des Bauens fügte er zwischen dem hochgebrachten Achteck und dem noch ausstehenden Helme einen weiteren Stock, einen kleinen Zwischenstock, eine Art Mezzanin ein, ein kurzes Achteck, weitere sieben Meter Bauhöhe und Steinmasse. Er konnte sich nicht genug tun!

1419 starb Ulrich plötzlich, mitten im stürmischen Schaffen, ein Fünfzigjähriger. Auch er erlebte nicht die Vollendung seines Werkes, er hatte den Turm bis zum Helmfuße hochgebracht. Den unten sich stark einziehenden Steinhelm von durchbrochenem Maßwerk hatte er sich zweigeschossig gedacht, die Geschosse getrennt durch Bild 27 eine fialengekrönte Galerie. Das untere Geschoß sollte auf den Rippen aufgestellte Zierfialen tragen, die wie Kerzen auf einer Weihnachtstanne ausgesehen hätten, das obere äußerst zierliche weit ausladende Krabben, zuhöchst im Äther über dem Frauenwerk sollte »Unsere Liebe Frau«, Hüterin, Göttin von Stadt und Land stehen.

Aber dieser Helmgedanke, in dem sich der von Ulm wiederholt, wurde nicht aus- Bild 33 geführt, auch die kleinen durchbrochenen Steinhelme über den Spindeltürmen blieben auf dem Papiere. Die Zeit verwandelte sich wieder, man forderte mit dem Wachsen des Bild 27, 24, 28 technischen Könnens, das nun fast jeden Einfall in Stein ausführbar machen zu können schien, mit der Lust des Zeitalters an Schmuck und Zier noch künstlichere Leistung, ein Verlangen, das die Erfindungsgabe und technische Kühnheit des Nachfolgers, des Meisters Johann Hültz aus Köln befriedigte. Die acht Helmrippen be- Bild 31 hielt er bei, aber er ließ sie für den Blick verschwinden unter dem vielleicht kecksten und spielerischsten Einfall dieser spielerischen Spätgotik: an Stelle der Fialen und Krabben Ulrichs setzte er offene Türmchen aus Maßwerk, 52 an der Zahl, die so angeordnet waren, daß ein Besteiger des Turmes auf einer um den Helm sich hinaufschraubenden Steintreppe sie betritt und sich durch sie bis zur Spitze hinaufspiralt. Bild 28 Reineres und Folgerichtigeres aus ihrem Geiste konnte die Gotik nicht schaffen. Aber auch dieser reizende Steingedanke blieb insofern Ruine, als die 52 vorgesehenen Helmchen nicht auf die Ziertürmchen gesetzt wurden. Auch die kolossale Steinmaria bestieg nicht die Pyramidenspitze.

Das ist in großen Zügen die nicht an Einzelheiten sich aufhaltende, baugeschichtlichen Dunkelheiten und Streitfragen, die mit unserem Zweck nicht zu tun haben, ausweichende, wechselvolle, freud- und leidreiche Geschichte dieses kostbaren Baumals. Wie ein Heldengedicht, das vom Urdichter nicht vollendet, das von Fortsetzern überarbeitet und verändert wurde, in dem später feiner Philologensinn verschiedene Sprache und verschiedene Seele der Dichter aufdeckte, wie das Nibelungenlied, das uns ja auch nicht in erster Fassung überkommen ist, ist dieses deutsche Werk — beide trotz allen Veränderungen, Verstümmelungen, Widersprüchen die schönsten und größten Gedichte des deutschen Mittelalters: Gedicht aus Wort — Gedicht aus Stein!

DER ULMER MÜNSTERTURM

Die gewaltige Persönlichkeit Ulrichs von Ensingen muß uns noch einen Augenblick festhalten. Ein junger Mann in den zwanziger Jahren hatte er sich kühn um die Baumeisterstelle am Mailänder Dom beworben, denn die Mailänder litten große Not um die Vollendung ihres Marmorhauses und schickten Hilferufe nach Deutschland aus um Baumeister. Nachdem er sich einige Monate mit den Mailändern herumgezankt hatte, kehrte er, da sie ihm nicht den Willen ließen, nach Deutschland zurück. Vorher schon war er Ulmer Dombaumeister geworden. Dort genügten ihm die Ausmaße nicht, die er vorfand. Er erhöhte das Mittelschiff, um seine neue eigenste Idee durchführen zu können: dieses von Westen her durch ein gewaltiges, Bild 32 hoch in der Fassade angebrachtes Fenster zu erleuchten. Damit übernahm er sich, und seine Idee wurde in der Ausführung Ruine, denn er führte das Westfenster zwar aus, aber gab dem nur auf Höhe und Gewalt der Wirkung berechneten Turme so liederliche Fundamente, daß später nach innen hin die Turmpfeiler massig verstärkt werden mußten, wodurch die großgedachte Lichtzuführung ins Mittelschiff zerstört Bild 33 u. 34 wurde. Sein Entwurf sah einen Turm vor, der auf einem hochgereckten Viereck ein hochgerecktes Achteck und einen sich einziehenden Steinhelm tragen sollte, aber er Bild 32 starb, bevor wahrscheinlich auch nur der Viereckbau vollendet war. Matheus Böblinger Bild 33 gab in seinem Plane die Gliederung des Achteckbaues in zwei Stockwerke auf und Bild 34 entwarf einen sehr hochgereckten Einheitsstock, wie die Ausführung ihn zeigt, freilich ohne auch nur mit dem Werke beginnen zu dürfen. Denn Jahrhunderte lang blieb der Bau stilliegen. Im 19. Jahrhundert wurde die großartige Ruine des Turmes ausgebaut, im wesentlichen nach des Böblingers Plan, der auch schon Ulrichs Turmhelm gegenüber sich frei verhalten und namentlich die Fialen auf den Rippen durch Bild 33 u. 34 Wimperge ersetzt hatte, die vom Maßwerk der Rippenversteifung nach außen hinauswuchern und dem Turmhelm etwas seltsam Pflanzenhaftes geben, das aber gotisch echt ist und sich wohl mit dem Geiste der Schönheit verträgt. So blieb der Ulmer Münsterturm keine Ruine, man kann ihn auch kaum eine Ruine der Idee seines ersten Schöpfers nennen, denn die an Ulrichs Plan vorgenommenen Änderungen, so ausgesprochen sie sind, schneiden nicht tief in die Grundidee ein und überschreiten nicht sehr das Maß der Freiheit, das im Mittelalter bei seinem langsamen Bauen unter den wechselnden Meistern üblich war. Auch atmet das, was heute dasteht, im ganzen Großen Ulrichs, des ersten Meisters, großen Geist, und wenn er es heute sähe, würde er damit zufrieden sein.

Im 19. Jahrhundert beherrschte ein Wahn, gotische Gebäude »freizulegen«, unheilvoll die deutschen Städte. Man übertrug einen Gedanken der Renaissance und namentlich des Barocks, deren Gebäude auf Weiträumigkeit und Raumfreiheit angelegt sind, unbesehen auf Bauwerke der Gotik. Diese sind aus engem mittelalterlichen, durch den Mauerbezirk kostbar gewordenen Stadtraum erwachsen, das Höhenstreben der Gotik ist nicht ausschließlich »Himmelssehnsucht« jenes Zeitalters, wie weltfremde Ästhetiker glauben machen wollen. Man trieb die Gebäude, nicht nur Sakralbauten sondern auch öffentliche und private Zweckbauten, aus Platzmangel in die Höhe in derselben Nötigung, wie man heute in Citys Hochhäuser errichtet. Gotische Dome sind in einem gewissen nüchternen Sinne heilige Hochhäuser. Sie sind auch nie auf ganze Überschau angelegt, der Geist der Zeit hat sie immer nur in der engen Bedrängnis der alten Städte sowohl wirklich wie auch im idealen Bilde gesehen. Die niedrige Umgebung gibt auch erst den rechten Maßstab für diese Hochbauten ab, sodaß das Freilegungsbestreben nicht nur historisch auch ästhetisch beklagenswert war. So hat man das Ulmer Münster, so hat man den Kölner Dom mit großen Kosten freigelegt. Wie Bild 34 großartig wächst der Ulmer Münsterturm aus der giebeligen Gasse eines entfernteren Standortes heraus! Wie verloren steht der Kölner Dom auf seinem weiten leeren Platze! Die bessere Einsicht von heute strebt danach, den gotischen Hochbauten ihre natürliche Umgebung wieder zu verschaffen. Man schreibt Wettbewerbe aus, die leeren Domplätze in einer malerischen Weise wieder zu bebauen, von dem Wettbewerbe für Ulm bilden wir einen derartigen Entwurf ab, dieser oder ein anderer Bild 32 wird wohl einmal ausgeführt werden. Auch für den Kölner Dom lieferte ein Wettbewerb solcherart Entwürfe.

DER DOMTURM VON REGENSBURG

Die Westseite des Regensburger Doms blieb wie die meisten Westseiten der gotischen Dome unvollendet, die beiden Türme gediehen nur bis zum Ansatz des Achtecks in der Höhe des Eicheltürmchens Nürnberger Herkunft. Die Familie der Roritzer, in der Bild 35 sich das Baumeisteramt am Regensburger Dome vererbte, ist Schöpfer dieser schönen Anlage. Die Vollendung des Baues der beiden Türme durch Denzinger im 19. Jahrhundert bleibt treu in deren Geist. Blieb also die Westfassade keine Ruine, auch keine im ästhetischen Sinne, so soll doch, einzig um dem Wissen um diese alten geliebten kostbaren Werke deutscher Monumentalgotik zu dienen, ein eintürmiger Entwurf abgebildet werden, der nicht ausgeführt wurde. Er erinnert in seiner unteren Hälfte Bild 29 mit den dicht an den Baukern sich anschließenden, scheinbar mit ihm und miteinander verwachsenden, die Gliederung des Turmes verhüllenden Streben und ihren Fialen an die unschönen Türme von Köln und Wien, in seinem oberen Teile namentlich dem Helm mit den den Rippen aufgesetzten kerzenartigen Fialen an Ensingers nicht aus- Bild 31 u. 27 geführte Entwürfe für die Helme der Ulmer und Straßburger Türme. Im zweiten Stock, in der Höhe des offenen Strebewerks des Hauptschiffes, gibt es ein frei der Baumasse vorgesetztes Stabwerk aus Straßburger Anregung und die berühmte köstliche Bild 29 im Dreieck vorspringende Vorhalle vor dem Hauptportal, deren Meister in ihrer ausgeführten Gestalt Lybhart der Mynner ist, die heute nur das Portal selbst einfaßt und Bild 36 in ihrer Zierlichkeit bei allem Reiz der Erfindung ein wenig unorganisch und gebrechlich an die Kernmauer anschlägt. Sie sollte an den beiden Turmstreben einen Bild 29 festen ästhetischen Halt finden, dadurch etwas breiter und höher ausfallen. Ihr Gesims würde mit dem Ziergesims zusammengefallen sein, das heute die Kernmauer etwas unbeholfen zu beleben sucht.

Weiteres dazu im »Nachtrag« des Buches.

DER DOM VON MAILAND

Ulrich von Ensingen war kurze Zeit und ohne Erfolg in der Mailänder Domhütte tätig. Es galt die Vierungskuppel, welche der Dom italienischer Bauüberlieferung entsprechend erhalten sollte, zu erbauen. Sehr viele Meister wurden dazu berufen, von den in diesem Buche auftretenden Francesco di Giorgio und Bramante. Selbst von Lionardo gibt es kleine Skizzen hierzu. Bemerkenswert ist, daß in der eigenwilligen und selbstbewußten Zeit der beginnenden Renaissance diese Meister den Dom doch gotisch zu vollenden vorhatten. Leider ist nichts Näheres von Bramantes Modell bekannt. Skizzen Lionardos geben vielleicht wieder, was Bramante gewollt hat: eine gotische Kuppel, in ihrer Umrißlinie ähnlich steil der jetzigen von Sankt Peter in Rom. Der Umriß der Kuppel würde den der flachen, die schließlich gebaut worden ist, an Schönheit weit übertroffen haben.

Die Schauseite des Domes blieb durch die Jahrhunderte unvollendet im Rohbau stehen. Im 19. Jahrhundert erst ist sie vollendet worden. Wir bilden einen Entwurf des holländischen Architekten Berlage ab. Er entwirft die Fassade in glänzenden Formen unter Anlehnung an die von Orvieto. Das Bemerkenswerteste des Bildes ist vielleicht der schöne Kampanile, in seiner schlanken Form an den von Florenz erinnernd und in moderner Weise mit einem Uhrgehäuse gekrönt. Weder dieser noch irgendein Kampanile (auch nicht Berlages Schauseite) wurden gebaut.

Bild 37

DIE STADT SFORZINDA DES FILARETE

Eine Architektur, die nicht gebaut wurde, die im Ganzen auch nicht gebaut werden sollte, die aber doch ein merkwürdiger Ausdruck architektonischen Wollens und ein Zeugnis einer architekturfreudigen Zeit ist, findet sich in dem wenig bekannten Buche des Filarete. Ein Roman über Architektur soll es sein, ein herzlich schlechter Roman als Roman ist es, dessen spielerisch und gänzlich äußerlich gehandhabte Form nichts als das Netz ist, viele architektonische Dinge zusammenzuhalten, nichts als die originelle und Aufsehen herausfordernde Merkschrift eines baulustigen Architekten für seinen Fürsten. Eines baulustigen Architekten — welcher Architekt wäre nicht baulustig? Die Bauherren sind es weniger. Aber Geschmack am Bauen im großen Stile, natürlich durch seinen Filarete, soll dieser merkwürdige »Trattato« dem Fürsten Sforza beibringen, darum entwirft der Architekt ihm eine ganze Stadt, von Grund auf neu zu errichten und zu nennen nach seinem Herrn Sforza: Sforzinda. Er war vom Herzog schon von Rom nach Mailand berufen worden, hatte auch schon den Auftrag für das »Große Spital« erhalten — nun schreibt er ein paar Jahre später diese Huldigungs- und zugleich Anregungsschrift. Für uns ist diese Schrift über ihren menschlichen und künstlerischen Gehalt hinaus auch deswegen merkwürdig, weil sie

Bild 53

das städtebauliche Ideal des ausgehenden Mittelalters und der beginnenden Renaissance in Italien enthüllt und überhaupt reich an kulturgeschichtlichen und gesellschaftlichen Ausblicken ist. Wir schöpfen aus ihr Geist der Zeit unmittelbar an der Quelle der Zeit — der Trank, den wir zu trinken bekommen, ist echt, herb und frisch.

Antonio — es ist nötig, den Namen zu merken, denn der Architekt braucht ihn in seinem Werke silbenweise von hinten gelesen als Deckname für sich selbst — mit dem Beinamen Filarete, über die Elemente der Zivil- und Militärarchitektur handelnd läßt einen reichen, nicht benannten Fürsten und seinen Sohn eine Stadt in freier Ebene nahe den Bergen im Vereinigungswinkel der Flüsse Indo und Averlo bauen. Das Buch läßt er, weil er darin dem (damals altmodisch-)gotisch gesinnten Bild 38 Sforza (moderne) frührenaissancistisch-florentinische Formen empfiehlt, aus dem Altertum aufgefunden worden sein. Die Erzählung des Architekten Onitoan (man merke!) ist im Ichton gehalten:

Ich überrede den Fürsten zum Bau einer Stadt. Mein Entwurf wird angenommen, der Bau beginnt sofort. In der Umgegend gibt es Kalk, Sand, Lehm zu Backsteinen, Marmor, Edelsteine, Porfyr und Tuff. Die nötige Menge der Backsteine, des Kalkes für die Stadtmauer, Arbeiterzahl, Akkord und Tagelohn wird berechnet. Unter günstigen Vorzeichen wird der Grundstein zur Mauer gelegt. Am ersten Arbeitstage werden Mauer und Türme fundamentiert. Der Mauerbau schreitet schnell voran, am 10. Tage ist die Mauer bis auf die Rundtürme vollendet. Ich brauche 12000 Meister, auf jeden Meister 7 Gesellen, macht 84000 Gesellen, Handlanger 6000, zusammen 102000 Mann. Die Meister lassen täglich 30 Millionen Backsteine versetzen. 1000 Bauführer werden gebraucht, Gesamtzahl der Beschäftigten also 103000. Die Anwesenheit Seiner Herrlichkeit des Fürsten auf 8 bis 10 Tage ist dringend erwünscht, damit die Arbeiter Respekt fühlen. Jede Arbeitergruppe wird getrennt von der anderen gehalten, jede von 10 Kavalleristen und 50 Infanteristen bei Arbeit und Ruhe bewacht. Ungehorsam wird mit Tod bestraft. Die Arbeiter haben sich selbst zu verpflegen. (Die geplagten Baumeister von heute sehen, auf wie einfache Weise man die Fragen der Sozialfürsorge, des Streik- und Koalitionsrechtes lösen kann.)

Die Mauer steht. Der vorsichtige Fürst läßt einen zuverlässigen Astrologen um den günstigen Zeitpunkt des Beginnes am Bau der inneren Stadt befragen. Der errechnet als besten Termin: den 15. April 1460, 10 Uhr 21 Minuten. In den Grundstein werden gelegt, neben kostbaren und anderen sinnbildlichen Sachen, die aufzufinden künftigen Archäologen, wenn sie diese unsere, dann Altertum gewordene Welt aufgraben, Freude machen soll: Hirse — versinnbildlicht die der Speise bedürftige Stadt; Wasser — soll, nutzbar und klar, künftigen Bürgern ein Vorbild sein; Wein — ist mit Maß genossen heilsam, man soll seine Kräfte richtig brauchen; Milch — unschuldig, unblutig soll sie die Bürger von Streitsucht abhalten; Öl — bedeutet Frieden und zugleich Sieg; Honig — ruft das Beispiel der fleißigen und streng monarchisch gesinnten Bienen wach.

Es gibt einen Feiertag. Der Fürst bestimmt Lage und Plan der Stadtfestung. Das Kastell ist nur zugänglich auf dem langen, einen eingedrungenen Feind ermüdenden

Bild 44 Umwege durch ein geometrisches Labyrinth. Der Grundriß der Stadt ist ein acht-
Bild 45 strahliger Stern, an den Strahlenspitzen stehen 8 Türme, in den eingezogenen Ecken
liegen die 8 Tore. Kurz vor ihnen im Inneren ebensoviele Piazzas, kleinere Märkte,
der Strohmarkt, der Holzmarkt, der Öl-, Wein-, Kornmarkt usf. Um sie herum
werden die Handwerker und Kleinleutequartiere sein. Zwischen den in einem großen
Kreise liegenden Bedarfpiazzas, getroffen von den vom Stadtmittelpunkte kommenden,
an den Mauertürmen blindendigenden Sternstraßen, liegen die 8 Pfarrkirchen.

Die 16 Sternstraßen vereinigen sich in einer Prunkpiazza im Stadtmittelpunkte,
einem Forum mit den Stadtgebäuden, dem Fürstenhofe, dem Dom und der Börse.
Diese Hauptpiazza liegt auf einem flachen Geländebuckel, alle Straßen haben von
hier Fall nach außen, einfache Lösung der Abwässerfrage. Die Lage im Tieflande,
die Nähe der Flüsse gewährt reichliches Wasser. Darum überall schiffbare Kanäle.
Jede zweite Hauptstraße ist eine Wasserstraße, auf sie ist der Lastenverkehr zu ver-
weisen. Auf der Hauptpiazza ist ein Wasserspeicher, durch dessen beherrschte und
geleitete Abflüsse alle Straßen und Plätze überschwemmt und abgespült werden
können. (Einfache Weise der Straßenreinigung!)

Der Fürst billigt den Stadtbauplan, man fängt sofort daran zu bauen an. Bei dem
vorzüglich eingerichteten Arbeitssystem sind alle Erdarbeiten in 4, alle Fundamen-
tierungsarbeiten in 8 Tagen erledigt. Nun beginnt die eigentliche Aufbauarbeit, und
der Fürst, der eine Verlangsamung des Bautempos befiehlt, verreist auf 2 bis 3 Wochen.

Weil bei solch flottem reibungslosen Fortgang der Arbeiten Architekt sein anscheinend ein leichtes Geschäft ist, beschließt Seine Hoheit der Prinz, sich mit Architektur
zu befassen. Der Architekt, beglückt, sich einen neuen Auftraggeber auch nach dem
einmal zu erwartenden Tode des alten Herrn heranzuziehen, unterrichtet den Prinzen im Wesen des Bauens und in den Ordnungen der Architektur. Er lobt ihm die
neuen antiken Formen, er zeigt die Häßlichkeit der gotischen, die er, in einem um-
gekehrten Sprachgebrauch als dem unseren, die modernen nennt. Und dann steht da
folgender Satz: Ich gebe zu, daß Sforzinda ungeheure Summen gekostet hat — aber
nie soll man aus Furcht vor dem Aufwande zögern, große und schöne Gebäude zu
errichten. Denn niemals ist ein Land durch Bauten verarmt oder zugrunde gegangen.
(Welcher Architekt der Welt würde dem widersprechen?) Aber es kommt auch der
Satz vor: Vitruv erzählt, daß die Alten ein Gesetz gehabt haben, wonach jeder

---

*Ich kann mir nicht versagen, ein Kapitel aus der Baugeschichte einzufügen, das zu Filaretes Zeiten wirklich in Pienza gespielt hat. Pius II. (Pikkolomini) will seine Vaterstadt, das kleine Pienza im Etrurischen, in großem Stile ausbauen. Die alte Basilika wird durch einen Neubau ersetzt, der Hauptplatz vollständig neu gestaltet. Die Kardinäle und das Gefolge sollen sich neben der Residenz anbauen. Der Bauhammer klingt laut in der Stadt, doch nur bis zum Tode des Papstes, wo alles das mehr oder weniger unvollendet liegen bleibt. 1462 besuchte der Papst Pienza, es standen damals der bewohnbare Palast und der Dom. Über den Besuch wird berichtet: »Über den Architekten war dem Papste gar manches zugetragen worden: außer daß er untreu gewesen und in technischer Beziehung sich verschuldet, habe er den Kostenvoranschlag auf 8000 bis 10 000 Scudi bemessen, aber über 50 000 verbraucht: nach der von Vitruv mitgeteilten, bei den Ephesern gültig gewesenen Bestimmung solle man ihn zum Schadenersatz heranziehen. Er hieß Bernardus und war aus Florenz; da er zu jener Zeit gerade abwesend war, fielen alle über ihn her. Nach Besichtigung der Arbeiten und genauer Untersuchung ließ Pius ihn an Ort und

Architekt sein Vermögen beim Beginn eines Baues für dessen Gelingen verpfändete. Und überstiegen die Kosten der Ausführung den Voranschlag um mehr als ein Viertel, so mußte er für den Mehraufwand eintreten. (Welcher Architekt der Welt würde aber hier beipflichten?) * Doch der Roman vom Bau Sforzindas geht weiter: Es wird ein Dom gebaut, ein Denkmal mit der reizendsten Verkündigungsgruppe — Bild 42, 43 Maria und der Engel, eine Blume zwischen sich, blühen selbst als Blumen in einem Bronzeschmuck auf. Es gibt einen Fürstenbau, einen Bischofsbau, ein Edelmanns- Bild 46, 47 haus, ein Kaufmannshaus, auch das Haus des Architekten Onitoan, an dem der Bild 48, 49, 51 Architekt natürlich besonders bescheiden zu sein und zu sparen keinen rechten Grund sieht. Dieses Haus ist aber auch zugleich die Ruhmeshalle für Künstler, in diesem Tendenzroman zur Empfehlung der die Antike wiedererweckenden neuen Kunst für Künstler des Altertums, die mit ihrem Meisterstück in Händen an den Wänden des Hauses angemalt sind. Der Bau geht weiter: Rathaus, Gefängnis, Zollverwaltung, Münze, Klöster, Spital. Das »Große Spital« wird sehr eingehend beschrieben. Auch der Teil des Großen Spitals, den Filarete für Francesco Sforza in Mailand Bild 52 zu bauen hatte, das einzige, das von seinen Fantasien über Sforzinda auszuführen ihm vergönnt gewesen war. Der Fürst, von seinem Ausfluge zurückgekehrt, reist Bild 53 nun, über den schnellen und ungestörten Ablauf der Arbeiten beruhigt, endgültig ab. Es kommen die Privathäuser, auch die Proletarierwohnungen an die Reihe, das Theater und die Brücken, eine Wasserleitung über einer Brücke: der Aquädukt. Bild 41

Der Hafen kommt an die Reihe. Im rechten Augenblicke findet der Architekt ein »goldenes Buch«, in dem eine antike Hafenstadt, die hier gelegen hat, beschrieben wird. König Zogalias riesenhafter Monumentalturm am Hafen wird in Beschreibung aufgefunden, ein 15stöckiger Turm. Der Hafen nach antikem Vorbilde wird aus Bild 56 dem Gelände ausgeschnitten und ausgehoben. (Zwischendurch gesagt: Filarete ist Bild 39 ein so schlechter Dichter, daß Erzählung und Beschreibung, Belehrung und Bericht vom Altertum immerzu durcheinanderlaufen, und man manchmal nicht weiß: ist man im Altertum, ist man in der Moderne? Doch hier, wo nur vom Geist des Buches zu handeln ist, kommt es auf seine Technik nicht an.) Es wird gesprochen von einem ganz ungeheuerlichen Hafenkastell, 16 Stock hoch, gekrönt mit einem kolossalen Bild 55 Bild des Fürsten zu Pferde, einem naiven Bau arm an Erfindung, ungeheuerlich auch deshalb, weil das Gebäude in einer ganz und gar unarchitektonischen kunstlosen Weise zu errichten wäre, weil es ausgeführt bei dieser Bauweise drinnen einen massiven nutzlosen Baukern erfordern würde. Es wird gesprochen von hangenden Gärten, von Eisenhämmern und Schmelzöfen, und schließlich geht die Erzählung Bild 59

Stelle kommen: nach einigen Tagen traf er ein und erschien beklommenen Herzens, da er die gegen ihn erhobenen Vorwürfe wohl kannte. ‚Du hast ganz recht gehandelt, Bernardus‘, sprach der Papst ihn an, ‚daß du uns über die voraussichtlichen Kosten getäuscht hast. Wenn du die Wahrheit gesagt hättest, hättest du uns nie zu einer solchen Ausgabe bewegen können: und weder der vornehme Palast noch das in ganz Italien seinesgleichen suchende Gotteshaus ständen jetzt hier: deine Vorspiegelungen legten den Grund zu diesen herrlichen Bauten, die mit wenigen Ausnahmen von von bloßem Neid verzehrter Menschen alle rühmen. Wir danken dir und erkennen unter allen Architekten des Jahrhunderts dir die erste Stelle zu‘. Der gesamte Lohn wurde ihm ausgezahlt, sowie 100 Goldgulden dreingegeben und ein Festgewand geschenkt.«

über zur Schilderung einer Art »pädagogischer Provinz«, zu Erziehungsanstalten für Knaben und für Mädchen, Häuser, in denen Verwaltung, Kleidung, Beamtenapparat, Verpflegung, die Schlafsäle, die Unfallversicherung, der Kampfplatz der Bild 58 Knaben alles alles vorgeschrieben und beschrieben wird. Aber auch die Verwaltung von ganz Sforzinda wird nach antikem Vorbilde vorgeschrieben und beschrieben, die Landverteilung der Umgebung, das Arbeitshaus, die Behandlung der Verbrecher, die Arbeit von Unfreien und Freien, der Konsularmagistrat, der große Rat und die Kommissionen, Gesetze über Luxus und die Steuern, zuletzt die Zivilliste des Fürsten.

Das Eigenartigste aber, die Krönung der Fantastik, ist doch wohl Antonios Haus Bild 60 bis 64 der Tugend und des Lasters. Man erkennt im Äußeren das bezüglich des Sockels antike Vorbild der Engelsburg, wir werden uns aber bezüglich des Oberbaues an die großen architektonischen Motive der städtischen Gaskessel erinnert fühlen, von denen, wie sie im Süden von Berlin liegen, Bestelmeyer wohl für sein architektonisches Haupt- und Umrißmotiv zu seinem Entwurf des Gebäudes der Reichsschulden- Bild 345 verwaltung sich hat anregen lassen, ein Gebäude, das im Schnitt gewisse Übereinstimmung mit dem Antonios zeigt und das auch von fern an die Bestimmung des Tugend- und Lasterhauses des Antonio erinnert, indem es ein Laster ist Schulden zu machen und eine Tugend sie zu bezahlen. Die Tugend in der Welt, wahrhaftig, Bild 62 hat einen schweren Stand, wie man auf dem Bilde sieht. Filarete dachte sich, nach seinen eigenen Worten, folgende Allegorie aus: Auf einem steilen Berge steht auf der Spitze eines Diamanten die Tugend, als eine geharnischte Gestalt mit sonnengleichem Angesicht. Sie hält einen Lorbeer- und einen Dattelbaum in Händen. Zu ihren Füßen entspringt eine Honigquelle, aus welcher Bienen nippen. Am Berge der Tugend liegt eine Grotte, in der das Laster haust. Es ist als ein Satyr gedacht, welcher Teller mit Speisen, Getränken und Würfeln in der Hand hält und auf einem Rade sitzt, dessen Speichen sieben Tiere sind. Diese Tiere speien Unrat aus, und in der daraus gebildeten Pfütze wälzt sich ein Schwein. (Man sieht, wie sehr Filarete selbst trotz seinem Eifern gegen die Gotik in der gotischen, überhaupt mittelalterlichen Welt befangen ist.)

Für sein Idealhaus hat er sich eigentlich die Gestalt eines Berges gedacht, aber es muß doch zivile Formen haben, weil es bewohnbar, benutzbar sein soll. Im qua- Bild 60, 61 dratischen Unterbau liegt ein Hof, darin erhebt sich ein 10stöckiger Rundbau, der aus zwei ineinandergestellten konzentrischen Zylindern besteht, getrennt durch einen, den Bau durchragenden Ringgang oder Gangring. (Am Dache wird die Konstruktion klar. Der innere Zylinder ist im Bilde erhalten, der äußere halb weggeschnitten.) Im inneren Zylinder ist ein röhrenartiger Schacht. Die ineinandergestellten Zylinder sind verbunden durch 7 querlaufende Bogensysteme, auf denen man als auf Brücken von einem Zylinder in den anderen, und zwar auf drei Stockwerkhöhen, hinübergehen kann. In dem röhrenförmigen Schachte steigt eine Wendeltreppe durch den ganzen Riesenbau nach oben auf die Plattform, in der Treppenspindel selbst geht ein Wasserabzugsrohr hinab. Auf der Plattform des äußeren Zylinders ist zwischen nackten, Bild 63 das Dach tragenden Genien schön zu schreiten, auf einer der Brücken gelangt man auf die Plattform des inneren Zylinders. Dort erhebt sich über dem Schachte eine Kuppel, von den neun Musen getragen (durch die Ansicht von unten auf dem Bilde unsichtbar), und auf der Kuppel steht, als Krone des Ganzen, eine Kolossalfigur, die Bild 60 Tugend in der beschriebenen Auffassung. »Schwer zugänglich wie der Parnaß, zu ihren Füßen eine sprudelnde helikonische Quelle«, deren Wasser durch das Abfallrohr in der Treppenspindel sich entfernt.

So architektonisch-großartig (der Architekt selbst erinnert sich an das römische Pantheon), so poetisch-fantastisch sieht es da oben aus. Aber wir kennen noch nicht das Innere des gewaltigen Bauwerks. Wir kommen noch einmal von außen herein: durch eine einzige Tür im unteren Quadratblock, und treten in einen Hof mit 2 Türen. Über der einen ist die Tugend gemalt, welcher folgende Worte auf einem Schriftbande aus dem Munde kommen: »Dies ist der Weg, auf dem man mühselig die Tugend erreicht.« Und dann hat man eine steile aufwärtsgehende Treppe vor sich, die an den drei untersten Stockwerken ohne Zugang zu diesen entlangführt. Neben der Tugendtür aber ist die Lastertür, und darüber stehen die Worte: »Tretet ein zum Vergnügen, das ihr aber bald beweinen werdet.« Wer nun dieser doppelsinnigen Einladung folgen zu müssen meint, wird auf einer bequemen Rampe ohne Stufen abwärts geführt in die drei untersten Stockwerke des inneren Zylinderbaus, die der Ausübung der Laster dienen. Zu unterst ist das Bordell. Diesem gegenüber im äußeren Zylinder liegen Kneipen und Spielsäle. Im zweiten Stocke wohnen die Frauenzimmer, gleich über ihnen im dritten aber die Polizei, »denn das Laster bedarf des Zügels«, belehrt uns der Dichter-Architekt. Die 7 weiteren Stockwerke aber gehören den 7 Wissenschaften, das erste, im Bau das vierte von unten, der Logik, die, sehr unfreundlich für Philosophen, als ein Weib mit doppeltem Kleide von verschiedenen Farben dargestellt ist, das nächste der Rhetorik usw., das letzte der Astrologie, der Himmelserforscherin. Diese Räume in den Zylindern sind aber nur Prunkräume, die eigentlichen Studiersäle, die Seminarien also, liegen unten irgendwo in dem sehr geräumigen Block, »damit die Professoren nicht gar zu hoch steigen müssen«, sagt der freundliche Architekt. Wer sich nun durch alle diese Räume hinaufstudiert, hinaufgedient hat, der kommt zur Plattform — aber betreten dürfen sie nur die mit Leistungen in allen Wissenschaften Ausgezeichneten, natürlich auch das ordengeschmückte Militär und — die Fremden, welche den Bau besichtigen wollen, denn Filarete ist ja ein Italiener!

Genug! Allzulange verweilten wir im ungebauten Sforzinda. In unglaublich kurzer Zeit ist die Stadt im Romane errichtet worden. Das macht der Beistand des Militärs. Filarete meint offenbar wunders zu berichten, wenn er die kurzen Baudaten nennt; aber wenn er in unserem Kriege etwa die Errichtung des Leunawerkes erlebt hätte, das kaum kleiner als Sforzinda ist, wo mit nur 13000 Arbeitern, die zudem noch die Maschinen aufzustellen hatten, nach einem Jahre Bauzeit die Schornsteine rauchten, so wäre er vor den Deutschen von heute kleinlaut geworden.

Ein sehr bescheidener Dichter ist Filarete, er ist auch nicht groß als Architekt, aber aus seinem Munde spricht eine kulturgeschichtliche Fantastik, die man kennenlernen sollte.

Der Traktat entstand zwischen 1460 und 1464, 1466 schon starb Francesco Sforza, Herzog von Mailand, und Filarete kehrte in seine Vaterstadt Florenz zurück. Es möchte auch zweimal gehen, denkt er, und widmet den für den Sforza geschriebenen Traktat den Medici. Mit einem Lobe der Bauten des Cosimo, Piero und Giovanni Medici schließt das 25. Buch und der Traktat. Es ist aber nicht bekannt geworden, ob es ihm etwas geholfen hat, und es ist auch nicht sehr wahrscheinlich, denn weitere Nachrichten über Filarete fehlen in der Geschichte.

RABELAIS' ABTEI THÉLÊME NACH QUESTELS WIEDERHERSTELLUNG

Auch die Renaissance schloß nicht, wie ein Haus mit einer Mauer ans andere, an die Gotik, denn die Zeiten fließen ineinander. Noch lange lebt alter Geist in neuer Form. Oft auch neue Form in altem Geist. Der Kollektivgedanke der Leistung durch die Masse, der Erziehung in der Masse ist gegenüber dem individualistischen Ideal der Renaissance zweifellos gotisch, wenn auch die Weltlichkeit der Erziehung renaissancistisch ist. Eine Art »pädagogischer Provinz« entwirft auch Rabelais. Er zeichnet den »Idealschüler«, der alle Wissenschaften kennen, alle freien Künste üben und dazu körperliche Gymnastik treiben soll. Das ist neuer Geist, aber daß er seinen neuen Menschen in ein Kloster, wenn auch einen Tempel der geistigen Freiheit setzt, ist noch ein Stück vom alten.

Aber was für ein Kloster ist das! Der Dichter entwirft eine fantastische Abtei in Worten, manche Architekten versuchten sie zeichnerisch nachzubilden, hier sei der Versuch des Architekten Questel wiedergegeben.

Bild 65 Die Abtei ist ein sechsseitiges gewaltiges, von Wassergräben umgebenes Schloß, Questel gibt ihm die Formen des französischen Adelsbaues des 16. Jahrhunderts, das, halb Burg halb Schloß, halb Mittelalter halb Neuzeit, nach rückwärts und vorwärts in die Geschichte weist. Zwei gewaltige Türme mit Stiegenhaus, mit Schneckenstiegen in sehr sanfter Steigung, sodaß man auch bis auf den Söller reiten kann, stehen über den zwei Eingängen aus der Welt. Die Bauflügel sind über 300 Schritt lang, an den Winkelecken springen gewaltige Rundtürme von 60 Schritt Durchmesser vor. 5 Stockwerke hat das Gebäude, 3 der Flügel sind für die Damen bestimmt, 3 für die Herren. In einem Flügel liegen die Büchereien, die griechische, die lateinische, die hebräische, die französische, die toskanische (d. i. italienische), jede in einem Geschoß. Der Zugang zu Welt und Umgebung ist für die Bewohner frei. Draußen liegen Gärten und Parks, Sportplätze für Ballspiel- und Schießlustige, Stallungen, Tiergärten, Obstgärten, Labyrinthe. Gerade dem einen Flügel der Damen gegenüber gibt es draußen eine Reitbahn und das Theater.

Ein großartiger und idealer Bau, dessen Zweck weniger fantastisch ist als er scheinen mag. Auch heute wäre er nicht fantastisch. Manche geistigen Menschen, Männer und Frauen, möchten sich wohl in ein solches freies Kloster zurückziehen, wo ihnen die zeit- und kraftraubende unverhältnismäßige Arbeit für die kleine Notdurft des Tages abgenommen wäre, wo jeder nach Lust einsam für sich und nach Lust in Gemeinschaft leben könnte. Vor dem Kriege hat man in Berlin am Kurfürstendamm in einem modernen, sogenannten Boardinghousehotel, ganz im Kleinen, Bescheidenen, Bürgerlichen, einmal einen ähnlichen Versuch gemacht. Das Wesentliche und Verdienstliche des architektonisch-sozialen Einfalls bestand darin, daß Ernährung und Bedienung, gegen Bezahlung natürlich, von einer Zentralstelle im Hause aus geleistet wurden und daß im Übrigen in seinen Räumen jeder sein eigener Herr war. Wenn solche Fantastik doch wieder Wirklichkeit werden möchte!

IDEALBAUTEN DU CERCEAUS

Der große französische Architekt — ich fasse die du Cerceaus in einen zusammen — des 16. Jahrhunderts hat eine Reihe idealer Baugedanken in Zeichnungen hinterlassen. Da ist ein »Entwurf für ein Lusthaus«. Alle diese Entwürfe sind streng geometrisch, wie es dem rationalistischen Geiste Frankreichs entspricht; malerische, romantische und poetische Gedanken nach deutscher Weise sind jener Seele wenig eigen. In einem weiten Garten- und Parkgelände, auf dem Schnittpunkte zweier breiter Baumstraßen liegt das niedrig gehaltene Schloß, dessen Großform wieder den Gedanken an die Burg wachruft, dessen Kleinformen man vom Louvre und den Tuilerien kennt. Ohne Wassergräben, Böschungsmauern, Zugbrücken geht es nicht ab. Ein »Idealschloß«, nur zum Lustgang, ohne Wohnräume, liegt in einem kreisrunden Wasser. In den vier Achsen führen vier Steinbrücken, von Zugbrücken unterbrochen, über den äußeren Wasserring durch je ein von einem Turme überbautes Tor. Man tritt in eine kreisrunde Pfeilergalerie, auf deren flachem Dache man sich auch, wenn man will, durch Treppen in den Tortürmen und Auslaßtürmchen hinausgetreten, ergehen kann. In der gleichen Achse geht es wieder über eine feste Stein- und eine fliegende Holzbrücke und durch einen Turm in, oder auch wieder auf eine gleiche Galerie von kleinerem Durchmesser, nur daß jetzt anstelle des Wassers fester Grund, ein Hof daliegt. Eine dritte Kreisgalerie, und im innersten Hofe erhebt sich eine vierstöckige, wohl als Brunnen anzusprechende Anlage in konzentrischen und in die Höhe sich entwickelnden, sich verkleinernden Architekturringen.

Das »Projet d'un château«, ein Schloß in drei Gruppen auf einer Achse, durch Galerien verbunden, wieder im Wasser liegend angenommen, ist schon eher als Wohnschloß zu denken.

»Fragment d'un château idéal« zeigt ein wie die vorigen im Wasser gedachtes Schloß auf einem Vierpaßgrundriß, mit vier Blocktürmen über den Zugangsbrücken, mit vier Rundtürmen in den Bauzwickeln, aus deren luftiger Laterne heraustretend man

Bild 66

Bild 67

Bild 68

Bild 69

die breite erhabene Promenade der flachen Dächer begehen kann. Auf den inneren Zwickelnasen stehen vier sehr hohe Trajanssäulen, auf denen je eine dreigeschossige hochgereckte Spitzpyramide sich erhebt. Alles ist mit Wendelspindeln zugänglich, der Aussichtslustige kann sich hoch über die gemeine Erde erheben. Aber er wird von den Umgängen auf jeder der Trajanssäulen einen gleichförmigen und eintönigen Ausblick genießen — so will es der romanische Geist.

Bild 70   Eine »ville idéale« ist ein rechtes Gemisch von Gotik und Renaissance. Kreisrund ist die Stadt, die Zugangstore in den Achsen wie die Wehrtürme auf der Mauer haben nach neuer Weise Zier- und keinen Wehrzweck. An die Innenseite der Mauer gedrückt, eng aneinander geschlossen, die Giebel in alter Weise zur Straße gekehrt stehen aufgereiht die durchaus gleichförmigen Häuser. Es folgt über der Rundstraße eine innere Rundmauer, in der inneren Stadt stehen in neuer Weise die gleichen gleichförmigen Häuser an radialen Straßenzügen, die von einem achsial gebauten Prunkgebäude inmitten ausstrahlen.

Weniger fantastisch und doch in seltsamer Weise unwirklich ist die Stadt oder das Bild 71 Stadtviertel auf Brücken. In der Mitte eine Erdinsel mit Randbrückenbauten oder eine Architekturinsel aus Bogenbauten, das wird nicht klar. Sie gibt einen kreisrunden Platz ab, dessen Mittelpunkt durch einen viergeschossigen Rundbau mit zurückspringenden Stocken auf Säulen betont wird. Rundherum und radial stehen die dichtgereihten, durchaus gleichen und einförmigen gotischen Giebelhäuser, unten Läden, einer wie der andere, oben zwei Stocke, Stock für Stock und Haus für Haus eins wie's andere, die Häuser mit zweifenstriger Front in der Breite, das Schmalfenster deutet das Stiegenhaus an. Die Keller liegen in den Brückenbogengewölben. Vier Straßen münden rechtwinklig-achsial auf den Platz, zwei von rechts und links auf Brücken herzugeführt. Die Einmündungsecken sind leicht türmig betont. Die Straßen vorn und hinten sind nur Stumpfstraßen zur Verbindung des Platzes mit zwei Tangentenstraßen, an diesen die unter sich gleichen Häuser aufgereiht wie vorhin, unten wieder Läden, der Wohnteil zweistöckig, nur diesmal mit Zwillingsfenstern in den Fronten. Die vordere, nur mit dem Tangentenrande gegebene Straße hat kleine einstöckige Würfelhäuschen in offener Bauweise.

Derlei hat du Cerceau auf dem damals in Paris vielbewunderten Pont neuf, der die Stadthälften über die Seine und die Insel weg, die in ihr liegt, verband, der mit Buden hier und da besetzt gewesen sein soll, vielleicht gesehen, vielleicht gar gebaut, vielleicht hat er gar die Brücke gebaut — man weiß es nicht genau, es kommt hier nicht darauf an. Der Fantasieentwurf zeigt, wie er, wenn er nicht gebaut hat, gebaut haben würde, gebaut haben könnte — in seiner Einbildungskraft sich die Aufgabe fantastisch vergrößernd. In aller Freiheit der Erfindung ohne Frage, das fühlt man, ein Stück kulturgeschichtlichen Beitrags und eine reizvolle Architektenleistung. »Se rattachant à la construction du pont neuf à Paris«, sagt übrigens ausdrücklich die Bildunterschrift.

DAS HOHE HAUS VON PERRET

Hier ist ein merkwürdiges Bild, Gedanke eines französischen Architekten des 16. Jahrhunderts. Es zeigt den Stil der französischen Renaissance, im Ganzen wie in Einzelheiten aber noch Geist der Gotik. Es ist ein Ständerhaus — um eine Bezeichnung für ein Haus aus Holz, das es sein könnte, zu gebrauchen — aus Stein, straffeste und sachlichste Konstruktion. Alle Bauteile sind statisch notwendig und beschäftigt, kein einziger Stein ist des Flächenfüllens, des Raumabschließens wegen gebraucht. Diese Aufgabe hat allein das Glas. Klingt das nicht wie die Beschreibung eines modernen Zweckhauses, etwa eines Bürohauses? Und man kann es ein Hochhaus nennen, es hat 8 und wenn man will 10 Stockwerke. Es könnte ein Entwurf für eins der modernen Bürohochhäuser sein, deren ich im letzten Teile dieses Werkes viele beschreiben werde. Aber es ist ein — Betturm. Ich kenne keinen Text zu dem Bilde, das mir ganz vereinsamt begegnete, ich schließe den Zweck aus der Umschrift: Il faut monter au plus hault pour contempler (dieses letzte, in den zwei ersten Silben unleserliche Wort ergänzt) et le ciel et la terre et les choses qui y sont afin d'adorer Dieu seul le père et le fils et le sainte esprit en esprit et vérité auquel soit seule gloire es ciecles des ciecles. AMEN. Daß es einfach eine Sternwarte sein solle, ist kaum anzunehmen, obgleich etwas wie ein Instrument oben steht, ein Zierstück aus Metall, welches das Sinnbild für Mond, Erde, Sonne und vier Planeten und in einem vielleicht als Wolkensymbol anzusprechenden Kreise den Namen Dieu trägt. Im Ganzen also ein Haus, hoch, damit seine Einwohner — ein Privathaus für einen Einzelnen, etwa den gottesfürchtigen Architekten kann der vielzimmerige Entwurf nicht meinen — auf einer Turmterrasse möglichst nahe an Himmel und Sternen sich in religiöser Erbauung aufhalten können. Ein gotischer Zweck, ein Werk mit seiner Idee zurückgreifend auf die assyrischen Stufenpyramiden, in seiner Form vorgreifend auf die modernen Turmhäuser oder »Wolkenkratzer«, als deren frühesten Vorläufer, wenn auch aus einer anderen Bestimmung heraus erdacht, man es vielleicht bezeichnen kann.

Bild 72

DER MARKTTURM DÜRERS

Wir gehen nach Deutschland im selben Jahrhundert. Im Dresdener Skizzenbuch von Albrecht Dürer findet sich ein Entwurf zu einem Stadtturm. Er sollte auf einem Markte stehen, man sollte von ihm aus die ganze Stadt überschauen, und die Fremden sollten nach ihm aus allen Gassen schauen und nach ihm in der Stadt sich zurechtfinden können. Dürer denkt sich auf der Mitte eines viereckigen großen Marktes ein Postament, zu dem über 3 Meter hohe Treppen von 18 Stufen emporsteigen, jede Stufe einen Schuh tief, damit der Aufstieg »sanft« sei. Von der Treppe aus soll man

Bild 73

alles, was auf dem Markte vorgeht und darauf feilgeboten wird, übersehen können. Das Postament in Treppengestalt, am Fuße über 30, am Kopfe noch über 20 Meter breit, trägt den Turm. Im Innern soll eine Schnecken- oder Reitstiege sein, mit ganz langsamer Steigung bis zum Galeriegang führend, damit man sie nach der drolligen Forderung dieser Zeit, wenn es nötig wäre, »auch reiten könne«. Der Viereckbau des Unterhauses verjüngt sich in einen Achteckbau des Oberhauses, dieses in einen Helm. Dürer gibt überall genau Grundrisse, Schnitte und Einzelheiten der Konstruktion. Er hat jedenfalls die Möglichkeit, seinen Entwurf zu bauen, bedacht. Auf dem Helme steht ein über 3 Meter hohes Glockenhäuschen, eine offene luftige Halle zwischen Säulen, darauf noch ein über 3 Meter hohes Spitzkuppeldach, auf dem eine über 3 Meter hohe Stange mit Fahne und Knopf aufragen soll. In den obersten Stock des Helmes verlegt Dürer die Wohnung des Türmers.

DIE KIRCHE DER »SCHÖNEN MARIA« IN REGENSBURG

Wir bleiben in der Nähe von Dürer in Nürnberg, örtlich in der Nähe, indem wir nach Regensburg gehen, aber auch zeitlich in der Nähe. Alles, was wir zuletzt zu schmecken bekamen, war fast ohne Ausnahme gotischer Trank, wenn auch mit einem Zuguß Renaissance. Nicht anders ist es mit der Kirche der »Schönen Maria« in Regensburg.

Merkwürdig genug ist die Veranlassung zu diesem Bau. Viele Regensburger waren bei den Juden verschuldet, deren so viele in Regensburg wohnten, daß das Sprichwort aufkam: wer über die Donaubrücke geschritten und keinem Juden begegnet sei, dem brauchte man nicht zu glauben, daß er in Regensburg war. Man versuchte es mit der milderen Auflage von Pogrom: man jagte die Juden-Gläubiger zur Stadt hinaus. Ihre Synagoge wurde abgerissen. Gerade in jenen bewegten Tagen Regensburgs wurde ein wundertätiges Bild der »Schönen Maria« entdeckt, ihm mußte ein würdiger Tempel erbaut werden. Durch die Zerstörung der Synagoge war ein Bauplatz frei geworden — dorthin kam das Gebäude, für das der Rat einen Bild 74 Wettbewerb ausgeschrieben hatte. Die besten Baumeister der Zeit beteiligten sich daran, und Hans Huber aus Augsburg siegte. Sein in Holz ausgeführtes Modell ist Bild 75 in der Rathaussammlung zu sehen — wir haben es, leider, muß man sagen, in der Übersicht über ungebaute Architektur anzusehen und zu studieren, denn was schließlich und mühsam in Jahrhunderten von dem Bau zustande kam, ist nur ein Abbild Bild 74 und ein Schatten des großen Baugedankens Hubers.

Er spann den alten romanischen Monumentalgedanken der doppelchörigen Domanlage weiter, wie ihn Mainz und Worms, wie ihn Hubers Vaterstadt Augsburg verwirklicht zeigten. Hildebrandt hat scharfsichtig erkannt, daß der Umriß der Baugruppe dem des Augsburger Doms entnommen ist, wo an ein langgestrecktes Langhaus ein höheres Chor angefügt und die Vereinigungsstelle durch zwei flankierende Türme ausgezeichnet ist, und daß die Kirche auf einen Architektursockel gestellt ist wie der Dom in Regensburg. Huber sieht ein dreischiffiges Langhaus vor, die Seitenschiffe sollen doppelgeschossig sein (auf dem Bilde sieht man vom Langhause nur wenig, man erkennt aber die zwei Geschosse des einen Seitenschiffes). An das Langhaus Bild 75 schließt sich ein mächtiger Zentralbau im Sechseck, mit einem hohen Zeltdach gekrönt, jede Seite flankiert von einer Apsis in zwei Stockwerken, deren Zwiebelhauben mit ihren Sterzen vor das gotisierende Maßwerk der großen Radfenster treten. In die Winkel zwischen Langhaus und Zentralbau stellen sich zwei schlanke Türme aus süddeutscher Bauüberlieferung. Vier Apsiden sind vorgesehen, die fünfte Seite des Sechsecks fällt ins Langhaus, die sechste zeigt eine zierliche Eingangsvorhalle mit Balkon darüber. Das große Gewölbe des Innern geht auf einen runden Freipfeiler in der Mitte nieder, wie ihn die schon einmal erwähnte gotische Rundkirche von Ettal im Werdenfelser Lande damals vor Brand und Umbau im 18. Jahrhundert noch haben mochte. So die prachtvolle Idee! Und was wurde aus ihr?

Der Kultus der »Schönen Maria«, schnell und üppig aufgeschossen, welkte bald ab. Nur 5 Jahre hielt die Begeisterung für das Gnadenbild und sein monumentales Gehäuse an. Der aufkommende Protestantismus war dem Bau von Marienkirchen nicht günstig. Schnell hatte man den Sockel gebaut, die Türme, das Langhaus begonnen, aber kaum war die Höhe der unteren Seitenschiffe erreicht, da geriet die Bauarbeit ins Stocken. Man überwies die Ruine dem protestantischen Kultus, der erst 60 Jahre nach dem Baubeginn das Mittelschiff einwölbte, sich mit einem Stock der Seitenschiffe Bild 74 begnügte, auf die Emporen verzichtete und einen Turm als Glockenturm hochbrachte. Das große Loch der Westseite, dort wo der Zentralbau anschließen sollte, schloß man mit einer kahlen Notmauer.

So verkrüppelt und unausgewachsen stand der Bau ein paar Jahrhunderte, im 19. endlich stieß man durch die Notmauer durch und baute, weil Raummangel dazu zwang, nach Westen hinaus, aber nicht den Huberschen prächtigen Zentralbau, sondern ein äußerst nüchternes Gegenchor, das über die Kante des Langbaues ein wenig ausspringend ganz scheu und aus weiter Ferne an den Zentralbau Hubers erinnern möchte. Auch den Turmzwilling errichtete man.

So steht der Bau heute auf einem schönen Platze Regensburgs, das Innere noch durch häßliche Holzemporen verbaut, ein schmächtiges Werk, ein dürftiger Nutzbau statt eines raumprächtigen Architekturgedichtes.

VILLA MADAMA BEI ROM

Kaum ein Bauwerk dient so der Absicht unseres Werkes wie die Villa Madama. Kaum ein Bauwerk ist so sehr Ruine — Ruine im doppelten Sinne durch das Zurückbleiben der dürftigen Ausführung hinter den großartigen Plänen, was viele Hindernisse der Geschichte verursachten, und durch den Eingriff roher Menschenhand, die das Ausgeführte noch zum großen Teile zerstörte.

Bild 76 Die Villa Madama — der Name Madama nach einer späteren Besitzerin (wie der des Palazzo Madama in der Stadt) Margarete, der natürlichen Tochter Karls V. — zu bauen, erhielt Raffael vom damaligen Kardinal Giulio de Medici den Auftrag. Hunderte von Zeichnungen und Entwürfen wurden angefertigt, aber sehr wenige davon, namentlich kein einziger endgültiger Grundriß, sind erhalten. Die Baugeschichte der Villa ist sehr schwierig. Ohne uns in Streitfragen einzulassen, soll nur das für unseren Zweck Nötige eilig vorgeführt werden (nach Hofmann und Geymüller).

Die Ergriffenheit, die ich in jungen Jahren römischer Studien und Wanderungen gerade in diesem Bau verspürte, ist Keim zu diesem Werke gewesen, die Villa Madama ist der Ort, wo der Gedanke, dieses Werk einmal zu schreiben empfangen wurde.

Die Bilder 76, 77, 78 geben den heutigen Zustand. Links im Bilde 76 führt eine Steilrampe aus dem Tibertale auf die Berglehne hinauf. Wie der heute baulose Aufgang ausgesehen haben würde, zeigt Bild 81: zwischen Stirnmauern, mit Aussichtstürmchen flankiert, ein Tor, hinter dem eine Treppe zwischen Wangenmauern in eine Vorhalle und einen niedrigeren Schloßflügel führt, dessen Stirnseite in Bild 81, dessen Landschaftsseite in Bild 79 erscheint. Dann tritt man in den dreiachsigen Haupt-
Bild 79 bau, der sich in der großen Loggia der Mittelachse nach der Landschaftsseite öffnet. Aus dem Rundhofe treten wir, in der Längsrichtung weiterschreitend, in eine nach der Gartenterrasse offene große Loggia. Der diese Loggia umschließende Achsenteil
Bild 76 des Villengebäudes ist das einzige, das von diesem erhalten ist! Die Gartenloggia ist berühmt wegen der Stukkaturen und Fresken, die Giulio Romano und Giovanni da Udine darin im Stile der vatikanischen Loggien des Raffael geschaffen haben, wie sie es im Vatikan nach Raffaels Entwürfen schon getan hatten. Ein Gartenhof mit einer Stützmauer gegen die Bergseite, in welche Grottennischen ein-
Bild 76, 77 gelassen sein sollten (nur die eine und andere wurde davon gebaut), einem Wasserbecken in tieferer Lage, das ausgeführt wurde, und einem nicht gebauten flankieren-
Bild 79, 80 den Aussichtsturm, sollte die Anlage abschließen. Die der Beschreibung zugrunde liegende Zeichnung, im Auftrage und nach Angaben Raffaels gezeichnet, stammt
Bild 79 von der Hand Battista da Sangallos. In der Mitte der Gebäudemasse sah dieser Entwurf übrigens statt des kreisrunden, mit Halbsäulenarchitektur geschmückten Hofes,
Bild 78 der gebaut wurde, einen rechteckigen vor, der sozusagen als Parkett eines aus der Berglehne in antiker Weise herauszuschneidenden halbkreisförmigen Theaters dienen sollte. Noch zu Lebzeiten Raffaels, der 1520 starb, wurde die Baumasse des Entwurfes zusammengedrängt und der kreisrunde Hof geschaffen, das Theater aber fortgelassen.

Und nun die Gärten! Wir bilden zwei Entwürfe ab, der eine ist eine Wiederherstel- Bild 80
lung Geymüllers nach Raffaels, der andere nach Francesco da Sangallos Plan. Der Bild 83
erste größere, wahrhaft großartige, führt uns von einer weiten Terrasse vor dem
Gebäude über Flachtreppen, die auch von Reitern benutzt werden können, weit-
läufig in einen tiefgelegenen Prachtgarten, dessen Kreuzachsen schattige Laubengänge und eine luftige Kuppel inmitten haben. Aus den gedeckten Gängen dieses
Gartens treten wir auf die offene Fläche eines kreisrunden Gartens ohne Einbauten,
der aber an den Enden seiner Kreuzachsen halbkreisförmige Exedren mit Säulen-
schmuck besitzt, welche für jede Tagesstunde gegen die Sonne kühlen Schatten
gewähren. Aus diesem Garten kommen wir in die Reitbahn, das Hippodrom, das
mit seiner Längenerstreckung das Gelände nutzt und sich in das Tälchen schmiegt,
das nördlich hinter dem Monte Mario her und zum Tiber fällt.

Es macht nichts Wesentliches aus, ob wir Hofmann recht geben und mit ihm
die Achse der Gärten um 90 Grad drehen, sodaß sie nicht mehr parallel, sondern
senkrecht zum Tiber zu liegen kommt.

Dieser großartige Gartenbauplan scheint aber nicht einmal angegriffen worden
zu sein, sondern der etwas einfachere des Francesco da Sangallo hat anscheinend Bild 83
den Arbeiten an den Gärten zugrunde gelegen, was ersichtlich wird, wenn man
diesen Plan mit der Wirklichkeit vergleicht. In der Achse des heute vorhandenen Bild 77
Gartens und der Tür in der Gartenmauer ist eine Terrasse vorgesehen. Offensichtlich
ist die Geländeform des heute hinter der Gartenmauer liegenden Rebenfeldes mit
der Zypresse aus dem Berghange herausmodelliert worden. Der Entwurf des Francesco zeigt aber über dieser Terrasse eine weitere, welche der Wiederhersteller mit Bild 83
Bäumen bepflanzt, die auch aus der Bergschräge hätte ausgeschnitten werden
müssen, wie der Vergleich mit der Wirklichkeit zeigt. Im übrigen die Terrassen-
gärten der Renaissance mit Blumen»parterres«.

Was aus diesen Plänen geworden ist, zeigen die kleinen architektonischen An-
deutungen der Wirklichkeit. Wechselfälle der Geschichte kappten den stolzen Baum Bild 77, 76
der Pläne. Wahrscheinlich geriet der Bauherr in geldliche Schwierigkeiten, sicher
ist, daß seine Interessen bald in eine andere Richtung gelenkt wurden, als er seinen
Wohnsitz von Rom nach Florenz verlegte. Und als er wenig später nach Rom zurück-
kehrte und 1523 als Clemens VII. den päpstlichen Thron bestieg, da hatte er solche
politische Sorgen, daß er an seinen Lieblingsbau weder das Interesse noch die Geld-
mittel wenden konnte, die seinen ersten Bauabsichten entsprochen hätten. Nur
mit Unterbrechungen wurde weiter gebaut, und schon nach 4 Jahren, 1527, wurde
der Weiterbau eingestellt.

Damit aber nicht genug: Um Rache für die Verbrennung seiner Burgen im Kirchen-
staat zu nehmen, ließ der Kardinal Pompeo Colonna, während Clemens in der Engelsburg eingeschlossen war, die Villa am Monte Mario anzünden. Die vordere Hälfte
des Schlosses gegen den Tiber hin wurde gesprengt, die vordere Hälfte des Rund- Bild 82, 78
hofes niedergelegt (es liegt die Vermutung nahe, daß Colonna gerade die Teile der
Villa zerstörte, die der Papst von der Engelsburg her sehen konnte) — Clemens soll,

als er seine Villa in Flammen sah, ausgerufen haben: Das ist Pompeos Rache! — auf die Brandruinen wurden Interimsdächer gesetzt. Die Bauabsichten schliefen aber nicht; doch nach 3 Jahren, 1530, sah man endgültig von weiteren Bauarbeiten ab, die Villa wurde sich selbst überlassen und verfiel — eine der großartigsten Ruinen der Renaissancezeit!

LIONARDO DA VINCI. BATTISTA MONTANO. FRANCESCO DI GIORGIO

Wenn von der Geschichte abendländischen Denkens in Architektur die Rede ist, meint man nicht an Lionardo vorübergehen zu dürfen, obgleich er nichts Gebautes hinterlassen hat. Wir bilden doch einige Skizzenblätter von ihm ab, auf denen er ganz in seiner persönlichsten Weise auf dem Papier baut. Weniger aus ästhetischen als aus denkerischen Antrieben sind diese Skizzen entstanden, in denen er sich die Frage vorlegt, in welchen Gestalten man den Zentralbau, das große Bauideal der damaligen neuen Zeit, ausbilden könne. Die Fantasie achtet er dabei gering zugunsten der geometrischen Überlegung: aus den einfachen Grundformen des Quadrates und regelmäßigen Vielecks wie des Kreises entwickelt er durch Anfügen von Nebenräumen in den Haupt- und Nebenachsen architektonische Formen, überzeugt, daß man durch solches folgerichtige mechanische Tun auf alle überhaupt denkbaren Formen für Zentralbauten gelangen müsse — Angelegenheit mehr der Wissenschaft als der Kunst. Vielfältig sind in der Folge solcherart Bauten von anderen Händen entstanden.

[Bild 84]

Der Vollständigkeit, aber namentlich der Gegensätzlichkeit halber erscheine neben dem Riesen der Zwerg, neben dem ernsten Denker der spielerische Zeichner, Battista Montano. Er entwirft »verschiedene antike Tempelchen«, von denen aus einer größeren Zahl die sonderbarsten hier ausgewählt sind. A zeigt drei Kuppelräume mit Oberlicht, mit drei Rechteckräumen um einen Mittelturm gruppiert, sechs Räume ohne innere Gesamtwirkung, deren Grundrißganzes an das ägyptischer Grabkammern erinnert. B ist architektonisch der allerunmöglichste Gedanke, mitten in einem doppelgeschossigen Kuppelbau (das untere Geschoß ohne Licht außer durch die Tür!) die Treppenspindel. Der Zentralraum in einem Mantelhofe. C vereinigt auf den Achsen eines griechischen Kreuzes im Schnittpunkt und an den Armenden vier Kuppelräume mit Oberlicht, indem statt des fünften Kuppelraumes der Baugruppe ein byzantinisches Atrium vorgelegt ist. In den Kreuzwinkeln öffnen sich nach der Art des »Opisthodomos« des griechischen Antentempels der strengen Zeit in einer für das Gefühl und die Gebräuche des Abendlandes irrationalen Weise vier Rechteckräume mit Ausgängen nach außen und ohne jede Verbindung mit den Räumen des Innern. D zeigt um eine Zentralkuppel im Kreise geordnet

[Bild 85 bis 88]

sechs mit dieser und untereinander durch Mauerschlupfe verbundene niedrigere Kuppelräume, von denen drei nach außen sich in Säulenvorhallen öffnen, eine Spur Baugedankens der Renaissance enthaltend. Spielereien — aber gerade dadurch bezeichnend für eine baubegeisterte Zeit, für welche Architektenbücher mit Entwürfen solcherart gewiß nicht ohne jedes Erwarten eines Echos aus dem Publikum herauszugeben der Mailänder Montano sich 1624 veranlaßt sah.

Sehr ernst und auch großartig zu nennen aber ist die Grundrißzeichnung eines Bild 89 Domes, die Francesco di Giorgio seinem Traktat beigibt. Vier kreuzförmige Kuppeldome, zwei, die äußersten, mit dreischiffigen Lang- und Querhäusern und der Sonderkuppel erinnernd an Pisas großen Dom, zwei andere aber zugunsten einer Längsbetonung des Ganzen mit verstümmeltem Kreuzgrundriß, alle vier unter einer Kuppel inmitten, die leider keine beherrschende und das Ganze zusammenhaltende Zentral- und Hauptkuppel ist, aneinandergeschlossen zu einer trotz allem für eine Priester- und Heiligenkirche des katholischen Ritus verwertbaren außerordentlichen Bauidee. In romanischen Bischofskirchen wie dem Dom von Worms, die mit zwei Querschiffen und Chören Doppelkirchen, für den Episkopal- und den Pfarrdienst, waren, stecken solche Gedanken architektonischer Kombination. Wären hier nicht architektonische Räume bloß addiert statt substituiert, so könnten wir von einem vollendet großartigen Baugedanken reden, und wenn er etwa ausgeführt hätte werden können, so wäre die Welt um ein Bauwerk ohnegleichen reicher. Trotz der Renaissancezeit, in der die Idee aufgezeichnet wurde, ist sie so wie sie vorliegt mittelalterlich und nicht renaissancistisch.

SANKT PETER IN ROM

Die Baugeschichte des Sankt Peter ist eine der härtesten und dicksten Nüsse, welche die Architekturgeschichte zu knacken gibt. Es kann gar nicht unsere Aufgabe sein, uns in diesem Falle wissenschaftlich-geschichtlich verhalten, d. h. die Architekturgeschichte kritisch säubern oder beiträgerisch erweitern zu wollen. Das hat u. a. Geymüller in großartigen Studien getan, die wir nicht einmal bis in die Einzelheiten hinein ausnutzen können. Unsere Aufgabe ist vielmehr, die Architekturgeschichte auszuwerten, das Wissen um die Dinge in Affekte an ihnen zu verwandeln, damit auf der einen Seite die Bewunderung über die ungeheuerliche Leistung einiger Riesen unter den steinetürmenden Männern gesteigert und auf der anderen Seite das Bedauern und die Klage geweckt werde, wenn wir sehen müssen, wie ihre reinen und großen Gedanken durch Umstände des Zufalls, aber auch durch die Übermenschlichkeit der Aufgabe getrübt wurden. Übermenschlichkeit schon deswegen, weil die Ausführung solcher Ideen die Dauer von Menschenleben überschreitet. Sankt Peter ist jedem, wenn nicht durch den Augenschein so durch das Bild, bekannt und Bild 92 seine Erscheinung ein wenig vertraut, der natürliche Drang, von gekannten und geliebten Dingen auch etwas zu wissen, echt und berechtigt. Aber auch so, auch in der bloßen Absicht, etwas von der Geschichte des bewunderten Werkes zu erfahren, auch wenn wir uns bemühen, indem wir Geymüllers Forschungen treu folgen, ihre Ergebnisse sehr vereinfacht und möglichst übersichtlich auszubreiten, erfordert die notwendige Mitarbeit des Lesers noch starke Zähne und Kiefermuskeln des Anteils. Sankt Peter aber in der Absicht, den Leser zu schonen, übergehen zu wollen, wäre unverzeihlich, wie sich zeigen wird, denn selbst dieses Werk der Riesen — ist Ruine.

Bei der Gestaltung des Sankt Peter rangen von Anfang an zwei Architekturgedanken miteinander, der des an einer Linie entlang sich addierenden Langbaus und des um einen Punkt sich gruppierenden Zentralbaus, die offene mit der geschlossenen Bauform, Christliches mit »Heidnischem«, die Tradition mit der »Moderne«. Obgleich in den Zeitläufen der Erbauung die heute künstlerisch leider gänzlich verkalkte Kirche in einer außerordentlichen und nie wieder dagewesenen Weise »modern« und sie auch über das Künstlerische hinaus in manchen Punkten von Herzen »heidnisch« war, so ist doch im Kampf der Baugedanken der antik-heidnische leider unterlegen. Nicht ruhmlos und nicht kampflos, aber daß es schließlich zu einem faulen Frieden, zu einem Kompromiß kam, ist vielleicht ein größeres Unglück als die gänzliche Niederlage. Doch, ohne das Kompromiß würden heute das laute volle Rom und die leere stille Campagna nicht von Michelangelos majestätischer Kuppel überragt, aber durch das Kompromiß ist es zu dem wegen der Gewalt und Größe des Werkes vielleicht ärgerlichsten Erlebnis gekommen, das man vor großen Werken der Menschheit erleidet. Stellen wir in möglichster Kürze und Klarheit dar wieso:

Der Langhausgedanke für den Sankt Peter ist der ältere. Vorgezeichnet war er Bild 90 schon durch die Erstreckung des Neronischen Circus, in dessen Achse sich der Bau Konstantins, die alte heilige Peterbasilika, erstreckte. In der Mitte des 15. Jahrhunderts beginnt der Neubau von Sankt Peter nach dem Plane Rossellinos. Es ist ein riesiger Langhausbau, der genau in der Achse der Konstantinbasilika stehend diese geräumig umschließt. Das Chor dieses Neubaues wurde errichtet und diente weit über hundert Jahre, während um es herum und man kann sagen über es weg der Dom entstand und die Kuppel sich zu schließen sich anschickte, dem Bedürfnis des vatikanischen Klerus. Der große Alberti soll es gewesen sein, auf dessen Antrieb die Weiterführung des Rosselinoschen Baugedankens unterblieb. Es war nach Albertis Worten »für die Menschheit ein unaussprechliches Glück«.

Es dauerte 50 Jahre, ehe man über Pläne und Erwägungen so weit hinausgekommen war, daß Bramante 1506 zu bauen beginnen konnte. Sein Gedanke ist der eines riesigen und bis dahin unerhört großen, hohen und kühnen Kuppeldomes über dem gleicharmigen griechischen Kreuze. (Auch von Bramante gibt es einen ersten Langhausentwurf, bald aber wendet er sich energisch dem Zentralgedanken zu, bei dem er verharrt. Ein Zentralbauentwurf zeigt Unterbauten für die Kuppel, welche tumulusartig den Innenraum größtenteils zugeschlossen hätten, wodurch die Nebenräume auf die Stufe bloßer Zweckbauten zur Abstützung der Kuppel herabgedrückt worden wären. Das Raumganze hätte nur einen gewaltigen Orgelton statt eines Raumkonzertes gespielt. Die Kuppel selbst wäre noch **um mehr als ein Drittel breiter als die heutige geworden**. Doch dieser Baugedanke wird —glücklicherweise— verlassen.)

Wir zeigen den geistvollen Wiederherstellungsversuch Geymüllers (nach ernsthaft erwogenen Plänen Bramantes zusammengearbeitet). Ein riesiger, im Tambur mit   Bild 93
einer gewaltigen Säulenstellung, auf der Heiligenfiguren stehen, verkleideter Kuppelbau überragt glücklich und harmonisch, sie beherrschend und doch jedem niederen Teile sein Daseinsrecht lassend, die Baumasse. Die Kuppel ist ziemlich flach, ihre Krümmung und die ihren Fuß übergreifenden Treppenringe verraten unzweideutig das Vorbild des Pantheons. Eine Laterne erhellt sie von oben. Sie sitzt einem gleicharmigen Kreuzbau auf, an den Enden der Kreuzarme springen im Halbrund zweigeschossige Apsiden heraus, das untere Geschoß macht breit und schön einen inneren Umgang aus. In den Winkeln der Kreuzarme erscheinen niedrige Kuppeln, die sich nach niedrigeren Halbkuppeln abstufen. Vor diesen liegen — und in den vier Apsiden —die Portale des Gebäudes. Auf den äußersten Bauecken stehen vier Türme (über den Sakristeien) in schönen Verhältnissen ihrer vier Stockwerke. Kleinere Laternen und Halblaternen finden sich an geeigneten Stellen, und eine himmlische Versammlung von Heiligenfiguren, an Zahl etwa 200, hat sich auf den Hauptgesimsen eingestellt.

Dieser Zentralkuppelbau wäre ohne Frage ein sehr bedeutendes und glücklich wirkendes Ganzes geworden, und obgleich später ein schönerer Kuppelbau entstand, so ist es, da dieser nicht einem rein ausgeführten Ganzen angehört, zu beklagen, daß nicht Bramantes ein wenig bescheidenerer Entwurf die Wirklichkeit erlebt hat. Freilich, wie das Innere ausgefallen sein würde —!

Aber auch Michelangelos Kuppelbau erfüllt bei aller Schönheit seines Äußern im Innern nicht die durch sein Äußeres erregten Erwartungen. Wohl noch niemand, falls ihm nicht lediglich Massen und bauliche Kühnheiten Eindruck machen, der nicht enttäuscht war, wenn er das Innere von Sankt Peter betrat. Es scheint überhaupt fast so, als ob sich äußere und innere Vollendung nie bei einem Bauwerk zusammenfänden. Wie kümmerlich im Raumsinne wirkt das Innere eines griechischen Tempels! Wie ungefüge ist die Hagia Sofia von außen, die von innen ein wahres Bauwunder ist! Wie überwältigend großartig schwebt die Kuppel des Florentiner Doms über dem Häusermeere der Stadt, wie finster und ungastlich ist das Innere! Wie stolz steht Bährs Frauenkirche in dem berühmten Stadtbilde von Dresden, wie klein, verdrückt und verbaut wirkt das Innere! So ist es mit der Paulskathedrale in   Bild 139
London, so ist es umgekehrt mit dem Kölner Dome. Und so weiter, ich kenne unter den großen Monumentalbauten Europas keinen, der innen und außen zugleich vollkommen wäre, nur unter kleineren Bauten gibt es seltene Beispiele. Bramantes Bau würde durch die reiche Unterteilung dem Beschauer im Innern Maßstäbe an die Hand gegeben haben, die er heute schmerzlich vermißt. (Hätte Michelangelo dem

Besucher des Innern ein wenig durch Maßstäbe geholfen, so hätte seine Kuppel, was die Innenwirkung angeht, weniger hochgestochen und breitgespannt sein dürfen, sie hätte doch die gleiche Wirkung des Ungeheuren hervorgebracht.) Aus den Apsidenumgängen, die nach innen durch Säulenstellungen geöffnet gewesen sein würden, hätten sich reizvolle Durchblicke ähnlich denen romanischer Großkirchen ergeben, die Räume unter den Nebenkuppeln, die auch in Michelangelos Bau vorhanden sind, aber stark einschrumpften, hätten das Motiv des Hauptraumes ins Kleinere und Vielfältige gefällig abgewandelt. Aber, eben durch die Einbauten, der Kuppelhauptraum wäre nach Bramantes Plan etwas bedrückend dunkel geworden, während er heute nach dem Michelangelos ein wenig weihelos hell ist.

Als Bramante starb, waren nach seinem Plane die vier Hauptkuppelpfeiler mit ihren Bogenverbindungen aufgerichtet, damit aber war, bei der Bedeutung, die in einem Zentralbau das Zentrum als Kristallisationszelle des Ganzen hat, der Grundgedanke für alle Zeit gegeben, eine Bindung der Nachfolger am Bau, die noch durch gewisse unter Bramante errichtete Teile der Abräume verstärkt wurde.

Bramante starb 1514. Aus der Zeit knapp vor seinem Tode ist ein seinem Hilfsarchitekten Fra Giocondo vielleicht zuzuschreibender Langhausplan vorhanden, nach dem Sankt Peter **mehr als das Doppelte** seiner heutigen Langhauslänge erreicht, mit der Fassade also bis dorthin gereicht hätte, wo heute auf dem Petersplatze der Bild 90, 91 Obelisk steht. Doch das mag nur eine Spielerei gewesen sein. Noch auf des sterbenden Bramante Empfehlung wurde der junge Raffael Oberbauleiter. Man besitzt keinen Strich von seiner Hand, der den Sankt Peter anginge, in mühevoller Arbeit ist von Geymüller versucht worden, Raffaels Baugedanken wiederherzustellen. Sicher ist, daß Raffael sich durch den Papst vom Zentralgedanken Bramantes abdrängen ließ und den Langhausgedanken aufnahm. Die Gedanken Raffaels und Giuliano da Sangallos, des älteren Hilfsarchitekten am Sankt Peter, müssen zusammen betrachtet werden. Beide denken daran, den Zentralbau Bramantes mit der Kuppel beizubehalten, statt des vierten Kreuzarmes nach vorne her aber ein riesiges Langhaus, weit länger als das heutige, zu bauen. Es treten Gedanken auf, das Langhaus dreischiffig (wie es heute ist), fünf-, sieben-, ja neunschiffig anzulegen. Auch die Querarme des Kreuzbaus hätten dann dementsprechend weit ausladen müssen, der Giulianosche Ge-
Bild 94 danke nimmt eine Quererstreckung von $3\frac{1}{2}$ Kuppeldurchmessern an (die heutige mißt $2\frac{1}{2}$ Kuppeldurchmesser). Dadurch und durch die vielen Schiffe würde auch eine breitgreifende Fassade nötig geworden sein, deren Zerfließen durch die von Giuliano vorgesehenen Türme nicht zum Stehen gekommen wäre. Demgegenüber Bild 95 ist ein Raffaelischer Gedanke, der noch immer eine Quererstreckung der Kreuzarme von $3\frac{1}{4}$ Kuppeldurchmessern vorsieht, die Fassade aber mehr zusammenhält, sehr viel glücklicher.

Im Ganzen aber ist Raffaels Tätigkeit an Sankt Peter keine glückliche zu nennen. Ein »Memorial« des nächsten Baumeisters, Antonio da Sangallos, verfaßt noch zu Leb- und Werkzeiten Raffaels, tadelt denn auch Raffaels Pläne. Antonio drängt auf Kürzung des Langhauses und strebt im Ganzen soviel er kann nach dem Gedanken

Bramantes zurück. Ein wiederhergestellter Entwurf nach seinem Plane zeigt die
Chorfront. Der äußere vorspringende Umgang Bramantes um die Apsiden ist ge- Bild 96
fallen (trotzdem hat das Querhaus noch immer die $3^1/_2$fache Kuppelbreite wie der
Giulianosche Plan), an Stelle von Bramantes Ecktürmen finden sich ausspringende
Kuppelbauten. Im Hintergrunde erscheinen zwei Rundtürme, die drüben vor der
Fassade eines kurzen Langhauses, das auch Antonio zugestehen mußte, stehen
sollten. (Bramantes Hauptkuppel ist auf allen Zeichnungen als unverändert angenommen, auch dann, wenn sie wie auf der Rekonstruktion nach Raffaels Vor-
haben der Einfachheit halber nur als Masse ohne den Säulenumgang um den Kuppel-
tambur gezeichnet wurde).

Schon zu Lebzeiten Raffaels verlangsamte Geldmangel in der päpstlichen Bau-
kasse die Arbeit. Nach Raffaels Tode 1520 lag der Bau 14 Jahre still. Als eine großartige Ruine ragten die Hauptkuppelpfeiler mit ihren verbindenden Bögen über ein
wirres Baudurcheinander, Gräser und Sträucher siedelten sich auf ihnen an. Eine
aus dieser Zeit erhaltene ergreifende Zeichnung konnte nicht abgebildet werden,
weil der Bau ja in dieser Hinsicht nicht Ruine blieb. 1534 erst konnte Antonio da
Sangallo die Arbeiten wieder aufnehmen. Von ihm ist ein großes Holzmodell eines
anderen Planes erhalten, das, eine harmlose Kombination von Zentralbau und Lang- Bild 97
bau, seine Abneigung gegen die nie verstummende Forderung der Kardinäle zu verraten scheint. Als ob er die Kardinäle um ihre Forderung betrügen wollte! Denn der
Zentralbau als solcher ist wiederhergestellt, es ist ihm zwar eine zweitürmige Fassade
an der Eingangsseite vorgesetzt, aber das sie mit der Kirche verbindende Baujoch
ist nur eine Verbindungsbrücke, ist unten offen und gehört räumlich zum Außen
nicht zum Innen. Die die Hauptkuppeln flankierenden vier niedrigen Nebenkuppeln
haben vier niedrigen Ecktürmen Platz gemacht, die aber nicht mehr aus der Baumasse ausspringen. Die Einteilung in viele Stocke und Zwischenstocke ist nicht
günstig, der Aufbau wird kleinlich und unruhig, namentlich die Kuppel verliert an
Würde und Bedeutung durch den zweigeschossigen Tambur. Trotz dem deutlich
werdenden Annähern an Bramantes Zentralbaugedanken ist es zu begrüßen, daß
dieser Plan Antonios im Holze des Modells stecken blieb.

Auch für das Innere wäre dieser Plan ungünstig gewesen. Es wäre unzureichend
und unorganisch durch schräg absteigende Lichtschächte hinter den Fenstern be-
leuchtet worden (man sehe die auch im Außenbilde unschönen Lichtluken auf den
Dächern der Apsiden an).

Antonio erhöhte leider den Fußboden des Gebäudes aus unbekannten Gründen
um etwas über drei Meter. Dadurch wurden die Maßstäbe, die Bramante vorgesehen
und durch die von ihm ausgeführten Baustümpfe schon festgelegt hatte, zerstört.
Im Innern gerieten die Verhältnisse ins Breite und Gedrückte. Antonio da Sangallo
starb 1546. 1547 übernahm Michelangelo, schon ein Greis, den Bau. Es war ein
großer Augenblick für den Sankt Peter. Er selbst betrachtete sich als Ausführer,
»esecutore« der Ideen des Bramante. Noch war durch die Nachfolger des Bramante
in den Bau nicht soviel Fremdes hineingetragen und hineingepfuscht worden, daß

nicht die ursprüngliche Idee, wenn auch zeitgemäß und Michelangelos Persönlichkeit entsprechend abgeändert, rein hätte durchleuchten können. Daß es doch nur zum Teil geschah, ist ein bitter zu beklagendes Verhängnis.

Der Bauplatz von Sankt Peter war ein Tummelplatz für profitgierige betrügerische Materialienlieferanten, beschäftigungslose ehrgeizige Architekten und Plänemacher geworden. Viel Geld wurde durch diese unnütz vertan — Michelangelo erbot sich, umsonst zu arbeiten. Trotzdem bedurfte es seines ganzen erworbenen Ruhmes, um durchzusetzen, daß er der Architekt des Sankt Peter wurde. Er selbst nahm seine Aufgabe ungeheuer ernst. Er glaubte sich von Gott zur Vollendung des Baues berufen, aus Liebe zu Gott und Andacht zum Fürsten der Apostel wollte er arbeiten, den elendesten Intrigen gegenüber hielt er stand und wich nicht vom Platze, »damit nicht durch seinen Rücktritt einigen Schurken ein Gefallen geschehe, ja der Bau völlig liegen bleibe«. Durch seine Männlichkeit und Hartnäckigkeit setzte er es schließlich auch durch, daß er mit unumschränkter Vollmacht, anzustellen und zu entlassen, zu bestellen und auszuführen, angestellt wurde. Es ist gar nicht auszudenken, was mit dem Sankt Peter geschehen wäre und wie er heute vor uns stünde, hätte Michelangelo sich nicht mit seiner ganzen Persönlichkeit eines Mannes und Riesen für das Werk eingesetzt; seine moralische Menschlichkeit hat sich vor diesem Bau um die Menschheit ein nicht hoch genug einzuschätzendes Verdienst erworben.

Seinen Beruf und seine Pflicht, Bramantes Gedanken auszuführen, faßte er dahin auf, daß die Idee des Zentralbaus unter allen Umständen eingehalten werden müsse. Im einzelnen verhielt er sich gegenüber Bramantes Idee sehr selbständig und selbstherrlich. Die Kuppel wurde ihm die Hauptsache. Ihre Breite hielt er bei (mußte er, da die Pfeiler standen, beibehalten), aber er trieb sie höher hinauf. Bei Bramantes Kuppelbau war der säulenumlaufene Tambur das Hauptstück der architektonischen Wirkung gewesen, für Michelangelo wurde es die Kuppel. Die Nebenräume vereinfachte er, Bramantes äußeren bereits aufgeführten Apsidenumgang trug er sogar wieder ab, statt der Ecktürme sah er vier Nebenkuppeln vor, das Äußere zog er fest zusammen in eine dichtaufgeschlossene Gruppe, der er eine große Pilasterordnung und eine hohe Attika darüber vorlegte. Eine majestätische Säulenvorhalle mit Tempelgiebel sollte hineinführen, ein Portal statt der vielen Schlupfpforten des Bramante. Bis zu seinem Tode 1564 hatte er vom Kuppelbau den Zylinder hochgebracht. Ein genaues Holzmodell aber war von seiner Hand vorhanden, es hätte nur in Stein vergrößert zu werden brauchen.

Wie sah Michelangelos Idee aus? Die Kuppel erhielt das architektonische Übergewicht nicht nur durch die größere Höhe, sondern auch dadurch, daß das Gebäude selbst nur noch $2\frac{1}{2}$ Kuppelbreiten erhielt. In einem gewaltigen Hofe sollte der Kuppeltempel stehen, ein Fresko aus der Vatikanischen Bibliothek mag seine Idee darstellen. Am besten werden wir sie erkennen, wenn wir die Baugeschichte weiter betrachten und sehen, was an ihr verändert, unterlassen — und gesündigt wurde.

Michelangelos Nachfolger als Bauleiter wurde Vignola. Er und sein Nachfolger della Porta zusammen mit Domenico Fontana wölbten und vollendeten die Kuppel und setzten die Laterne auf. Vignola errichtete und vollendete den Kreuzbau und setzte auch die beiden vorhandenen Nebenkuppeln auf. Bild 100

Daß diese Nebenkuppeln nach der Vorderseite hin stehen (leider dort stehen, muß man heute sagen, wo sie durch das Langhaus, selbst vom weitesten Schaupunkte vor der Kirche aus gesehen, vollständig verdeckt sind), beweist, daß zu Vignolas Zeit Bild 92 an Michelangelos Zentralgedanken noch streng gehalten wurde. Wäre damals schon der Langhausgedanke gehegt worden, so würde man mindestens die beiden hinteren Kuppeln zuerst ausgeführt haben, damit wenigstens die Hinteransicht ein vollständiges Bild der Bauabsicht ergeben hätte, wahrscheinlich aber hätte man auf die vorderen Nebenkuppeln, die jetzt nur für die Seitenansicht einen Sinn haben, verzichtet. Bild 100

Aber auch in dem Vorhandenen ist Michelangelos Idee nicht mehr rein. Vignola erfand eine andere reichere Architekturform für die Nebenkuppeln als Michelangelo sie sich gedacht hatte. Das Dachgesims hätte eine hohe Balustrade mit Figuren erhalten sollen. Den ästhetischen Übergang vom Zylinder zur Kuppel sollten riesige Voluten vermitteln (daß sie heute fehlen, empfinde ich freilich als glücklich, der Bild 99 kräftige Hiatus an dieser Stelle über den Gesimsen der Säulenpaare tut wohl), an Stelle der kümmerlichen Bienenkörbe des Papstwappens am Anlaufpunkte der Kuppelrippen waren riesige Heiligenfiguren gedacht, die Laterne ist reicher, schwerer und höher ausgeführt worden. Doch sind diese Abänderungen nicht von großem Belang, und die Kuppel überragt heute, unflankiert nach außen, wo die Nebenkuppel fehlt, so massig wie zierlich, so großartig wie gefällig, ein steingewordener edler Riesenschädel — Sinnbild des Menschenschädels, in dem sie gedacht wurde — die römische Stadt und Landschaft. Am schönsten anzuschauen ist sie gesehen aus der hinter der Vatikanischen Freiheit unmittelbar an die Stadt heranleckenden einsamen leeren Campagna. Bild 98

So schien die Idee eines Zentralbaus durchgeführt und für alle Zeiten gerettet zu sein. Aber die Kardinäle gaben nicht Ruhe. Das vordere Ende der konstantinischen Basilika fiel draußen vor den vorderen Arm des griechischen Kreuzes des Grundplans hinaus. Maderna, seit 1604 Bauleiter, entschloß sich endlich, übrigens nur widerwillig, dem Drängen nachzugeben und das heutige unglückselige Langhaus anzufügen. Hinter seiner Fassade verschwanden die Nebenkuppeln, und die stolze Bild 101, 92 Hauptkuppel ertrank bis zum Halse des Zylinders. Eine traditionelle oder liturgische Idee hatte eine außerordentliche ästhetische getötet. Maderna baute eine Fassadenfront, deren Breite nach einem Ausgleich durch Höhenauftriebe schrie. Bernini, 1629 über das Gebäude gekommen, genügte diesem, indem er zwei reichgestaltete Türme auf die ausspringenden Eckbauten zu stellen und die Fassade ins innere Bild 101, 100 Gleichgewicht zu bringen vorsah. Er baute auch den einen linken, den er aber bald darauf wegen der für die Last solcher Türme ungenügenden Fundamentierung abtragen mußte.

In der Sankt Paulskathedrale Londons, die im Ganzen den Sankt Peterbaugedanken wiederholt, ist die Berninische Idee aufgenommen und ausgeführt worden. Bild 139

Man konnte die Breitenwirkung der Fassade Madernas durch hohe Fassadentürme aufheben, man konnte sie aber auch sozusagen abfließen lassen, indem man einen Platz vor ihr anlegte, dessen umschließende Säulenhallen sich an die Fassade anschlossen. Das tat Bernini. Eine Skizze von ihm zeigt eine an die Fassade anschließende doppelgeschossige Halle im Kreissegment, mit Türmchen gekrönt und von solchen durchschossen. Den Ausgangspunkt der Säulenhallen betonte auf der Fassade (deren Mittelstück er übrigens einen hohen Giebel aufzusetzen gedachte, wodurch die Kuppel vollends aus der Platzwirkung verschwunden wäre) ein Paar kleiner Türme. Und nun etwas wahrhaft Großartiges: weil rechts über den Säulenhallen der Palast des Vatikans hoch herüberschaut, so, meinte er, würde es sich nicht übel ausmachen, wenn dem Vatikan gegenüber auf der andern Seite ein zweites Vatikanschloß errichtet würde. An Großartigkeit der Baugesinnung ist der Barock eine Zeit ohnegleichen! Auch die Piazza außerhalb der Kolonnaden zieht dieser Plan in das Bauganze hinein, indem die jetzige Piazza Rusticucci, die von Privathäusern auf drei Seiten umstanden ist, als Eckbauten Palazzi mit einer offenen Halle im Erdgeschoß und im Hintergrunde einen großen Hallenbau mit erhobenem Mittelteil hätte erhalten sollen.

Bild 102

Bild 103

Die Bauten um die Piazza Rusticucci wurden leider, die Kolonnadenbauten aber glücklicherweise nicht nach dieser Idee Berninis ausgeführt, denn für diese letzteren legte er eine viel bessere vor, eingeschossige riesige Hallen, so wie sie heute zu sehen sind. Zu sehen aber nur in jener Grundrißform einer ungeheuren Zange (eines Armausbreitens, wie Bernini selbst sich ausdrückt), ein in die Zangenöffnung gedachtes Hallenmittelstück gleicher Bauform mit zwei Durchlässen an den heutigen Kopfenden wurde nicht gebaut.

Bild 92

Bild 91

Mit einem noch bedeutenderen Gedanken um die Piazza vor Sankt Peter befaßte sich Berninis Schüler Carlo Fontana, der die Piazza Rusticucci vor den Kolonnaden in die Piazza San Pietro zwischen den Kolonnaden einzubeziehen träumte, indem er die Kolonnaden nach draußen verlängert zeichnete bis dorthin, wo Bernini sich den großen Hallenbau gedacht hatte. Dort hätte ein Triumphtor mit Glockenturm den Riesenplatz zwischen den Kolonnaden nach innen und nach außen abgeschlossen: auch nach außen, denn das Triumphtor hätte nicht blind geendet, sondern auf eine neue langgestreckte, nach der Tiefe sich verengende Piazza gemündet. Sie wäre dadurch entstanden, daß man die Häuserinseln zwischen den beiden Borghistraßen beseitigt hätte. Welch einen Tiefenblick hätte das für den ergeben, der am Ausgang der Engelsbrücke vor der Engelsburg stehend den Blick auf den Sankt Peter gerichtet hätte! (Heute ist die Idee dieser Anmarschstraße vom Tiber her in römischen Baukreisen wieder aufgetreten.) Damit aber nicht genug: auch hinter dem Sankt Peter wäre eine riesige Piazza anzulegen gewesen (so ungefähr, wie Michelangelo sich seinen Tempel auf einen weiten Platz träumte), die in das dort ansteigende Gelände hätte eingeschnitten werden müssen. Das alles blieb Traum; aber von solchen Träumen wissen mag uns entschädigen für die Trauer über die Veränderungen und Verstümmelungen, die den Sankt Peter zu einer Ruine einer außerordentlichen gewaltigen Bauidee machten.

Bild 90

Bild 98

Bild 90

54

MICHELANGELO

Wenn je eines Künstlers Werke Ruinen blieben, so sind es die Michelangelos, ja sein ganzes Werk ist Ruine, obgleich er das Glück hatte, im richtigen Zeitpunkte des Ablaufs des Zeitendramas sozusagen auf sein Stichwort die Zeitenbühne zu betreten, obgleich eine fast maßlose Aufwendigkeitslust der Zeit seinem in Maße und Massen ausschweifenden Geiste günstig war, obgleich die Parze ihm das Erreichen eines patriarchalischen Alters gestattete. Das Ewigtragische, das aus dem Betrachten der Architektengeschichte im Gegensatz zum affektlosen Betrachten der Architekturgeschichte ersichtlich wird, hat in ihm wohl den größten heroischsten Vertreter. Den Maler Michelangelo müssen wir in diesem Studium ausscheiden, aber den Plastiker mit dem Architekten zusammensehen, denn Plastik und Architektur sind bei ihm innig verschmolzen, und seine plastischen Werke sind selten Einzelfiguren sondern meist in Gruppen zusammengedacht, denen eine hinzuerfundene Architektur das Gerüst gibt.

Das Juliusgrab! Wo wird Diskrepanz zwischen Plan und Wirklichkeit deutlicher als bei diesem Werke! Michelangelo, vom Papste Julius 1505 nach Rom berufen, erhält den Auftrag, für Julius in einer Kapelle von Sankt Peter ein monumentales Grabmal zu errichten. Intrigen Bramantes erheben sich, Michelangelo überwirft sich mit dem Papste und verläßt Rom. In Bologna versöhnen sie sich, der Papst bestellt bei ihm seine Bronzestatue, die nach einem Jahre auch vollendet und über dem Portal von San Petronio in Bologna aufgestellt wird. Aber nur drei Jahre ragt sie Bild 16 da oben, dann stürzen die dem Papste feindlichen Bentivoglio sie herab und verkaufen das Erz dem Herzog von Ferrara zum Guß von Kanonen, wie schon erwähnt wurde.

Im Jahre 1512 ist das Riesenwerk der Sixtinischen Decke vollendet und der zweite Akt der »tragedia del sepolcro« beginnt. Ein ungeheurer Plan liegt vor. Die abgebildete Zeichnung und die nach ihr gefertigte Wiederherstellung geben dessen Bild 104, 105 zweite, schon ein wenig verminderte Fassung. Nach der ersten Idee war es ein Freigrab, ein wahres Mausoleum. Drei Geschosse sollte es haben und mit ihnen drei Geistesbezirke und Gestaltenwelten. Unten das antike Geistesreich: in acht Nischen Viktorien oder Tugenden, vor den das Gebälk tragenden Hermen gefesselte nackte Männer, die nach Vasari unterworfene Landschaften, nach Condivi aber die durch den Tod des Schützers der Kunst gehemmten Künste versinnbilden sollen. Zwei von diesen stehen heute, aller Welt bekannt, im Louvre. Über dem Gesims der Bezirk der christlichen Welt: acht sitzende Riesen, Moses, Paulus und andere. Der eine Moses, der seinen Platz auf der rechten Stirnseite finden sollte, erlebte seine Bildwerdung. Zuoberst das Reich des Jenseitigen, in das der Sarkofag hinaufreicht. Dieser öffnet sich, und der Papst schwebt empor, von Uranos, dem Bilde des Himmels begrüßt, von Cybele, der Mutter der Erde, die ihn verliert, betrauert. Das Ganze getragen vom Gerüst einer bedeutenden Architektur, umringt von einem Kranze von Putten. Bramantes Hinweis, daß durch die Obergruppe auf des Papstes nahen

Tod angespielt werde, soll diesem das Werk verleidet haben. Zwischen diese erste und die zweite Idee fällt die Arbeit in Bologna und in der Sixtina. 1513 starb der Papst. Der mit dessen Familie abgeschlossene Vertrag zeigt die Idee des Freimales aufgegeben, es wird mit der einen Schmalseite an die Wand gerückt, wodurch die Ausgestaltung einer Schmalseite entfällt. Eine gewisse Fremdheit wird, wie fast immer, wenn eine rein und ursprünglich empfangene Idee durch äußeren Einspruch verändert wird, durch die hinzugetretene abschließende Bilderwand mit der Madonna hineingetragen. Aber an die Arbeit kann der Künstler nicht gehen. Der Plan schrumpft zusammen, drei Jahre weiter wird ein neuer Vertrag geschlossen, der die herausragende Länge des Halbfreimales um die Hälfte beschneidet. Ehemals viel tiefer als breit ist es nun so breit wie tief und wird — nicht bald, sondern erst nach 16 Jahren — viel breiter als tief in einem letzten Vertrage. Die Wand hat das Werk fast ganz in sich gesogen, die neue und einzige Idee eines Freimales ist der geläufigen eines Wandmales gewichen. Nicht mehr für die gewaltigen Räume des Sankt Peter, in die hinein es erfunden war, ist es bestimmt, sondern für die kleine Kirche San Pietro in Vincoli. Ein letzter, nach weiteren 10 Jahren getätigter Vertrag gestattet dem unlustig gewordenen Meister die Mithilfe des Raffael da Montelupo und anderer, und nach nochmals drei Jahren, vierzig Jahre nach der Geburt der Idee, steht ihr dürftiger Abglanz da, die kümmerliche Ruine eines der größten architektonisch-plastischen Kunstgedanken, welche der Menschengeist gedacht hat. Mit Eifer und Leidenschaft war Michelangelo an das große Werk gegangen, er war selbst nach Carrara gereist, hatte die Marmorblöcke ausgesucht und vier davon herbeischaffen lassen. Immer wieder setzte er den Meißel an, immer wieder mußte er die Arbeit unterbrechen. Von vierzig marmornen Riesenmännern wurden schließlich drei geboren. Seinen eigenen Unmut über die Störungen und seine eigene Erschlaffung an der gar zu lang sich hinziehenden Arbeit scheint er in die zwei schwächlichen Gestalten der Lea und der Rahel, der »vita activa« und der »vita contemplativa«, wider Willen hineingearbeitet zu haben, die heute neben dem an diesen Ort verirrten Moses stehen. Das übrige ist fremde Hand. Man weiß nicht, wovon man vor dem Werke mehr erschüttert ist: von Bewunderung über die Übermenschlichkeit des Moses oder von Trauer über die Allzumenschlichkeit derjenigen Personen und Kräfte, die ein solches wahrhaft einziges Werk nicht gedeihen ließen.

In die erste Zeit der schleichenden Verkümmerung der Grabmalspläne fallen neue große Aufträge des Nachfolger-Papstes, eines Medizäers. Die Medizäerkirche San Lorenzo in Florenz sollte ausgebaut und ausgeschmückt werden. 1517 erhält Michelangelo den Auftrag, ein Modell für die damals (und auch heute noch gleich der zahlloser Kirchen in Italien, u. a. San Nicolo in Catania) in der rohen Plastik der Läufer- und Binder-Ziegelreihen des Mauerwerkes stehende Fassade anzufertigen. Schon aus den letzten Jahrzehnten, namentlich vom älteren Giuliano da Sangallo, lagen Pläne vor. Es soll hier in die schwierige Frage nach der Urheberschaft der einzelnen und nach dem Fließen der vielen nicht geleuchtet werden. Wir bilden zwei Entwürfe ab, von denen der erste noch fremden Geist mitenthalten mag, von denen der zweite unzweideutig Michelangelos Gepräge hat. Das Wesentliche ist, daß Michelangelo an eine innige Zusammenarbeit von Architektur und Plastik dachte. Dieses Modell einer zweigeschossigen Architektur zeigt diese unterbrochen und belebt durch vier große Figuren, fünf Reliefs und vier Wappengruppen. Ein anderer Plan in drei Stockwerken zeigt im unteren 8 Säulen und 4 Statuen, im mittleren Pilaster und 4 Sitzfiguren aus Bronze, im obersten 4 Marmorstatuen in Tabernakeln. Dazu 7 Marmorreliefs im Giebel und weitere Statuen an den Rändern der Komposition. Wie das ganze Werk, wie groß und bedeutend namentlich die Statuen ausgefallen sein würden, davon können die derselben Zeit entstammenden Entwürfe für das Juliusgrab uns einen Anhalt geben. Es wurden zwar Blöcke aus den Marmorbrüchen herbeigeschafft (vor dem Bruch von Pietrasanta hatte Michelangelo vorerst sogar eine Straße anlegen müssen, damit die Blöcke bewegt werden konnten) — nicht ein Stein wird versetzt. 1520 wird der Bauvertrag von den Medizäern gekündigt. Michelangelo schreibt voll Bitterkeit an den Papst von den drei an dieser Fassade verlorenen Jahren, die ihn »ruiniert« habe und deren Ausführung ihm fortgenommen werde, ohne daß er »wisse weshalb«. Weil die Fassade immer das letzte war, was an den Kirchenbauten ausgeführt wurde, sodaß wir in Italien besonders viele Fassadenruinen und wenig originale Gestaltungen gerade in dieser Aufgabe haben, ist der Verlust von San Lorenzo besonders zu beklagen.

Aber die Medizäer entschädigen ihn mit einem andern Auftrag an San Lorenzo — auch er, so atemraubend groß er geriet, blieb Stückwerk; aber die Kunstgeschichte gibt uns die Mittel in die Hand, wenigstens im Wissen und der bildlichen Anschauung das Stückwerk zu vollenden und ein Werk von seltener Größe durch Gedanken als Ersatz für leibliche Anschauung zu genießen.

Der Medizäergrabbau in San Lorenzo! Michelangelo, verärgert durch seine vergebliche Arbeit an der Fassade, schlug zuerst den Antrag des Kardinals aus. 1520 übernahm er jedoch den Auftrag und baute in 4 Jahren die »Sagrestia nuova« in den Bild 113 Ausmaßen von Brunellescos, des Schöpfers der Kirche, bereits bestehender »Sagrestia vecchia« im andern Kreuzwinkel. Ihre Architektur, übrigens auch nicht ganz vollendet, ist einfacher als die der jüngeren plastiklosen der Laurenzianischen Bibliothek, sie hat sich dem reichen plastischen Plane unterzuordnen. Ursprünglich sind vier Grabmäler zu errichten, für die beiden älteren Lorenzo und Giuliano, die Stammväter des Geschlechtes, und für die beiden jüngeren gleichen Namens. Drei Wände stehen zur Verfügung (die vierte entfällt durch das Altarchörchen). Aber Michelangelo braucht zunächst keine, denn er greift mit seinem ersten Entwurfe auf den ersten für das Juliusgrab zurück: das Freimal. Ein Bau inmitten der Kapelle mit vier Bild 110 gleichen Fassaden, dazu eine entsprechende Scheinarchitektur der Wände mit einer mäßig weiten, durch einen Halbkreisbogen über dem Hauptgesims zusammengefaßten Pilasterstellung. Der Kardinal lehnt den Entwurf ab, obgleich er seine Schönheit bewundert, wohl nicht mit Unrecht: ein Grabmal von doppelter Menschenhöhe (die Figuren daran menschengroß) wäre in dem kleinen Raume nicht zu überschauen gewesen, die Möglichkeit Abstand zu nehmen war nicht vorhanden.

Die beiden Grabmäler, als Doppelgrabmäler gedacht, werden an die Seitenwände gerückt (dadurch muß die Pilasterarchitektur auseinandergedehnt werden, wie sie Bild 113 heute ist), dem Altarchor gegenüber plant er ein großes Gemälde, eine Santa Conversazione, eine Madonna mit den Heiligen Cosmas und Damian.

1524 wird der Auftrag vergrößert, der Plan erweitert: Grabmäler für die beiden Medizäerpäpste sollen hinzutreten. Schließlich bleibt es dabei, daß an die Seiten- Bild 113, 114 wände Einzelgräber der beiden jüngeren, der Nepoten, an die dem Altar gegen- Bild 115 über liegende Wand aber das Doppelgrab der beiden älteren Lorenzo und Giuliano gestellt werden sollen (wie es heute der Fall ist, freilich ohne ein Monumentengrab für diese letzteren, die in einem schmucklosen Sarkofage unter der Madonnen- Bild 113 statue beigesetzt sind).

Bild 115 Der eine Entwurf zeigt in Wiederherstellung diese Wand, reich gegenüber ihrer Bild 113 heutigen Erscheinung, mit zwei nebeneinandergeordneten Sarkofagen, mit Figuren in Nischen darüber und in dem vertieften Blendbogen über dem Hauptgesims eine gemalte Auferstehung.

Einen weiten, in Handskizzen zu verfolgenden Weg machen die Pläne für die beiden Seitengräber durch, ehe sie sich zu ihren heutigen reinen Formen heraus- Bild 114 kristallisieren, ob auch diese nicht des Künstlers letzten Absichten entsprechen. Unwesentlich ist, daß das Kranzgesims von Atlantengruppen durchbrochen erscheinen sollte, welche zu den fehlenden Gemälden in den Blendnischen hinüberzuleiten hatten; wichtig aber ist, daß die in den Skizzen erscheinenden Gestalten der Fluß- götter in den Winkeln am Boden, die heute als Löcher in der Figur- und Architektur- Bild 113 komposition bedenklich klaffen, nie ausgeführt wurden. Erst wenn man diese unentbehrlichen Gestalten ins Ganze hineindenkt, kommt die unvergleichliche Schönheit und Größe der Gesamterfindung zutage. In gleicher Weise hätte die zweite (als wiederhergestellt nicht abgebildete) Wand mit dem Grabmal des Giuliano ergänzt werden sollen. Auch in die Nischen zu Seiten der Herzogstatuen scheinen noch Bild 114 Figuren hineingedacht gewesen zu sein (neben Giuliano »die Erde trauernd und der Himmel jubelnd« — Motiv vom Juliusgrabe).

Und was wurde von solch großer Idee ausgeführt? Daß die Wände über den Her- Bild 113 zogsgräbern unausgestaltet blieben, wissen wir schon, die Köpfe der beiden liegenden Männergestalten, »Tag« und »Abend« wurden nicht fertig ausgemeißelt. Von der Bild 115 Wand des Doppelgrabes entstand nur die Madonna durch Michelangelos Hand (die beiden Heiligen durch die des Raffael da Montelupo und des Angiolo da Montorsoli). Unmutig arbeitet Michelangelo durch ein Jahrzehnt an dem Werke und verläßt nach dem Tode seines Auftraggebers 1534 Stadt und Kapelle, sein Werk zurücklassend wie es dalag. Erst viel später durch Vasari, jedoch nach Michelangelos Anweisung, werden die Stücke des Werkes o zusammengestellt, wie es uns überkommen ist. So ließ aus tausend Widrigkeiten ein Mann die Hand von seinem Werke, dessen freispielende Fantasie Riesenideen beschäftigten (man denke zurück an die Bild 1 uns bereits bekannte der Antike), in Carrara einen Marmorfelsen zu einem Bildkoloß umzuschaffen.

POZZO

Man sollte glauben, ein Mann wie der Jesuit Pozzo müsse in einem Werke wie diesem, das die fantastische Architektur aufsucht, einen breiten Raum bekommen. Aber das Studium seiner Hinterlassenschaft ist für unsere Zwecke wenig ergiebig. Auf seine Zeitgenossen und auf die Geschichte hat er stark gewirkt, aber er ist letztlich kein Architekt und er denkt nicht architektonisch, so sehr er Architekturformen für seine Ziele braucht. Er ist ein Maler und denkt malerisch mit Hilfe der Architektur. Er hat ein einflußreiches Lehrbuch geschrieben: Perspectivae pictorum atque architectorum, in dem dargestellt wird, wie »das Auge, ob es wohl unter unseren äußeren Sinnen der schlaueste ist, dennoch mit einer wunderbarlichen Belustigung von der Perspektiv-Kunst betrogen« wird. Er will durch die Perspektive, die er meisterlich handhabt, vor dem Beschauer in Malerei-Architekturen Werke entstehen lassen, »deren Kosten sonst unerschwinglich wären«. Nun werden durch ihn und seine Schüler die großen Barockräume durch fabelhafte, an die Decken gemalte Architekturen über die Erde hinaus und bis in den Himmel hinauf aufgelöst, das Irdische und das Himmlische trifft und vermischt sich in den luftigen Hallen. Aber für unsere Absichten, die durchaus im Bereiche des Möglichen und des Baubaren bleiben wollen, ist das alles zu wenig ernst. Eine Zentralkirche entwarf er für Rom, die Ausführung Bild 108 dieses abscheulichen aufwendigen Entwurfes konnte er glücklicherweise nicht erreichen.

DIE GNADENKIRCHE IN ALTÖTTING

Wie in Regensburg der »Schönen Maria« so sollte auch im bayerischen Altötting Maria eine Wallfahrtskirche errichtet werden. Dort hegte man die Absicht, dem Gnadenbilde eine neue zu bauen, die unvollständig, hier die, die alte mit einer neuen zu um-, zu überbauen, die gar nicht ausgeführt wurde. Auf einem ehrwürdigen weiten stillen Platze im ländlichen Altötting steht aus frühromanischer Zeit bereits ein kleiner Rundbau, eine Kapelle, geschwärzt vom Rauche unzähliger geopferter Kerzen, im Bild 116, 118 silbernen Tabernakel ein holzgeschnitztes uraltes schwarzes Marienbild, ihm gegenüber in silbernen Urnen die Herzen von 16 Herrschern in Bayern. Es wäre schön zu denken, wenn vielleicht als der Grabstätte des Herzens seines Vaters, des ersten bayerischen Kurfürsten Maximilian I., dessen Sohn Ferdinand Maria die monumentale Ummantelung des Gnadenkirchleins beschlossen hätte. Denn ummantelt sollte das Kirchlein werden. Ein mächtiger Rundbau sollte erstehen, mit einer tiefen Vorhalle, Bild 117 einem äußeren Umgang um das Kuppelrund, einem inneren im Kuppelobergeschoß und zwei Türmen, die neben dem Heiligtum, dem am Choreingang stehengebliebenen Gnadengehäus, gleich monumentalen Steinkerzen aufragen sollten. Einen großen Teil des Platzes hätte die große Kirche aufgebraucht.

Die übrigen Leistungen des Baumeisters Zuccali, die Fassade der Theatinerkirche in München, der Klosterkirche in Ettal hätten für eine großartige Lösung der Aufgabe gebürgt — 1674 wurden die Fundamente gelegt, aber der Bau des Aufgehenden unterblieb, es heißt aus Mangel an Baumitteln. Ich weiß nicht, ob, aber wahrscheinlich ist, daß die Fundamente noch in der Erde des Platzes stecken. Zuccali hätte auch den viereckigen Platz umgestaltet, ein lebendig-unregelmäßiges Achteck daraus gemacht, ihn mit Gebäuden flankiert (die gotische Stiftskirche hätte natürlich stehenbleiben sollen), eine halbrunde Säulenhalle im schrägen Gebäudewinkel gegenüber dem Tempeleingang angelegt, zwei architektonische Brunnen daneben. Nichts davon wurde Wirklichkeit. Statt des Kuppeldomes steht eine kleine Baugruppe auf dem Platze, ein kleines Langhaus ist vor die Kapelle gesetzt, beide umlaufen von einem hölzernen Galeriegang wie man ihm in nordischen Stabkirchen begegnet.

Bild 118

»LOUIS LE GRAND«, Entwürfe von Gobert

Das Merkwürdigste vielleicht an ungebauter Architektur, das Tollste, das am meisten Spielerische und Ausgefallene kann man wohl sagen und doch ein beredtes Zeugnis seiner Zeit ist der Inhalt eines kostbaren Buches, das wir in der Münchener Staatsbibliothek fanden. Das handschriftliche Buch eines französischen Architekten Gobert, mit feinen Bauzeichnungen und wundervollen Schriftzügen des Textes, das der Architekt seinem Monarchen Ludwig XIV. als Huldigungsschrift widmet, in dem er des Königs Ehrenübernamen »Louis le Grand« in Stein in die Welt hineinbauen zu können und zu wollen erklärt. Das Werk scheint bisher unbekannt geblieben zu sein. Gott weiß, wie es in die Münchener Staatsbibliothek gelangte — die Staatsbibliothek wußte es nicht.

Bild 119

Der Text beginnt: Au Roy. Sire, erlauben Sie, ich bitte, daß meine Dankbarkeit sich erneuere und den Rest meines Lebens dauere.... Und dann heißt es: 12 Zeichnungen sehr verschiedener Kirchen oder Kapellen, deren Pläne die 12 Buchstaben sind, welche zusammensetzen den Namen des Königs Louis le Grand. Der Verfasser nennt sein Werk selbst »un jeu d'esprit en architecture«. Er gibt die einzelnen Gebäude über den verschiedenen Buchstaben in Aufriß, Grundriß und Ansicht. Die Buchstaben sind nur im Grundriß wieder zu erkennen, und es ist bezeichnend für einen französischen Architekten, daß er sich die Gebäude nur streng achsial, mit symmetrischen Hälften denken kann, sodaß er sich, da nur wenige Buchstaben ihm den Gefallen tun, spiegelbildlich gleiche Hälften zu haben, zu Verdoppelungen gezwungen sieht.

Bild 120

Der Verfasser-Architekt bemerkt zum Buchstaben L: »Ein Krankenhaus (immer ist die Kirche gemeint), die Mitte für Hausfremde, eine Seite für die männlichen, eine für die weiblichen Insassen«.

Die Ansicht zeigt ein ohne Frage schönes Stück der französischen Hochrenaissance mit dem klassizistischen Einschlag und der Bändigung architektonischer Formen der Spätzeit Ludwigs. Das Gebotene ist strenge und klassische Architektur, nur in den Grundrissen tobt sich die Erfindungslust des Künstlers aus.

Zu O: »Kann zu jeder Art Klosterkirche dienen«. Er fühlt sich erinnert an das Pantheon in Rom und die Himmelfahrtskirche in Paris. Der ovale Buchstabe gestattet einen Entwurf, dessen Grundriß anzusehen einem Architektenauge schon Freude macht. Bild 119

Zu V: »Man muß sich für die Undankbarkeit des Grundrisses entschädigen durch die sympathische Fassade und den feinen Umriß.« Bild 121

Zu J: »Eine sehr schöne Kirche für Mönche und Nonnen.« Bild 122

Zu S: »Man könnte drei oder vier Ideen für sehr schöne und großartige Kirchen oder Kapellen daraus ziehen.« Bild 123

Der Name LOVIS ist fertig.

Zum zweiten L: Er behauptet, es sei sehr verschieden vom ersten. Bild 119

Zu E: Er denkt an eine Kuppelkirche. Bild 119

Das LE ist fertig.

Zu G: »Man wird darin Vornehmheit und Neuheit finden.« Nun, neu, ja! Vornehm auch, namentlich im köstlichen Schaubild. Bild 124

Zu R: Er hofft, daß man darin finde »le commode, l'agréable et l'utile«. Nun ja, er hofft! Bild 125

Zu A: A ist der zweite und letzte freundliche Buchstabe, und der Architekt sagt: »Wenn man zufällig einen Platz in einem Winkel für eine Kapelle findet, könnte man sich dieser Zeichnung bedienen.« Bild 119

Zu N: Er hält den Entwurf geeignet für eine Landkirche. Bild 119

Zu D, mit dem das Wort »Grand« fertig ist: »Das ist der Plan über einem schwierig zu handhabenden Buchstaben. Ich habe daraus gezogen, was ich konnte. Bediene sich dessen wer mag und mach's besser wer kann.« Er hat recht! Bild 119

DAS ARCHITEKTONISCHE ALPHABET VON JOHANN DAVID STEINGRUBER

Viel architektonischer im Sinne von baubar, praktisch, möglich als die spielerischen Ideen des Franzosen Gobert sind die Entwürfe im Architektonischen Alphabet des Deutschen Steingruber. Er verzichtet von vornherein auf spiegelbildliche Einstimmung von Gebäudeflügeln in Grundrissen auf Buchstaben, die von Natur sie nicht haben, wie das S-Schloß zeigt. Die Buchstaben X und M ergeben Grundrisse, die gar nicht allzu sonderbar wirken. Die Bilder zeigen ansehnliche, geräumige und auch prachtvolle Fürstenschlösser des 18. Jahrhunderts, alle in den für solche Bauten typischen Grundrissen: nach den Innen- und Hofseiten ein langer Gang, die Zimmer- Bild 128 Bild 126, 127 und Säleflucht an den Außenseiten von Raum zu Raum verbunden durch Türen, die nahe den Fenstern in einer Flucht liegen, geradezu ein Dogma für damalige fürstliche Bauweise. In Punkten, die als Knotenpunkte zur architektonischen Betonung herausfordern, wie im geschwungenen Mittelstrich von M oder im Schnittpunkte der Arme des Andreaskreuzes X liegt der große Saal, das Prunkstück eines Fürstenschlosses. Wo aber wie im Buchstaben Q dafür kein natürlicher Platz ist, krümmt ihn der Architekt, oder er ordnet wie im Buchstaben S zwei kleinere Säle an. Witzig ist, wie er das Schwänzchen, durch das sich ein Q von einem O unterscheidet, architektonisch auswertet: durch einen leicht geschwungenen Tunnel fahren die Karossen in den Hof. Der Grundriß des X-Gebäudes ist heutiger Nutzarchitektur gar nicht einmal fremd: es ist der für Zuchthäuser vorgeschriebene.

Steingruber war Architekt eines kleinen Potentaten, »vieljährig Hochfürstlich Onolzbachischer (Ansbachischer) Bauinspektor«, wie er sich auf dem Titelblatte seines stattlichen Kupferwerkes nennt, in dem er in Schwabach 1773 diese »in vielen Jahren zusammengezeichnete und niemalen zum Vorschein gekommene Risse auf eigene Kosten denen Architekturkennern und curieusen Liebhabern zur geneigten Einsicht und Aufnahme vorgelegt« hat. Sein kleiner Fürst hatte die Namen Christian Carl Friedrich Alexander und mag auch den Drang verspürt haben, gleich seinen großen Brüdern unter den Kronen Macht und Glanz seiner Herrschaft in riesenhafter und prunkvoller Gestalt seines Wohnhauses sinnlich darzutun, ein Wunsch, der ausgeführt im Verhältnis zu den Kassen des Ländchens dann schon als Größenwahnsinn hätte bezeichnet werden müssen. Da mag es denn wohl vorgekommen sein, daß der Fürst sich vom Hofarchitekten sein Schloß wenigstens auf dem Papier hat bauen lassen, und dieser, vielleicht im Auftrag, vielleicht auch einem eigenen nützlichen Einfall folgend, entwirft das Schloß, indem er dem Grundriß die Initialen seines allergnädigsten Herrn unterlegt. A und F bringt er in einer sehr geschickten Weise zusammen, indem er nun freilich auf dem A das F verdoppelt. Das A dient nur dem häuslichen Leben, der innere Verbindungsstrich gibt Veranlassung, eine reizende Einfahrt und Vorhalle zu erfinden, die Sattelstriche des A dienen als Korridore, die F enthalten die Zimmerfluchten. Im Kopfe ist dann Raum für den großen ovalen Saal. Das C von Christian gibt das um einen Stock niedrigere und architektonisch einfacher ausgestattete, so doppelt dem Schlosse untergeordnete Hofgebäude. Es enthält in einem Flügel die Stallungen für die Reitpferde, im andern die Winterreitbahn. Gegenüber wird das umgedrehte C von Carl ähnlichen Zwecken gedient haben, zu Stallungen für die Kutschpferde und die große Remise für die Karossen.

Was aber dem Fürsten recht ist, soll der Fürstin billig sein. Also bauen wir auch ihr ein Schloß auf ihren Initialen, es kostet auf dem Papier ja nichts! Sie heißt Friederica Carolina. Nicht leicht zusammenzuordnen, aber spiegelbildlich verdoppelt gibt es einen ganz annehmbaren Grundriß mit einem schönen länglichrunden Innenhofe. Was die Dame zwar mit zwei so nahe beieinanderliegenden Schlössern macht, wird nicht recht klar, vielleicht ist das eine das Sommer-, das andere das Winterschloß, oder auch das eine ein Schloß für den Tag, das andere für die Nacht.

Daß der Architekt aber im Ernste an die Ausführungsmöglichkeit solcher Ideen glaubte, sie jedenfalls bis ins Letzte aufs Praktische hin durchbildete, geht aus der Bemerkung auf dem nach Zeitsitte wortreichen Titelblatte hervor, daß die so entworfenen fürstlichen Wohnungen »übrigens der mehreste Theil nach teutscher Landes-art mit Einheiz-Stätten auf Öfen und nur theils mit Camins eingerichtet sind«.

Wir aber sehen in solchen fantastischen Gedanken, von denen meines Wissens niemals einer die steinerne Wirklichkeit erlebte, eine lächerlich zu nennende Atrofie des Kultus der fürstlichen Person, und es mag im Kuriositätenkabinett der Kulturgeschichte wenig geben, das fürstliche absolutistische Welt deutlicher darstellte als diese ungeheuren Hieroglyphen in Stein, die auf den Erdboden zu schreiben gewesen wären, wie diese Gedanken Steingrubers und noch mehr die von Gobert.

DAS JESUITENKOLLEGIUM VON ANTON GLONNER

I H S, und ein Kreuz auf dem H, das alte Sinnbild für den Namen Jesus hat den Architekten Anton Glonner 1774 in Straßburg zu einem fantastischen Entwurfe für ein Jesuitenkollegium angeregt. Im I-Bau liegen drei Kollegiensäle, im S-Bau, dessen Bild 132 Grundriß auch von der liebenswürdigen Gestalt eines Seepferdchens entnommen sein könnte, Schulsäle. Das H wird in den Stäben Speisesäle und Küchen, im Querstrich die Sakristeien für eine große Priesterschaft enthalten, denn im Kreuze (†) liegt der Hauptteil, das Zentrum der Anlage, die Kirche, eine Kirche unter sechs Kuppeln mit ausgetriebenen Umfassungsmauern und vielen Apsiden mit Altären: ein Grundriß und gedachter Aufbau, wie ihn die namentlich in den Klosterkirchen des 18. Jahrhunderts zu Übung und Meisterschaft in der Gestaltung schwierigster und fantasievollster Raumaufgaben gekommene Architektur spielend bewältigt haben würde — wenn ein große Sinnbildlichkeiten liebender Abt dem Architekten zur Gestaltung eines solchen riesenhaften Symbols den Auftrag gegeben hätte.

WHITEHALL UND SANKT PAUL IN LONDON

Aus ungebauter Architektur in England soll ein wenig gezeigt werden von den zwei vielleicht größten englischen Baumeistern in der Zeit der historischen Stile. Inigo Jones führte in die lange dem Gotischen anhangende englische Welt den neuen Stil der Renaissance ein, und zwar erst in der von Palladio entwickelten Form. 1619 entwarf er Jakob dem I. einen bescheidenen Plan für das Schloß Whitehall in London, der sich bald zu dem großartigen Baugedanken auswuchs, von dem unter Bild 135, 136

Bild 134 Karl I. vielleicht der dreißigste Teil ausgeführt werden konnte, ein Teil, dem in Karls I. Dasein eine so traurige Rolle zufallen sollte. Ausgeführt würde das Bauwerk mehr als das Vierfache der Grundfläche des heutigen riesigen Parlamentsgebäudes bedeckt haben.

Ein ungeheures Viereck entstand auf dem Papiere. Inmitten ein Hof von einem
Bild 136 viertel Kilometer Länge, rechts und links von ihm je drei Höfe, von denen der eine gleich dem in Karls V. Palast Escorial von einem runden Innenpalaste umbaut werden sollte. Ausgeführt wurde aus dem riesigen Plane das Stückchen, das auf dem
Bild 135 Plane links oben vom großen Hofe durch eine doppelte Säulenstellung (in der Vogelschau entsprechend die kleine Baugruppe) als Saal, »hall« gezeichnet ist, als »Banqueting Hall« hätte dienen sollen und den Namen Whitehall erhielt. So steht das
Bild 134 Gebäude heute im dunkeln Innern Londons.

Im Jahre 1649, noch zu Lebzeiten des Architekten, bestieg Karl I. das Schafott. Er ging zu Fuß durch den Park nach Whitehall, betrat im Gebäude »das grüne Zimmer«, wo er ein wenig rastete, das Abendmahl erhielt und etwas Brot und Wein zu sich nahm. Dann bestieg er durch eine vom Bankettsaale nach außen gebrochene Öffnung das vor dem Gebäude errichtete, mit schwarzem Tuche bedeckte Schafott. Dort wurde er enthauptet. Der König benahm sich mutig. Es war ein nebliger frostiger Tag...

Inigo Jones durfte trotz seinem achtzigjährigen Leben nur wenig bauen. Glücklicher war Christopher Wren. Es traf sich gut für ihn, daß, als er in voller Manneskraft stand, 1666 der große Brand ausbrach, der London in Asche legte. Außer vielen anderen Arbeiten erhielt er den Auftrag, mitten im Brandviertel Englands
Bild 139 Nationalkathedrale zu bauen. Merkwürdige Entwürfe liegen dazu vor, einen davon
Bild 137, 138 glaubt man geradezu als Belustigung für den Hof erfunden. Man hält es nicht für ausgeschlossen, daß der König Karl II. an der Komödie beteiligt war.

Das wichtigste für uns ist, daß auch Wren gleich Michelangelo den Zentralbau-
Bild 138 gedanken hat ausführen wollen, daß aber auch ihm wie diesem der Klerus die Idee verdarb und für die Bedürfnisse des Kultus die Durchdringung des Kuppelgedankens
Bild 139 mit dem eines Langhauses abrang. Die katholische Partei setzte das Erstehen des Baues in der heutigen Gestalt durch. Wenn der schöne Entwurf neben dem Bilde nach dem heutigen Zustande abgebildet wird, so deshalb, um klar zu machen, daß auch hier Grund zur Klage über die Verunstaltung eines großen und reinen Baugedankens vorliegt, eine Klage, die man am lautesten erheben wird, wenn man im Innern steht und den wenig glücklichen Monumentalraum auf sich wirken läßt.

DRESDEN

Dresden ist eine der schönsten Städte Deutschlands, man weiß es. Die Gunst der Lage hat es dazu gemacht, ja, noch mehr aber das Talent und die Größe von Geist und Seele außerordentlicher Menschen. Zwei Männer sind in erster Linie die Schöpfer dessen, was wir heute an der Stadt bewundern: der König August der Starke und der Architekt Pöppelmann. Wirklich ist der König mit Recht zuerst zu nennen, er ist der Schöpfer und Anreger der großen Baugedanken, wörtlich zu verstehen, nicht wie wir es zu oft hörten als feige Bewunderung imperatorischer Dilettanterei, nicht als Ausdrücke einer auch heute noch nicht ganz erstorbenen Mode byzantinischer Geschichtschreibung. Mit Opfern und gegen Hemmungen hat er seine Gedanken verwirklicht — daß er nur einen kleinen Teil verwirklicht hat, das haben wir hier wehmütigen Sinnes zu untersuchen und darzustellen.

Pöppelmann nennt den Zwinger »un monument éternel de sa parfaite connaissance dans les beaux arts«, Kunstkenntnis des Königs. Der Zwinger entstand auf dem Bild 142 Gelände des Zwingergrabens der alten Wälle aus einem hölzernen Gelegenheitsbau, der zu den Freilichtfesten eines Fürstenbesuches 1709 zusammengenagelt wurde. Das steinerne Wunder, das den für ein paar Wochen errichteten Holzbau ersetzen und das durch die Ewigkeit hin dauern soll, ist nichts anderes als ein von Tribünen und Hallen umgebener Festplatz. So verstanden bekommt seine merkwürdige Form Bild 140 ihren Sinn. Für seine Anlage mußte die befestigte Stadt geöffnet, mußte eine Bresche in den Wall gelegt werden. Die Minister warnten. Der König antwortete aus dem Felde: Daß er, da er aus sonderbarer Liebe zur Baukunst, deren er sich sonderlich zu delectieren pflege, verschiedene Dessins bisher selbst inventiert, zu Papier gebracht und solche dem Landbaumeister insgesammt auszuführen immediate befohlen habe, er zwar die gute Absicht jener pflichtmäßigen Bedenken anerkenne, dennoch aber bei seiner festen Resolution verbleibe und sich auch einvorallemal als Herr die ganz freie Disposition während der Bauarbeiten vorbehalte. Und aus Warschau: »Demnach wir den auf hiesiger Vestung zu Unserem Plaisir angefangenen Bau, ohnerachtet derselbe der Fortifikation und Defension des Ortes nachtheilig ist, gleichwohl zu continuieren gemeint sind, begehren wir, diesen Bau nicht zu hindern.«

Und außer dem zu bauen energisch entschlossenen Bauherrn spreche der von der Aufgabe zu bauen begeisterte Architekt: »Gleichwie die alten Römer unter ihren andern staunenswerten Bauanstalten auch dermaßen große Staats-, Pracht- und Lustgebäude aufzurichten pflegten, daß dieselben einen weiten Umkreis machten und wiederum viele andere Gebäude in sich schlossen, welche aus Rennbahnen, Fecht-, Ring-, Jagd- und Kampfplätzen, Schaubühnen, bedeckten und unbedeckten Spaziergängen, Vorhöfen, öffentlichen Tanz- und Gesellschaftssälen, Lustbädern, Prachtbogen, staffelweise aufgestellten Sitzplätzen zu Opern und Komödien, Wasserkünsten, Gärten, sonderlich aber aus einer länglichrunden Schauburg bestanden, darinnen man zu öffentlichen Sieges-, Lust- und Prachtaufzügen, auch zur Vollziehung aller ritterlichen Leibesübungen zu Fuß, zu Pferde oder auch zu Wagen die vollste Bequemlichkeit hatte, ebenso ist auch dieses Gebäude des Königl. Zwingergartens dermaßen kunstreich angelegt, daß es alles dasjenige in sich begreift, was in jenen römischen Erfindungen Prächtiges oder Nützliches vorgekommen; denn außer den verschiedenen großen Speise-, Spiel- oder Tanzsälen, kleineren Zimmern, Bädern, Grotten, Bogenstellungen, Lust- und Spaziergängen, Baum- und Säulenreihen, Gras- und Blumenbeeten, Wasserfällen, Lustplätzen und dem anstoßenden prächtigen Opern- und Komödienhause beschließt das ganze Gebäu zusammen einen so ansehnlich länglichrunden Platz, daß in demselben nicht nur die fast unzählbaren, des Winters in den Galerien verwahrten Bäume zur Sommerzeit bequemlich in schönster Ordnung ausgesetzt, sondern auch alle Arten öffentlicher Ritterspiele, Gepränge und andere Lustbarkeiten des Hofes angestellt werden.«

Pöppelmann baute von 1711 bis 1722 — 48000 Taler wurden jährlich verbaut —, dann wurde der Bau, im großen Ganzen so weit fertiggestellt wie er heute von Pöppelmanns Hand, also ohne den Semperschen Museumsbau, dasteht, vorläufig eingestellt. Das Geld begann zu fehlen. Trotzdem schwiegen nicht die Pläne, noch Größeres zu bauen, als man mit Anstrengung hatte bauen können. »Dem Fürsten, welcher gleich allen Großen seiner Zeit das Leben gern und wesentlich als ein ununterbrochenes Opferfest des Genusses betrachten mochte, bei welchem er persönlich als ein nie zu kopierender Dirigent und Hauptdarsteller mitwirkte, diesem Fürsten konnte das enge, für seinen Sinn antiquierte Dresden nicht mehr genügen als Hintergrund seiner prächtigen Persönlichkeit, als Bühne seiner fantastischen rauschenden Feste.« Alt waren schon die Pläne, das kurfürstliche und königliche Schloß schöner und würdiger, dem Geiste neuer Zeit gemäßer erscheinen oder gar neu erstehen zu lassen (nichts davon, um es vorwegzunehmen, wurde Wirklichkeit, sodaß heute Dresden allein von allen größeren Residenzen in Deutschland ein gänzlich verwinkeltes und in engen Gassen der Altstadt versunkenes Fürstenschloß aufweist). Von den vielen Plänen greifen wir nur die bedeutendsten heraus. Ein älterer Entwurf Pöppelmanns beseitigt die Gäßchen und Häuserinseln um das Schloß und sieht einen gewaltigen Ehrenhof vor, in den die Augustusbrücke münden sollte. Der jetzige Zwinger wird in diesen Baugedanken schon einbegriffen, nur sollte sein Abschluß nach dem Schlosse hin stattlicher werden als er ist, er sollte nach dieser Seite hin selbst ein Schlößchen umschließen. Der zweite Plan aber verlegt das Schlößchen von der Stadtseite auf die Elbseite, auf den Platz, auf dem jetzt die Staatsoper steht. Der dorthin noch offene Zwinger — der König hatte ihn vorläufig (in der Länge des jetzigen Museumsbaus) durch eine Holzwand mit der aufgemalten beabsichtigten Architektur schließen lassen — sollte sich in einen neuen Hof hinein erweitern, der senkrecht zu der Achse des Zwingers und senkrecht zum Elbufer liegen sollte. Schloßbauten auf beiden Seiten, jeder selbständig, sollten die Zwingerarchitektur in Gebäudehöhe und Architekturstil fortsetzen. Dieser Plan ist in einem Ölbilde des Malers Thiele erhalten. Nach dem Zwingerhofe zu schloß den neuen Schloßhof, der ein wenig höher liegt, eine mit Standbildern geschmückte Brüstungsmauer ab, nach dem Elbufer, zu dem man auf Prunktreppen hätte niedersteigen

Bild 142
Bild 150

Bild 152

Bild 142, 140

sollen, eine höhere Ziermauer mit einem stattlichen Turme. Das alte Schloß erscheint rechts im Bilde erhalten, denn der König hatte »das große Dessin wegen gänzlicher Abbrechung des alten Schlosses und der Ausführung eines ganz neuen in Anschauung des Zustandes der Kassen« einstweilen zurückgestellt. So blieb das alte Schloß stehen, das neue wurde nicht gebaut, der Zwinger blieb offen, und der König starb. (Weiteres über Pöppelmanns Schloßbaupläne im »Nachtrag« des Buches.)

Sein Sohn und Nachfolger war kaum weniger baufroh als der Vater. Ein Plan aus Bild 141 seiner Regierungszeit, der auch das alte Schloß bestehen läßt, errichtet neben der mittlerweile erstandenen Hofkirche von Chiaveri auf dem Theaterplatze einen riesigen Schloßbau auf der Elbterrasse, von der zum Flusse hinab reiche Treppenbauten und Brunnenanlagen hinabsteigen. Der Innenhof dieses Schlosses würde sich zum Zwinger verhalten wie der Innenhof des Pöppelmannschen Doppelschlosses. Der letzte und großartigste Plan aber ist der, den der kurbayerische Hofarchitekt Cuvilliés vorlegte. Er, der zugleich die Wälle der Stadt in Baumstraßen umzuwandeln Bild 143 vorschlägt, rasiert das alte Schloß und legt auf seinen Grund einen »Ehrenhof«. Dessen Bild 142 Achse, dem Zwinger und der Elbe parallel gelegt, trifft über einen zweiten tiefen Hof hin (Gelände des jetzigen Theaterplatzes), indem der Zwinger als ein Hof von fünfen nebenan liegenbleibend ins Gebäudeganze einbezogen wird, auf einen riesigen doppelhöfigen Schloßbau, dessen Front die ganze Breite des neuen Hofes und des Zwingers (des jetzigen Theaterplatzes und des Zwingers bis zur heutigen Ostraallee) eingenommen haben und dessen Flügel und Höfe das Gelände des jetzigen Zwingergartens und des Marstalls bedeckt haben würde. An das Schloß hätte sich ein Garten mit Wasserstraßen angeschlossen, der über die Eisenbahn hinaus ins Ostragehege, wo heute die Stadt mit den Schlachthöfen endet, sich erstreckt hätte.

Wir kehren von diesen fabelhaften Plänen, die nur große Gedichte auf dem Zeichenpapier blieben, zur Wirklichkeit des unvollendet, an der Nord-, der Flußseite offen gebliebenen Zwingerbaus zurück. Jenem großen begrabenen Gedanken des Pöppel- Bild 140 mannschen Schloßbaues, durch den die Achse des Zwingers auf den Fluß hin gerichtet und der Zwinger aus einem selbständigen Ganzen ein glänzendes Teilstück eines größeren Ganzen geworden wäre, schien der Tag der Auferstehung zu dämmern. Gottfried Semper hatte in den dreißiger Jahren des 19. Jahrhunderts drei für die Stadt nötige Gebäude zu errichten: ein Theater, eine Gemäldegalerie und eine Orangerie für die kostbaren Zierbäume aus dem Süden, für deren Überwinterung ursprünglich die Gänge unter den Aussichtsterrassen des Zwingerhofes bestimmt waren, die aber dann nach Augusts Willen als Kunstkammern dienen sollten. Er griff den Pöppelmannschen Gedanken auf, und er würde die neuen Gebäude mit dem Zwingerhofe zu einem großartigen Bauganzen zusammengeordnet haben. Eine Art Bild 159 Forum schwebte ihm vor: an den einen Pavillon des Zwingers auf der Schloßseite wollte er senkrecht zur jetzigen Zwingerachse die Gemäldegalerie lehnen, ihr gegenüber an den andern Pavillon den Orangeriebau und in gleicher Richtung mit diesem, doch um das stattliche Halbrund seines Theaterbaues vorspringend, das Theater. Schinkels schönes Gebäude der Hauptwache, das heute verloren in dem Winkel Bild 142 zwischen Zwinger, Schloß und Hofkirche steht, wollte er in die Achse des neuen Bauganzen an die Elbe versetzen und die Achse selbst noch betonen durch zwei in der Nähe des Theaters aufzurichtende Viktoriasäulen oder auch Flaggenmasten in der Art derer auf der Piazzetta von Venedig.

Ein wahrhaft großartiger Gedanke! Aber die glänzende Dämmerung des alten Pöppelmannplanes ging unter in einem trüben Tage kleinherziger Erwägungen bei Regierung und Volksvertretung. Die neue Möglichkeit, einen der schönsten Plätze in Deutschland und der Welt erstehen zu lassen, fand ein kleines Geschlecht. Auf der Bodenfläche stand »das italienische Dörfchen«, ein wirres Durcheinander von Niederlassungen jener Bauarbeiter, die Chiaveri für seinen Bau der Hofkirche herbeigezogen hatte. (Der Name hat sich bis heute an der [jüngeren] kleinen Baugruppe am Bild 142 Flusse erhalten.) Das Hofbauamt scheute die Kosten für die Entschädigung der Grundeigentümer und bestimmte als Platz für das Orangeriegebäude einen entfernten Garten. Aber Semper ließ nicht locker. Sollte kein Orangeriegebäude zwischen Zwinger und Theater stehen, so konnte es auch ein für den Theaterbetrieb notwendiges Requisitenhaus sein. Die schmucklose Wand dieses Schuppens, den er so lang wie der Forumplan es erfordert hätte hinstrecken wollte, hätte er mit einem Bild 160 Säulenwandelgang verkleidet. Ein Durchlaß in der Mitte hätte ihn unterbrochen in Form eines Triumphbogens, die Attika hätte Staatsinschriften aufgenommen, und ein fließender Brunnen hätte sie in einer Weise, die man bis dahin in der Baukunst noch nicht kannte, bekrönt. Das Ministerium des Königlichen Hauses aber behielt sich unter dem immer wirksamen Vorwande des Geldmangels »desfallsige Entschließung vor«, d. h. das Theatermagazin wurde nicht gebaut. Inzwischen war das Theater von Semper errichtet worden (es brannte 1869 ab, an seiner Stelle, aber um die halbe Tiefe zurückgeschoben, erstand dann das heutige Opernhaus). Aber noch immer gab Semper seine Idee nicht verloren: er schlug vor, alsdann die Schinkelsche Hauptwache, deren bedeutende Aufstellung am Flusse er opfern wollte, an die Stelle zwischen Zwinger und Theater zu übertragen. Die Gemäldegalerie hatte Semper dem Orangeriebau gegenüber geplant. Ein langes Hinundher entstand über die Frage, wo die Gemäldegalerie errichtet werden sollte. Semper arbeitete Pläne aus, sie drüben in der Neustadt zu errichten oder in der Nähe des Zwingers in den Zwingeranlagen hinter dem Zwinger zu erbauen, nur gegen die Lücke in der Zwingerumfassung als Bauplatz für das Museum sträubte er sich. Die Regierung trat sogar seinem Plane bei, die Lücke offen zu lassen, sich und fernerer Zeit also die Möglichkeit zu erhalten, den Theaterplatz in Verbindung mit dem Zwinger als Forum ausgestalten zu können und das Museum an der vorgeschlagenen Stelle, schräg gegenüber dem Theater, zu errichten — die Volksvertretung lehnte den Vorschlag ab aus Gründen der Feuersicherheit, die in der Nähe des Schlosses und mit Front auf das Theater nicht verbürgt sei, und Semper mußte durch seinen Museumsbau den Zwingerhof für immer Bild 142 schließen. Die beklagenswerte Tat war geschehen. Heute steht selbst das riesige Opernhaus ohne Anlehnung an den Zwinger auf dem zu weiten Platze fast verloren da. (Weiteres über Pöppelmanns Zwingerpläne im »Nachtrag« des Buches.)

Ich weise hier, fast ein Jahrhundert überspringend, auf einen Entwurf aus jüngster Zeit hin, den Wassili Luckhardt für das geplante Hygienemuseum schuf. Dieses ist Bild 408 auf den Baugrund des Zwingergartens gedacht, ungefähr an den Ort, den auch Bild 142 Semper in einem seiner Entwürfe als einen möglichen Bauplatz für sein Museum ansah. Der Architekt denkt sich den Westpavillon des Zwingers als Ausgang und Durchtritt zu einem neuen großartigen Hofe. Über den rechteckig zu fassenden Teich im Zwingergarten ist die Sicht freigegeben auf den Bau des Hygienemuseums mit einwärts gezogener Front.

Wir müssen zu König August und Pöppelmann zurückkehren. Dresden gegenüber lag »Alt-Dresden«, aber nach den großartigen Veränderungen, die August an dieser ursprünglichen Altstadt vornahm, hatte er das Recht zu befehlen, daß sie von nun an »die neue Königstadt« heißen solle. Die jetzige »Neustadt« also war eine kleine winklige Vorort- und Brückenkopfstadt. Durch ihren verwinkelten Grundriß zog August zwei große Strahlenstraßen, die draußen vom Tore (dem damaligen schwarzen Tore, heute dem Albertsplatz) nach zwei Richtungen ausgingen, die eine auf die Augustusbrücke, die andere auf das »Japanische Palais« zu. Für die letztere, die heutige Königstraße, legte der König eine strenge Bauordnung fest, nach welcher die an der Straße zu errichtenden Gebäude niedriger gehalten werden sollten als das am Endpunkte stehende, die Straßensicht schließende und ihre Tiefenerstreckung beherrschende Palais. Leider haben spätere Geschlechter diese weise königliche Absicht nicht hochgehalten und das heutige Straßenbild verdorben. Auch der einmal rund, einmal viereckig gedachte große Platz vor dem Palais, in den die Straße münden sollte, ist nicht angelegt worden.

Die andere Straße ist die heutige Hauptstraße. Sie sollte vom Tore herabkommen Bild 162 und sich dabei allmählich trompetenförmig in einer großartigen perspektivischen Augentäuschung erweitern. Die Öffnung dieser Trompete sollte in schöner natürlicher Weise der Markt unmittelbar hinter dem Brückenkopfe und ihr Fluchtpunkt an der Brücke das »Corps de Logis« sein. Dieses war als Wachthaus gedacht. Über einem breitausladenden Sockelgeschoß sollte sich eine ebene Terrasse erheben und auf dieser (nach dem ersten Plane Longuelunes, des Architekten dieses reizvollen Entwurfes) ein Obelisk mit dem Reliefbilde des Königs stehen. Der Obelisk wurde in einem weiteren Entwurfe durch das Reiterstandbild des Königs ersetzt. Auf der andern Seite dem Wachthaus entsprechend sollte in genau gleicher Architektur das Gegenstück errichtet werden, dessen Terrassengipfelung aber eine riesige Statue der Viktoria werden sollte.

Auch dieser große Architekturgedanke blieb zum besten Teil Papier. Zwar wurde mit dem Bau des einen (linken) der beiden Blockhäuser begonnen; als aber der Bau unvollendet geblieben war, wurde er später nicht in der beabsichtigten Form eines Denkmals, sondern, indem dem breiten Untergeschoß zwei niedrige Geschosse aufgesetzt wurden, als Zweckbau mit der Bestimmung von Wache und Kommandantenhaus vollendet. Die Errichtung des Denkmals auf dem Dache soll Kollegenneid hintertrieben haben. Das Gegenstück blieb stets unausgeführt.

In eben dieser Neustadt plante August auch den Umbau des alten »Jägerhofs«
Bild 163, 164 nach Plänen Pöppelmanns zu einem modischen Bau für fürstliche Vergnügungen.
Im Jägerhof hatte er seine Löwen, Tiger und Affen untergebracht, er wünschte eine
Arena, einen Tierkampfplatz sowie einen Reit- und einen Schießplatz dort zu haben,
Bauaufgaben, die Pöppelmann in dem mitgeteilten Entwurfe zu einer schönen Gesamtlösung vereinigte. Der Aufriß zeigt die ovale Arena der langen Achse nach und
die ansteigenden Sitze für die Zuschauer, die unter freiem Himmel lagen, durchgeschnitten. In der Mitte steigt die königliche Loge auf, deren graziöse Form an die
Pavillons des Zwingers erinnert. Die Anlage sollte auch einen Gondelhafen an der
Elbe umschließen. Nichts davon erlebte die Wirklichkeit.

SCHLOSS WILHELMSHÖHE BEI CASSEL

Man möchte glauben, das 18. Jahrhundert habe nur ein Ziel, die Kraft des Staates
in Tätigkeit umzusetzen, gekannt: zu bauen, zu bauen, wenn man die Baugeschichte
des Schlosses der Fürsten von Hessen-Cassel betrachtet. Eine ungeheure, fast unübersehbare Zahl von Plänen und Entwürfen sind vorhanden, es ist nicht leicht, das
Wichtigste herauszugreifen und in sinngemäßer Folge darzustellen.

Der Landgraf bewohnte unter dem hohen waldigen Hügelhang des Karlsberges
Bild 167 das bescheidene Schloß Weißenstein. Der römische Architekt Guerniero entwarf um
1700 dem Landgrafen Karl für die Ausgestaltung des Berges mit Wasserkünsten einen
Plan im italienischen Geschmack, der das für die monumentale Beherrschung einer
Landschaftsform durch den Architekturwillen gegebene, äußerst günstige Gelände
in bedeutender Weise auszunützen vorsah. Ein Wasserschloß auf der Höhe des Berges
mit einer Grotte im Halbkreis davor führte das Landschaftselement Wasser in die
großen Formen der Architektur ein. In drei großen Gruppen von vielstufigen Kaskadentreppen, die zweimal unterbrochen sind, das eine Mal auf einer höheren Bergstufe durch eine zentral-ebenförmige Anlage von Wasserbecken mit Lusttempel inmitten, das andere Mal auf einer tieferen Stufe durch eine breitgestreckte Terrasse
mit Springbrunnen, durch Ziersäulen, Riesenvasen und anderen Schmuck belebt, ist
die Anlage tektonisch gegliedert. Das Bild spricht für sich. Ausgeführt wurde von
diesen Gedanken fast nichts, Mangel an Mitteln war schuld, obgleich die Einkünfte des
Ringelsdorfer Kupferbergwerks, Abgaben aus der Biererzeugung und Erlös aus Waldverkäufen dafür bereitgestellt wurden. Der große Herkules mit der Brunnenanlage
Bild 165 am Kopfende aber wurde 1717 vollendet. Er krönt heute noch den Berg.

Trotzdem taucht 1720 ein noch größerer Gedanke auf, den der aus Holland
Bild 168 stammende Casseler Hofmaler Jan van Nikola in 8 Ölgemälden niederlegte. Die
Kaskadenanlage in Stil und Größe ungefähr wie die Guernieros, vor welche am Bergfuße ein riesiges Gartenparterre gelegt ist und ein Schloßbau von außerordentlichen

Ausmaßen. Davor liegt ein neues Gartenparterre, voller Wasserspiele, das sich nach dem tieferen Vordergrunde in geradezu fantastischen Anlagen von Terrassenbauten, Kaskaden, Treppen, Springbrunnen, künstlichen Hügeln mit Obelisken, Stützmauerungen mit Nischen und Figuren, Rasenflächen und See niederstuft. Eine Größe der Erfindung, wie sie wohl nirgendwo, geschweige denn in der landgrafschaftlichen Kleinheit Cassels Wirklichkeit werden durfte.

Über Entwerfen und Bauen an solchen Plänen, die nichts kosteten als Papier und Stift, Leinwand und Ölfarben, verging fast das ganze Jahrhundert. Die Gartenträume wurden verlassen, die Aufmerksamkeit wandte sich einem Neubau des alten bescheidenen Schlosses zu. Der erste Architekt Wailly, Schüler Blondels, hatte mit seinen drei Plänen 1785 kein Glück, auch nicht Jussow 1786 mit seinem großgedachten Plane klassizistischen Stiles, der als zu aufwendig abgelehnt werden mußte. Bild 166 Er verdient wiedergegeben zu werden. Er zerlegt das Schloß in zwei selbständige kuppelgekrönte Bauten in der Art der Potsdamer Communs. Säulenhallen verbinden sie. Säulenhallen schließen sich nach außen in Viertelkreisen nach vorn heraus an und knüpfen zwei niedrige wiederum gleiche Bauten an das Ganze, rechts das Kavalierhaus, links das Theater. In der Achse des Bauganzen und in der Mitte des mittleren Säulenganges steht ein Triumphtor. Nach dem Vordergrunde dehnt sich eine Rampenanlage, mit Kreisschleifen für Fahr- und Gehwege, um Bodenhohlformen hin; für das gedachte Ausmaß dieser Anlage gibt das Paar Propyläentore im untersten Vordergrunde den Maßstab. Palladios großer Geist schwebt über dem Werke.

Den Bauauftrag erhielt schließlich Louis du Rhy. Das alte Schloß fiel, mit den Seitenflügelschlössern wurde begonnen, die auf merkwürdigem halbovalem Grundriß an den zuletzt entstehenden Mittelbau — unter beständigem Ändern der Baugedanken — angeschlossen wurden. Jussows Gedanke zweier Schlösser, die Bauachse Bild 165 durch eine Zierarchitektur bezeichnet, spukt noch lange in Ideen, an Stelle des Mittelschlosses einen Obelisken, ein Denkmal für Karl, den Schöpfer der Kaskaden, auf einem Felsen zu errichten. 1801 war das Werk ausgebaut und vollendet, wie es heute dasteht, ein stattlicher Schloßbau, die Kaskadenanlage aber dürftig, das Ganze im Vergleich zu Nikolas großartigem Traum trotz allem nur kleine Wirklichkeit. 1798 Bild 168 wurde im Beisein des preußischen Königs der Schloßneubau eingeweiht mit Feuerwerk, Illumination und — Eruption des Vulkans.

Ja! Denn ist Cassel ein Beispiel für die Größe des Barockwillens zu bauen, so ist es auch eins für die Respektlosigkeit des Barocks vor der Natur. Ich kenne keine mehr ausgefallene Idee unter den Baugedanken als die, zum Genusse der Landschaft im Gesichtskreise des Schlosses einen »künstlichen Vulkan« zu bauen. Es ist ein Bild 161 feuerspeiender Berg über einem architektonischen Saal im Innern aufzuschütten. Das Untergeschoß dient »für Kalkbrennereyen, welche wechselweis immer den Rauch des Vulkans unterhalten, an der Zahl zehn«.

CUVILLIÉS

Keine Zeit ist architekturfreudiger gewesen als das 18. Jahrhundert, sicherlich ist in keiner eine größere Zahl kostbarer Kupferwerke entstanden, in denen ein Publikum, das Liebe und wahrscheinlich auch Verständnis für bauliche Erfindungen hatte, mit Behagen geblättert haben muß — wie hilflos steht heute das Publikum der Architektur gegenüber, die den traurigen Vorzug genießt, die unpopulärste Kunst zu sein! Dieser Zeitkonjunktur verdanken gewiß viele der bedeutenden Buch- und Bilderwerke ihre Entstehung, aus denen wir für dieses Buch mit so großem Nutzen schöpfen können. Von Cuvilliés bilden wir das merkwürdige Blatt mit der Idee einer Bild 169 »Fontaine des quatres parties du monde« ab, das vorzüglich gezeichnet rein als Bild einen Augengenuß bietet, wenngleich nie daran gedacht worden ist, dergleichen auszuführen. Es ist vom Architekten irgendeinem Grafen und Ordensobern gewidmet. (Um ihm Geschmack am Bauen zu machen oder nur zur Augenweide?) Es zeigt ein pantheonartiges Brunnenhaus von riesigen Ausmaßen, unter der durch eine lichte Laterne erleuchteten Kuppel steigt eine Wassersäule aus einer überquellenden Brunnenschale, die Wassermasse fließt nach den vier Seiten in breiten Kaskaden ab, die von Flußgöttern gehütet werden. Geistreich ist die Idee, durch einen Blitzstrahl eine Ecke des Baues niederzureißen und das Skelett der Konstruktion zu zeigen (auch dafür interessierte sich also das Publikum). Vier das Hauptgesims hoch überragende Trajanssäulen in den eingezogenen Ecken des Baues — solche Ziersäulen zeigt die Karl Borromäuskirche in Wien ausgeführt — tragen die Riesenallegorien der vier Erdteile (von Australien als Erdteil hatte man damals noch keine Kenntnis), von den zwei sichtbaren links auf dem Kamel den Orientalen, rechts auf dem Pferde mit Krone und Zepter anscheinend das damals die Welt noch beherrschende Europa.

Von diesem Cuvilliés zeigten wir einen größeren nicht ausgeführten Baugedanken Bild 143 früher.

Bild 171 bis 174
DIE STIFTE WEINGARTEN, KLOSTERNEUBURG, GÖTTWEIG
Text im »Nachtrag« des Buches

SCHÖNBRUNN

Maria Theresia zeigte in allem, was sie tat, die große Gebärde. In diesem Stile baute sie auch.

Wir bilden den ersten Plan des Fischer von Erlach für Schönbrunn ab, weil es nicht unnützlich ist, ihn neben das großartige Erinnerungsbild, das man vom heutigen Zu-
Bild 175 stande in sich bewahrt, zu halten. Nicht weil der heutige Zustand hinter dem Plane

zurückgeblieben wäre, aber man mag vom Gelungenen, das man bewundert, auch gern wissen, welchen Weg es durch das Geplante und Ungebaute bis zum glücklichen Zustande des Gebauten gegangen ist.

Das Schloß dieses Entwurfes ist niedriger als das gebaute, aber es sollte auf der Berghöhe an Stelle der heutigen Gloriette stehen. Den Hügel herab treppen sich nach diesem Plane ungeheure Terrassen mit gärtnerischem Schmucke, mit Wasserflächen, Brunnen und Kaskaden, mit Plätzen für ritterliche Spiele und einem Eingangstore mit zwei Trajanssäulen, eine Anlage, welcher Großzügigkeit und Großartigkeit nicht abzusprechen ist. In diesem Falle kann man freilich sagen: glücklich und gut für uns, daß man nicht so, sondern in der Weise baute, wie man es getan hat.

DER SCHLOSSENTWURF FÜR DÜSSELDORF

Jan Wellem, Kurfürst von der Pfalz und Herzog von Jülich und Berg, war schon kein ganz kleiner Potentat mehr, jedenfalls wollte er ein ganz großes Potentatenschloß haben. Seine alte Burg war eng und unerfreulich. Jan Wellem war auch einer der ersten, die Kunstwerke sammelten, was damals in Mode kam. Aber er hatte keine Räume, seine Schätze aufzustellen. Der große Rubens aus Neuburg mußte einstweilen in einem Kloster untergebracht werden. Er sammelte auch Antiken in Originalen und Abgüssen. Er wollte die Antiken auch auf seinen Düsseldorfer Plätzen sehen, nichts Geringeres sogar als den Reiter Marc Aurel vom römischen Kapitol und die Trajanssäule selbst! Die Originale zu bekommen, war natürlich unmöglich — dann mochten es Abgüsse sein, freilich nicht in wetterunbeständigem Gips, sondern in einer wetterfesten Mischung aus Stuck, Marienglas, Leim und Gips, welche scagliola hieß.

Also ein Schloßbau, der zugleich Museum sein kann. Aber sein Düsseldorf, das er gern auch mit römischen Foren und Wandelhallen geschmückt hätte, hatte, eng und rheinisch verwinkelt, für einen Bau von den zugedachten Maßen gar keinen Platz. Wir bauen eine ganze Neustadt vor den Toren und als architektonischen Gipfelpunkt dieser Neustadt die neue Residenz! Das Heidelberger Schloß war von den Franzosen zerstört, und das pfälzische Kurfürstentum brauchte einen würdigen Fürstensitz. Die Familie der italienischen Grafen Alberti nahm am Hofe einflußreiche Stellungen ein, Graf Matteo war in Paris als Architekt ausgebildet worden — er sollte entwerfen. Und er entwarf! Bild 133

Die Erfindungsgabe des Architekten war dem Größenwahn seines Fürsten gewachsen. Es entstand der Plan eines dreistöckigen Schlosses mit 8 Höfen, inmitten lag die gewaltige cour d'honneur, halboffen gegen den Rhein zu, auf den ein Prunktor in einer einstöckigen Galerie hinausging, auf deren flachem Altane man lustwandeln konnte. Der Bau übertraf an Erstreckung und, um einen Stock, auch an Höhe das Schloß von Versailles. In der Architektur im einzelnen verrät sich die französische Schule des italienischen Architekten. Solch ein Schloßflügel macht an das gewaltige Schloß denken, das Schlüter in gleicher Zeit für den ersten König in Preußen baute, aber der Düsseldorfer Bau bedeckt eine viermal größere Fläche.

Im Treppenhaus standen 158 Standbilder, vom Schlosse ins Land hinaus zogen Galerien mit Wandelaltanen gleich der kleinen gegen den Rhein, zwischen sich schlossen sie einen architektonisch-streng gezirkelten Garten ein, der gegen Gitter, Prunktor und Vorhof eines neuen, fast gleich großen Schlosses lief, das vielleicht für die Frau Kurfürstin bestimmt war ... nun ja, man freut sich, daß in bitterer schwerlastender schwerlebender Welt wenigstens die Fantasie süß, leichtlebig und leichtleibig ist, denn die Finanzen des Landes waren in schlimmem Zustande, übrigens wurde auch der Sitz des Kurfürstentums nach dem bald eintretenden Tode Jan Wellems nach Mannheim verlegt, und gebaut wurde von dem ganzen architektonischen Rauschgedanken — nichts.

DER »FÜRSTLICHE BAUMEISTER«

Paulus Decker war Pfalz-Sulzbachischer Architekt, Hofarchitekt in Bayreuth. Sein kleiner Fürst konnte ihm nichts Großartiges zu bauen geben, aber der Architekt hatte doch auch die Lust und, wie wir sehen werden, das Genie, sich an der baulichen Zentralaufgabe der Barockzeit, dem Fürstenschloß, zu versuchen. Er hat nun sein Schloß auf das Papier gebaut, das schönste und großartigste Barockschloß der großartigen Epoche, hinter dem selbst die Bauten der damals mächtigsten und reichsten Könige und Kaiser, das Versailles Ludwigs XIV. und das Schönbrunn der Maria Theresia zurücktreten müssen. »Fürstlicher Baumeister« heißt das mächtige Kupferstichwerk, in dem er den hohen Schwung seiner Fantasie eingefangen hat.

»Fürstlicher Baumeister oder Architectura Civilis, wie Großer Fürsten und Herren Palläste / mit ihren Höfen / Lusthäusern / Gärten / Grotten / Orangerien / und anderen darzu gehörigen Gebäuden füglich anzulegen / und nach heutiger Art auszuzieren; zusamt den Grund-Rissen und Durchschnitten / auch vornehmsten Gemächern und Sälen eines ordentlichen Fürstlichen Pallastes.« So das Titelblatt. Anno 1731.

Zunächst tut uns ein Überblick not, damit wir uns nicht geistig in der prunkvollen Weiträumigkeit, Weitläufigkeit verirren: Vorne ein gewaltiges Prunktor zwischen herausgetriebenen Architekturkurven eines ersten, eines Vor-Vorhofes. Fürstliche Sechsergespanne fahren darauf zu. Seitliche Vorhöfe zu den Eingängen der Schloßflügelköpfe, wo rechts und links auch die zwei Schloßkirchen liegen, lassen wir unbeachtet. Im Vorvorhofe stehen rechts und links vielstöckige breitausladende Glockentürme. Des Fürsten Denkmal im Hofe. Durch ein neues Tor in eingezogener Kurve einer neuen Prunkmauer treten wir in den Vorhof. Rechts und links erstreckt sich die Front des Schlosses, vor- und rückwärts in plastischen schattenwerfenden Flügeln, Säulenrisaliten und Fassadenflächen eines neutralen Grundtons. Wir treten zunächst nicht in das Innere des Schlosses aber in den Garten. Eine weite Landschaft ist ihm unterworfen. Zunächst vor uns sind weite, sogenannte Parterres für Blumen, im ersten Grunde von streng architektonischer, im zweiten von spielerisch-fantastischer Zeichnung. Wasserstarke Brunnen darin. Rechts und links um eines Stockwerks Tiefe versenkte Gärten, Grottennischen in den Geländestützmauern, Blumenbeete, Wasserbecken, Brunnen mit Springwasser und Fallwasser, stattliche Treppen. Rechts und links Labyrinthe oder Irrgärten aus geschnittenen lebenden Hecken, rechts in rechteckigen, links in Grundrißformen aus dem Kreise. Tiefe und dichtgereihte grüne Tunnels aus lebenden Hecken. Weitläufige geschlossene Raumgevierte mannigfaltiger Grundrisse mit Brunnen oder Kuppelbauten inmitten. Zwischen architektonischen Terrassenstützmauern geht es über eine breite Treppe auf die höhere Geländestufe hinauf. War der Ausblick bis jetzt umstellt, so öffnet sich ihm nun die Weite. Hinter Baumpflanzungen in streng zugemessenen Gevierten zieht quer ein Kanal von der Breite eines Flusses, mit Kähnen und Fahrzeugen belebt. Der Kanal biegt in rechten Winkeln fern in der Landschaft vor und zurück. Wir lassen uns übersetzen — rechts und links stehen am Wasser kleinere Schlösser, jedes für einen anspruchsvollen Hofhalt ausreichend. Zwischen Nischenmauern geht es an einer rauschenden Gleitwassertreppe von sieben Stockwerken eine neue Geländestufe hinauf zu einem breit hingesetzten, die Blickrichtung in der Hauptachse abschließenden zweistöckigen Gartenschlosse. Von der Terrasse vor ihm sehen wir über die sich ins Land hinaus verlierenden Wälder Kirchen ragen, von denen rechts noch eine Dorfkirche durch eine breitzugeführte Straße in den die Landschaft beherrschenden Architekturwillen dieses Schlosses und dieses Gartens herrisch einbezogen und zur architektonischen Wirkung herangeholt wird.

Die Ohren voll von Wasserrauschen, angenehm erfrischt von Wasserkühle kommen wir in Schloß und Vorhöfe zurück, um nun die Einzelheiten des Architekturwunders zu genießen. Das Prunktor, »Großer Sieges Bogen oder Ehren Porte«, wie der Architekt will, ist eine fünfpfortige Arkade, eine eingezogene Kurve mit verkröpften Pfeiler- und Säulenstellungen, mit einem Tabernakel, in dem ein Reiterstandbild steht, auf dem Hauptdurchlaß, Trophäen mit Sklaven von der Sixtinischen Decke am hohen Sockel, mit Figurennischen, Bildnisbüsten, Medaillons, historischen Bildern in Relief oder Mosaik, die Attika über dem Hauptgesims wimmelnd von Genien, Engeln und Erzengeln, die in pathetischen Darstellungen die Sinnbilder der Zwietracht zertreten. Neben dem Tabernakel steigt bronzener Weihrauch aus monumentalen Kugeln, Engel und Putten bekränzen das in einer Wolke aus Marmor schwebende Medaillon des Fürsten, und über einer Weltkugel im Lorbeerkranze steht ein Genius mit der Krone in hocherhobenen Händen. *Bild 176*

Im Vorhofe stehen die Türme, dienend als Uhrtürme und, wie die Unterschrift sagt, »zu Glockenspiel und Lustwassern«, fünfgeschossig, zurückspringende Stockwerke, die Architektur aus- und ein-, darüber entsprechend ein- und ausbauchend. Ein vielglockiges Spiel im obersten. Unten die vier »Lustwasser« — sie sind ähnlich den irgendwo freistehenden »Lustbronnen«, von denen die drei schönsten gezeigt werden. Der erste *Bild 177*

75

Bild 178 ist ein Musenbronnen. Die Musen sitzen verstreut in dieser nassen Welt. Man beachte die Druckkraft dieses Wassers: dicke Säulen steigen aus Muschelschalen auf, der Tuba-Ton der geflügelten Fama stößt als ein gerader gediegener Wasserstrahl auf die Wasserumkehrfläche der Säule, ebenso der Schrei des Adlers auf der andern Seite. Der Bild 179 andere ist der Götterbronnen — Glaskugeln tanzen auf der Wasserumkehrfläche und fallen nie herunter. Der dritte Bronnen hat den Kampf der Lapithen und Kentauren Bild 180 zum Vorwurf: der hydraulische Druck des Wasserwerkes für diese Wasserkünste ist so stark, daß nicht nur der Tuba-Ton massiv wird sondern daß Zeus aus jeder Hand drei Blitze von dicken Wasserstrahlen massig wie Lanzen herabschleudern kann.

Bild 181   Man führt uns ins Innere des Schlosses. Der Speisesaal ist so groß, daß die Speisen schon kalt sein werden, wenn sie auch nur von der Saaltür bis zum Tische in des Saales Bild 182 Mitte getragen wurden. Man zeigt uns auch des Fürsten Schlafalkoven: man glaubt in weitläufigen Kirchenhallen zu sein, wo in einer fernen Kapelle irgendein riesiges Ziborium steht, von lebensgroßen Freifiguren von Engeln umstanden — aber es ist Bild 183 nur des Fürsten Bett. Vollends aber im Audienzsaale! Das ist der reine Kirchenraum. Bild 184 Wer den Grundriß ansieht, wird es nicht bestreiten können. Der Thron steht nicht im Saale sondern in einem Chore, zu dem man in zwei Absätzen auf 7 Stufen hinansteigen muß. Am Eingang zwei lebensgroße Sinnbildfiguren, vielleicht Wahrheit und Gerechtigkeit. In der Tiefe dieses Chores und noch in einem Chörchen am Chore, zugänglich nur auf 8 Stufen wieder in zwei Absätzen, von einem Paar von Säulendrillingen flankiert, steht endlich der Thron da, so von Genien umschwebt wie man es auf den Altären des üppigsten Jesuitenbarocks zu sehen bekommt. Und wer nun noch zweifelt, daß hier einem Gott-König der Stuhl bereitet ist, der beachte die Lichtführung: draußen im Raume, wo alles Publikum bleibt — denn sicher muß der Audienzsuchende auf dem Stufenpostamente vor dem Eingang ins Chor stehen bleiben —, kommt das Licht wie in gewöhnlichen Menschenwohnungen unseres Klimas von rechts her durch Fenster aus der Wand, im Chore aber fällt es von oben durch eine Laterne in der Kuppel, sicher durch eine gelbe Scheibe wie in Kirchen der Asam, ein goldenes Licht aus des Himmels Höhe!

Ich meine wohl, niemals habe ein Architekt die Idee des absoluten Königtums von Gottes Gnaden mit den Mitteln des Raumes deutlicher und sinnlicher gestaltet. Schade nur für Paulus Decker, daß er etwas zu früh geboren wurde; wäre er zwei Jahrhunderte später gekommen, er hätte seinen Mann gefunden und wäre überreichlich beschäftigt worden...

Bild 175   Wir aber gehen wieder ins Freie. Wir verlieren uns in die Laubkammern, in Irrgärten, grüne Loggien und Stakett räume. Aber immer bleiben wir in Architektur! Denn freie Natur, ihre heimlichen Reize und die Erfindungen ihrer großen Wunder, vor denen der Mensch demütig wird, gibt es in den Gärten nicht, hier gibt es nur die vom stolzen ordnenden anordnenden waltenden verwaltenden Menschen völlig beherrschte Natur. Natur Magd der Architektur! Baublöcke statt aus Steinen aus Bild 185 Zweigen und Blättern — man sieht sie in den herrlichen Gärten von Schönbrunn und in den Boboligärten von Florenz. Aber was die Habsburger Kaiser und die Tos-

kaner Herzöge dort anlegten und wachsen ließen, ist nur eine schwache Ahnung von
dem, was des Decker blühende, durch keine Hemmungen und Rücksichten der Wirklichkeit gefesselte Fantasie auf seine Blätter zaubert. In lauschigen Grünkammern,
in Stakettnischen der Grünkammern rauschen Brunnen, in einem noch intimeren Bild 185
Kleinraume stehen wieder steif seine Springwassersäulen — überhaupt, was bist du Bild 186
für ein Herrscher im Nassen und ein Banner des flüssigen Elementes! — in eine
Kleinkammer können wir uns flüchten, aber 10 aus ihr hinausführende grüne Gassen Bild 187
lassen keinen Augenblick das Gefühl der Beengung und Gefangenschaft aufkommen.
Das Schönste aber ist der grüne Großraum! Inmitten architektonisch versenkt, Bild 188
vom Kranze eines halben Hunderts dick-steifer Wassersäulen umrahmt liegt
ein Teich, Brunnen darin, Wasser in Wasser, und in des Teiches Mitten eine architektonische Insel mit einer schönen nach den vier Winden offenen Säulenhalle, zu der
man nur durch Schiffahrt gelangen kann. Dort im Schatten mag es schön verweilen
sein an den wenigen glühenden Sommertagen des allzu gemäßigten Klimas unserer
Breiten. Ist aber in Hundstagen die Halle allzu glühender strömender Luft offen,
so wissen wir im letzten Winkel des Parkes einen Ort, ein Haus, einen ganz kleinen
Palast der Kühle: das Grottenhaus, außen von stattlicher repräsentativer Steinarchi- Bild 189
tektur, innen aber von spielerischer Muschelwelt, eine Halle, in die wenig Licht dringt, Bild 190
in deren Mitte aus weiten Brunnenbecken wieder die dicken Wassersäulen aufsteigen
und wo in Apsiden auf Postamenten mit flächenhaft gleitendem Wasser nackte
Göttinnen in der Schönheit ihrer Leiber prangen...

DAS SCHLOSS IN SCHLEISSHEIM

Auch die bayerischen Kurfürsten wollten ihr Versailles haben. In Schleißheim
sollte es erstehen. Die Möglichkeit, großartige Zieranlagen im Wasserbau zu schaffen,
bot der Wasserreichtum der die Münchener schiefe Kiesebene parallel zueinander
hinuntereilenden Voralpenflüsse. Die Würm und die Amper, aus dem Würm- und
dem Ammersee kommend, fließen westlich von der Isar in gleichgerichtetem nördlichen Laufe. Die Würm wurde, in der Art wie man es heute zu dem praktischen
Zwecke der Kraftversorgung einer Landschaft macht, mit dem idealen Ziele der
Landschaftsverschönerung bei Allach, die Amper bei Dachau durch je einen Kanal
angezapft (wie man es schon für die Wasserkünste von Nymphenburg getan hatte, als
man südlich von Allach die Würm bei Pasing anzapfte und den Kanal grub, der durch
die Nymphenburger Gärten zieht und über den öden Exerzierplatz des Oberwiesenfeldes weg die Isar in der Hirschau erreicht). Die beiden Kanäle treffen sich in Schleißheim, bewässern die Gärten und entwässern unterhalb Ismaning in die Isar. Glücklich, daß wenigstens die Kanäle gebaut wurden und wasserreiche Gartenparadiese
an ihnen und durch sie entstanden, denn von den großgedachten Bauanlagen wurde

Bild 191 in Schleißheim nur ein Teil der Pläne ausgeführt. Heute stehen sich in Schleißheim zwei Schloßbauten gegenüber, ein kleines (westliches) älteres Schlößchen des Herzogs Wilhelms V. und der große (östliche) Schloßbau des Kurfürsten Max Emanuel. Es war aber geplant, ein großes Schloßviereck zu schaffen, auch die Nord- und Südseite durch Schloßflügel zu schließen. Geldmangel und die politischen Ereignisse (der spanische Erbfolgekrieg, die unglückliche Schlacht von Höchstädt) machten die Pläne bescheidener. Der Gedanke, die Nord- und Südseite statt durch Schloßbauten durch Galerien zu schließen, wurde zuletzt abgelöst durch den, es bei dem bestehenden Ostbau zu belassen, mit dem wir uns heute zufriedengeben müssen.

MEISSONNIER

Das Rokoko war immer nur ein Zier-, nie ein eigentlicher Baustil. Wenn es baut, bedient es sich der Formen des Barocks, freilich eines sehr gedämpften und klassizistisch gefärbten Barocks. Nicht ein Bauwerk ist in reinen Rokokoformen ausgeführt worden (das heißt so, daß die Rokokoform Bauform nicht nur dem Bau angehängte Zierform war), denn wenn es etwa einmal geschehen wäre in der Weise,
Bild 192 wie der Rokokomeister Meissonnier es auf dem beigefügten Bilde eines Brunnenhauses fabelt, so wären eben — nur Barockformen herausgekommen. Das Rokoko ist ein Barock in Minuskel, das Barock ein Rokoko in Majuskel.

PIRANESI

Den Ruhm, Architekturzeichner aus Leidenschaft für das Architekturzeichnen gewesen zu sein und die schönsten Architekturzeichnungen geschaffen zu haben, genießt wohl für alle Zeiten der Venezianer Piranesi. Er ging nach Rom, und nachdem er dort die für die Architekturzeichnung besonders wirksame Kupferstechkunst erlernt hatte, schuf er, um dem ungeheuren europäischen Interesse am wiederentdeckten Altertum dann aber auch an schönen Architekturbildern zu dienen (für rein archäologische Zwecke hätten sie weniger aufwendig sein dürfen), ein auch heute noch so unentbehrliches wie genußvolles Bilderwerk über die römischen Altertümer, 2000 Tafeln in 29 Foliobänden. Ein Staunen der Mit- und Nachwelt! Mit diesem Werke haben wir es nicht zu tun. Man kennt Piranesi als den Zeichner fantastischer Architekturen und wird glauben, er habe in diesen Fantasien sein Genüge gefunden. Aber welcher Architekt wird nicht die Lust verspüren, statt immer nur auf dem Papier zu bauen wirklich einmal zwei Formsteine zum Zwecke sinngemäßen Bauens aufeinanderzulegen? Auch von Piranesi wird berichtet, daß er gern etwas von seinen Erfindungen gebaut gesehen und daran gelitten habe, daß ihm nie ein Bauauftrag zufiel. Es ist festzuhalten, daß rein technisch auch seine fantastischen Architekturen hätten ausgeführt werden können (wie wir überhaupt aus diesem Werke ja das bautechnisch Unmögliche als Spielerei grundsätzlich ausschlossen).

Da sind seine berühmten Carceri! Gebäude von einer im wörtlichen Sinne furchtbaren düstern Wucht und Größe. Es sind nur die Treppenhäuser der Gefängnisbauten gegeben, von denen wir einige wenige abbilden können, ein weitläufiges Durcheinander von Treppen, Podesten, Bögen und Gewölben in Bruchstein und Ziegelmauerwerk, zu denen er sich die Anregungen in den Theaterruinen aus der römischen Kaiserzeit holte. Sparrenwerk aus Holz, riesige Krane, Eisenringe und Laternen geben das stimmungtragende Füllsel und Beiwerk ab. Die riesigen Ausmaße werden durch die beigefügten Personen erkannt. Von den vielen in »Aquaforte« ausgeführten Blättern wählen wir nur zwei, neben ihnen bilden wir eine vorzügliche Handzeichnung in Tinte für das Äußere eines solchen festen Bauwerkes ab. Bild 193, 194

Bild 195

Piranesi kam anderthalb Jahrtausende zu spät, ein Diokletian hätte ihn sicher ein römisches Bad bauen lassen, wenn er ihm einen Entwurf wie den des abgebildeten »antiken Bades« vorgelegt hätte. Die Konstruktion des Baues mit seinen Riesentonnen auf Bogenstellungen, einschneidenden Fensterlünetten und den durchbrochenen Pfeilern ist durchaus römisch und antik, antikisch aber im Sinne des in der zweiten Hälfte von Piranesis Jahrhundert aufkommenden Klassizismus ist die Dekoration, sind namentlich die streng griechischen Tempelfronten als Trage- und Zierstücke der Pfeilerfüße mit den durchbrochenen Gesimsen und den in die Giebelfläche einschneidenden Flachbögen. Die festen gedrungenen Steinsäulen dieser Tempelfronten wären wohl imstande gewesen, die auf ihnen ruhende Pfeiler- und Gewölbelast zu tragen. Man übersehe nicht die Riesentreppen des schrägen Hintergrundes mit dem Menschengewimmel auf ihnen, die sich auf eine große Piazza öffnen, sie sind der Maßstab für die außerordentliche Raumgröße dieser Erfindung. Bild 196

Wenn wir doch von Piranesis Kupferstichen, die antike Stoffe zum Vorwurf haben, zwei abbilden, so geschieht es deswegen, weil sie als »Visionen« bezeichnet sind. Die »Vision der Via Appia« ist eine ungeheure und vielleicht ungeheuerliche architektonische Schau, wenn man sie mit archäologischen Augen ansieht. So sehr die Via Appia in imperatorischer Zeit ein Museum von Gebäudeallerlei gewesen sein mag, so vollgehäuft von Grabbauten, Kolumbarien, Statuen, Bildnissen, Reliefplatten, Denksteinen, Dreifüßen, Säulen, Obelisken u. s. f. wie der Kupferstich sie zeigt, ist sie nie gewesen. Auch gab es auf ihr in der Nähe Roms — nur diese kann der Zeichner im Auge gehabt haben — nirgendwo die Geländeform einer engen Schlucht, welche dem Künstler Anhäufung und Aufbau dieses antiken Zierwerkes möglich machte. Aber wer will leugnen, daß mit Mitteln der Architektur ein fast unübertrefflich malerisches Bild erstanden ist, und wer fühlt nicht die leidenschaftliche Liebe zur Architektur, welche dem Künstler die Nadel geführt hat? Nicht anders steht es mit der »Rennbahn«. Zwar ist die Örtlichkeit ziemlich treu wiedergegeben, Bild 197

Bild 198

79

es ist zweifelsohne mit ihr das Tal gemeint zwischen Aventin und Palatin, in dem der Circus maximus sich erstreckte. Der Palatin mit seinen Terrassenbauten und den Kaiserpalästen erscheint im schrägen Hintergrunde.

»Vision« im eigentlichen Sinne und am meisten Architekturgedicht — doch in immer noch baubaren Architekturformen — ist der »fantastische Landungsplatz«. Auch da erkennt man einzelne Architekturwerke, welche den Künstler angeregt haben: das Marcellustheater und das Flavische Amphitheater, Tempel vom Forum und die »Rostra« mit den Schiffsschnäbeln. In der linken Mitte steht ein Denkmal in Gestalt eines Sarkofags in Formen des Zopfstils, der zu Piranesis Spätzeit herrschenden »Moderne«. Und im übrigen muß die zweifellos großartige Erfindung für sich selbst sprechen und kann es auch.

Bild 199

DAS SMOLNYSTIFT IN PETERSBURG

Der große Barockmeister Petersburgs ist Graf Rastrelli, der mit seinem Vater auf Veranlassung Peters des Großen nach Rußland kam und nach Peters Tode unter den Kaiserinnen Anna und Elisabeth eine großartige Bautätigkeit entfaltete. Er baute wie für den Hof so für Adel und Klerus. Er war außerordentlich beschäftigt. Er baute auch das große Smolnystift in Petersburg, aber die Kathedrale wurde erst siebzig Jahre nach seinem Tode und in etwas veränderter Form, der gewaltige, die ganze Baugruppe majestätisch überragende Glockenturm aber nie aufgerichtet, und man muß ihn aus dem Bilde zu den breitgelagerten Baumassen des Stiftes sich hinzufügen, um die Größe des Baugedankens Rastrellis kennen zu lernen.

Bild 200

DAS DENKMAL FRIEDRICHS DES GROSSEN IN BERLIN

Als Friedrich 1786 gestorben war, lag sein Schatten noch lange fühlbar auf der Zeitgeschichte. Kein Wunder, daß in der Hauptstadt Preußens, das durch ihn sich behauptet und eine europäische Großmacht geworden war, bald der Gedanke auftauchte, das Gefühl der Verehrung und Dankbarkeit durch ein des Toten würdiges Denkmal vor Mit- und Nachwelt auszudrücken. Groß, gewaltig mußte es werden, das war keine Frage. Die Zeitströmung und der Stilgeschmack kamen dieser Forderung entgegen. Man hatte allmählich erfahren, daß nicht das römische sondern das griechische Altertum die wahre Antike enthielt, eine zweite Renaissance der Antike brach an. Antike Ideen, antike Riesenideen erhoben sich wieder. Die im ersten Bildblatte dieses Buches gezeigte taucht in neuer Gestalt und mit Beziehung auf den

Bild 1

Alexander des Zeitalters auf in der Äußerung der Architekten Joh. Jak. Atzel: »Friedrich der Einzige war ein Koloß unter seinen Zeitgenossen, sein Denkmal muß also eben das sein — er sitzt auf einer Felsenmasse groß wie der Fels unter ihm, mit entblößtem Haupte ins Universum schauend.« Im selben Jahre 1796 forderte der Schriftsteller Kraus, man solle die Asche Friedrichs im Kreuzberge, der sich über das Tempelhoferfeld etwa 50 Meter hoch erhebt, beisetzen und den Berg selbst zu einem Denkmal umwandeln. Bach und Berkowitz dachten sich eine Pyramide im Grunewald an der Havel errichtet »so groß wie sie bis jetzt Europa noch nicht sah«. Ludwig Catel plante einen Ehrentempel für Friedrich, im Tiergarten auf dem großen Stern zu errichten, mit Triumphbogen auf der Straße zwischen Berlin und Potsdam. (Solche Ideen waren nicht auf Berlin beschränkt: Napoleon träumte von einem dem Ruhme der großen Armee zu errichtenden Denkmal: auf marmornen Tafeln sollten die Namen aller zur Armee Gehörigen, auf goldenen aber die der Gefallenen verzeichnet stehen. Sobre entwirft in Gedanken einen Tempel der Unsterblichkeit in den elysäischen Feldern: inmitten eines Sees wäre ein riesiger Bau in Halbkugelform zu errichten, der mit seinem im See erscheinenden Spiegelbilde für das Auge sich zur Weltkugel ergänzen würde.)

Geist von diesem Geiste zeigt das Denkmal, das Friedrich Gilly für Friedrich auf Bild 201 dem Leipziger Platze in Berlin errichten wollte: auf einem zyklopischen Unterbau mit geböschten Mauern aus dunklem Stein, in dessen Innern Friedrichs Sarg aufzustellen, seine Bibliothek unterzubringen und ein Museum Friedericianum einzurichten wäre, über weitläufige Prunktreppen zu erreichen, erhebt sich ein dorischer Tempel strengen Stils in hellem Stein, mit einem metallenen Dache gedeckt (ein »Hypäthraltempel« mit Lichtzufuhr durch eine Öffnung im Firste, wie man sich lange die griechischen Tempel erleuchtet gedacht hat), darin das Sitzbild Friedrichs als Jupiter auf hohem Sockel. »Nicht korinthisch,« sagte Gilly selbst, denkt er sich den Bau, »nicht reiche Pracht. Die Würde des Gegenstandes setzt an sich alles hinter und unter sich. Die einzige Pracht in einfacher Schönheit. Groß auch im Maßstabe. Billig das Größte in der Stadt. Von der Terrasse vor dem Tempel würde man die Friedrichstadt haben überschauen können. Die Leipziger Straße, in deren Achse der Bau zu errichten wäre, läuft in einem Tunnel unter dem Denkmal durch und tritt durch ein Triumphtor von zyklopischer Form, das durch eine Siegesquadriga zu krönen wäre, aus der Stadt hinaus (ins damalige Freie, heute auf den Bild 203 Potsdamer Platz). Sechs Obelisken fassen den Lauf der Straße ein. Wasserspeiende ägyptische Löwen liegen vor schönen Gebäuden, die Gilly in Beziehung zur Platzarchitektur stilstreng formt — an der für den hinteren vorgesehenen Stelle erhebt Bild 204 sich heute das Warenhaus Wertheim.

Großgedacht ist auch die Idee von Friedrich Gentz. Er hat sich als Ort für seinen Bild 205 Denkmalbau den Opernplatz ausersehen. Er will »einen runden Tempel errichten aus weißem Marmor, dessen reichverzierte Kuppel auf einer doppelten Säulenreihe ruht, auf einem viereckigen Untersatz. Die bronzene Statue des Königs auf hohem Sockel. Die Weihealtäre auf den Ecken der Plattform von König und Vaterland dem

Genius des Verstorbenen errichtet. An jeder Ecke des Untersatzes auf den untersten Stufen liegt ein ägyptischer Löwensphinx als Symbol der erhabenen Ruhe«. Die Straße Unter den Linden hätte in einem Tunnel im Untersatz des Monumentes durchgeführt werden sollen. Vier Gebäude mit Kolonnaden flankieren es, in ihnen wäre eine Artilleriewache, ein Kaffee-, ein Speisehaus und Kaufläden unterzubringen gewesen. Auch von Friedrich Wilhelm IV. gibt es einen für diesen Platz bestimmten Entwurf, auf den wir in anderem Zusammenhange zurückkommen.

Schinkel denkt sich das Denkmal errichtet auf dem Platze links neben der Schloß-
Bild 206 brücke, wo diese auf den Lustgarten mündet. (Im Hintergrunde erscheint eine Bauecke von Schinkels Altem Museum.) Ein Reiterdenkmal mit dem jugendlichen Alexander-Friedrich auf hohem reliefgeschmückten Sockel. Auf Wänden, im Hufeisen herum errichtet, sind Bilder aus Friedrichs Geschichte angemalt, die durch dorische Säulenhallen gegen die Witterung geschützt werden.

Bild 207 Monumentaler ist der Entwurf, den Schinkel für denselben Lustgarten, aber für die Stelle der abzubrechenden alten Teile des Schlosses neben die Gartenfassade des Schlüterschen Schloßbaues zeichnet: wieder das Denkmal in Hufeisenform, diesmal Friedrich zeigend als Triumphator auf einem Viergespann, wieder die bildergeschmückte Säulenhalle; aber sie ist jetzt nur Unterbau für eine Terrasse, auf der ein Tempel stehen würde und gar wie auf den Mausoleumsbauten römischer Kaiser Baumhaine zu pflanzen wären.

Das alles blieben architektonische Träume. Der bescheidenste Entwurf ist der
Bild 202 von Langhans, der an den Eingang der Linden einen Rundtempel aus zwölf Säulen und dem Standbild des Königs unter der römischen Kuppel errichten möchte. An dieser Stelle entstand vier Jahrzehnte nach jenen ersten, an jenen fantastischen Plänen gemessen das bescheidene Denkmal Friedrichs von der Hand Rauchs, eine immer noch stattliche und im Plastischen glückliche Arbeit, nicht unwürdig des Dargestellten.

UNGEBAUTES VON SCHINKEL

Schinkel ist ein Künstler, der seinen Ruf als eines großen, als eines der größten deutschen Architekten durch die Zeiten sicherlich behaupten wird. Auch als Mensch und Karakter ist er eine außerordentlich sympathische Erscheinung. Daß er in eine für die deutsche Kunst, für die aufwendigste Kunst, die Architektur, sehr ungünstige Zeit, in die des niedergeworfenen und sich langsam wiederaufrichtenden Preußens hineingeboren wurde und sich zu behaupten wußte, bringt ihn gerade unserem Verständnis nahe. Erklärlich, daß gerade von ihm als Erscheinung jener Zeit viele und gar die schönsten Pläne, von denen wir einige zeigen wollen, auf dem Papier blieben.

Bild 206, 207 Im Anschluß an seinen klassisch-römischen Plan der Friedrichmonumente wollen wir zuerst seine Entwürfe im klassischen Stile betrachten, was entgegen der Geschichte seiner Kunst geschieht, in deren zweite Hälfte sie vorwiegend fallen. Die seiner romantischen (vorwiegend ersten) Epoche sollen an den Schluß der kleinen Darstellung Schinkels gesetzt werden.

1830, als Schinkel die Genugtuung hatte, sein schönes »Altes Museum« in Berlin vollendet zu sehen, entwarf er ein stattliches Palais für den Prinzen Wilhelm, den Bild 208 späteren Kaiser Wilhelm I., gedacht für die Straße Unter den Linden und die Stelle, wo später der bescheidene Bau mit dem berühmten Fenster zu stehen kam. Über einem Rustikadoppelgeschoß erhebt sich in der Mitte ein mit einer stattlichen Tempelvorhalle geschmücktes Obergeschoß, auf den Ecken der Komposition zwei mächtige dreistöckige Türme mit Säulenumlauf, bei deren Erfindung das römische Septizonium des Septimius Severus Pate gestanden haben mag. Mit der Ungerschen freien Kopie nach Fischer von Erlachs Wiener Hofburgplan daneben würde es eine schöne Baugruppe abgegeben haben — gebaut wurde nach diesem Plane nicht, vielmehr ein paar Jahre später wie gesagt der bescheidene Bau von Langhans an dieser Stelle errichtet.

Als Langhans zu bauen begann, 1834, entwarf Schinkel den großartigen Plan Bild 210, 211 eines Schlosses für König Otto von Griechenland, das auf der Akropolis, mit Schonung und Einbeziehung der heiligen griechischen Altertümer, hätte errichtet werden sollen. Ein Standbild der Athena in der Nähe des Aufgangs hätte er wieder aufgestellt, an die Erechtheionruine (im oberen Bilde hinter dem Sockel des Athenabildes) hätte sich ein monumentales Prunktor angeschlossen, das in innere Gärten und die Hauptempfangshalle geführt hätte. (In dieser Halle war ein offener, aber mit Zierwerk verkleideter Dachstuhl aus Eisenkonstruktion, für die damalige Zeit eine Neuerung, vorgesehen. Er wurde von Stüler im Treppenhause seines »Neuen Museums« in Berlin nachgebildet.) Gegen das andere Ende des Burgfelsens sind die Privaträume und Privathöfe verlegt, auf der berühmten Kimonischen Mauer gibt ein zum Privatteil des Schlosses gehöriger Säulenwandelgang den Blick frei auf den Hymettos (unteres Bild). Die Pläne erregten bei ihrem Bekanntwerden einen wahren Enthusiasmus, heißt es, die Ausführung unterblieb aber wegen Wassermangels auf dem Burgfelsen, heißt es — Gottseidank! werden wir aus verändertem Verhalten zum Altertum heraus sagen, und diesmal betrachten wir auf dem Papiere ein Stück ungebauter Architektur ohne Bedauern.

Bedauern aber, herzliches Bedauern empfinden wir bei Betrachtung des akademisch gebliebenen Entwurfes eines Sommerschlosses für die russische Kaiserin, der für ein Kap an der Krim über dem Schwarzen Meere als Bauort erdacht wurde. Schinkel Bild 212 entwickelt der Auftraggeberin, der russischen Kaiserin, der Tochter der Königin Luise, seine Leitgedanken beim Entwurfe dahin: »Das Schloß zu Orianda am Gestade der Krim, dessen Lage mich die Gnade Ew. Kaiserlichen Majestät durch schöne Zeichnungen kennen lehrte, begeistert mich ebenso, wie die hohen Personen des Kaiserhofes, welche dort den Wohnsitz nehmen sollten, für die Aufgabe, die ohnehin schon, wie sie gedacht war, für den Architekten das Reizendste ist, was er zu wünschen in sich fühlt. Der Gegenstand in den edelsten Formen des klassischen Altertums von Ew. Kaiserlichen Majestät gewünscht, war mir ein Wink, den ich dreist zu benutzen wagte. — Dieser ganz ideale Stil ist aber mit vielen neuen Lebensverhältnissen ganz direkt in Widerspruch; er mußte also vermittelnd modifiziert werden, und wie mir diese Aufgabe gelungen, muß ich dem gnädigsten Ermessen Ew. Kaiserlichen Majestät lediglich anheimgeben. — Im allgemeinen bemerke ich unterthänigst über die dabei leitende Idee, daß die prächtige, freie Lage auf malerischer Höhe am Meere, gerade wegen der reizenden Verführung, den Geist immer nach außen hin ausschweifen zu lassen, es mir als dringende Notwendigkeit erscheinen ließ, dem Palaste ein gehaltvolles Inneres zu verleihen, dessen Reize einen Charakter von Heimlichkeit verschafften, womit sich zugleich eine verschiedenartige Charakteristik der nebeneinanderliegenden Zimmer verbinden ließ, wie es die Säle der Reception durch die angeordneten Aussichten im Plan angeben. — Der zweite Hauptteil, der Kaiserliche Hof, ist von so angemessener Größe, als das bestimmte Bergplateau es irgend zuließ. Er ist umgeben mit einem Portikus aus achteckigen Pfeilern, der eine schöne Promenade ringsum bildet. Diese Pfeiler sind auf mannigfaltige Weise in musivischer Kunst geziert, eine Art, die bisher nur in maurischen und indischen Bauwerken bemerkt wurde, neuerdings aber auch in einem Atrium in Pompeji gefunden ward und wieder beweist, daß beinahe keine architektonische Schöpfung gefunden werden kann, die sich nicht schon in der alten klassischen Kunst fände. — Die Mitte des Kaiserlichen Hofes füllt ein Unterbau, auf dessen Plattform sich ein vermittelst großer Spiegelscheiben fast durchsichtiger Pavillon in Tempelform erhebt und dadurch das eigentümliche russische Kunstprodukt glänzend geltend macht. Dieser Tempel war als Krönung des ganzen Baues und um die einfachen langen Linien der griechischen Architektur malerisch zu unterbrechen ganz unentbehrlich. — Im Äußeren sind Portiken aus Säulen und Karyatiden nach den schönsten griechischen Mustern gebildet, und überdies der uns bekannte Schmuck der alten Tempel, vergoldete Dachziegel aus Metall, Terrakotta oder Glas, sowie die großen, in bronzene feine Rahmen eingesetzten Spiegelglastafeln als Hauptzierde der Palastanlage gewählt worden, welche derselben schon aus der Ferne das Ansehen gibt, daß hier der Sitz des größten Kaiserhauses der Erde sei. — Das Unternehmen schien mir geeignet, vorzüglich den Vorteil zu gewähren, daß ein von Rußland her häufig gehörter Wunsch dadurch in einiger Art Befriedigung erhielte; indem das große russische Volk, welches so gewandt, so reich ausgestattet und erfahren in Allem, was die Gesamtkultur Europas erzeugt, und so vermögend ist, alles dies durch große Mittel und durch die Kraft des mächtigsten Reiches der Erde ins Leben rufen zu können, eben gerade bei diesen glücklichen Verhältnissen manche Abspannung, manche Übersättigung erfährt, selbst für das schönste in der Kunst — hoffe ich, daß hierdurch demselben eine neue Richtung angedeutet werde, eine Richtung für Resignation einerseits und für eine intensive, nach innen durchdringende Tätigkeit der Geisteskraft anderseits, welche weniger auf das bloß Scheinbare als auf das wirklich in allen Teilen Seiende hinstrebt. Hierzu bedarf es freilich einer größeren Unternehmung und solcher, wie Ew. Kaiserliche Majestät sie verlangt haben, im Sinne des altgriechischen Stils ausgeführt, die sich nicht durch zu geringen Umfang unbeachtet in der Menge verliert, und welche, weil sie auf die Wurzeln europäischer Kultur zurückgeht, gewiß den sichersten Gang in der Kunst erzeugt. Eine so schöne Unternehmung, wie die Ew. Kaiserlichen Majestät, muß, besonders wenn sie von Leuten, die Sinn, Talent und ganze Hingebung an den Zweck haben, unterstützt wird, bei der Ausführung gewiß wohltätig und gedeihlich für das Allgemeine wirken ...«

Aus diesem in geschraubtem kurialen Stil abgefaßten Schreiben wird die ungeheure kulturelle Bedeutung ersichtlich, die Schinkel seinem Prunkbau für Rußland beimaß, als ob das byzantinische Rußland sich durch das Anschauen eines im griechischen Stile errichteten Großbauwerkes nunmehr sogleich auf »westlerische« Bahnen begeben würde. Trotz dem Wortreichtum des Schreibens aber sind wir nicht der Mühe enthoben, uns auf anderem Wege Klarheit über die bauliche Anordnung zu verschaffen. Sie ist auch etwas verzwickt.

Wir fahren beim Tempelportalbau vor, wir treten in das große Atrium, das gewiß mit aller Pracht der Marmore, Hölzer und Erze geschmückt sein wird. Rechts und links vom Portalbau bleiben zwei quadratische Flügel liegen, mit Atrien in der Mitte, um die, wie um das große, Räume gelegt sind, gewiß für die Hofhaltung. Durch die Säulenhalle am Ende des Atriums treten wir in jenen erwähnten »Portikus aus achteckigen Pfeilern, der eine schöne Promenade ringsum bildet«. Eine Promenade ohne Aussicht, denn auf seiner einen Seite liegen die nach außen gehenden kleineren Säle und Räume, auf seiner anderen steigt ein kolossaler, inmitten des Portikushofes errichteter Bauklotz mit geschlossenen Mauern auf. Durch ein Tor treten wir in sein finsteres Innere, in dem im Walde von dicken plumpen kurzen Pfeilern, nicht eben zweckmäßig, das »Museum für kaukasische Altertümer« untergebracht ist. In der Achse weiterschreitend gelangen wir wieder ins Freie dieses selben Portikushofes und stehen vor einem großen architektonischen Zierteiche. Hier wird der Zweck des Blockbaus klar: bequeme Treppen steigen auf seine Plattform, er ist Unterbau einer riesigen Terrasse und des von Schinkel erwähnten lichten Tempels. Wir kehren aber der Treppe den Rücken und gehen durch die hier liegenden Staatssäle, »die Säle der Reception«, hinaus auf die prächtige Terrasse, wo »Portiken aus Säulen und Karyatiden nach den schönsten griechischen Mustern gebildet sind« (man erkennt Formen des athenischen Erechtheions) und wo der unvergleichliche Blick aufs Meer sich auftut, dessentwegen das ganze Schloß offensichtlich gebaut werden soll. Hier hat es seinen architektonischen Schwerpunkt.

Bild 212
Bild 213
Bild 215
Bild 214
Bild 212
Bild 216

Nach diesem glänzenden und fantastischen Plane wurde gebaut? Er wurde am russischen Hofe kaum beachtet, der Künstler erhielt aber zum Danke — eine Dose in Perlmutt!

Die Enttäuschung verschlimmerte die damals bedenkliche Gesundheitslage des Meisters. Schon während der Arbeit an diesem Plane hatte sich seine Sehkraft vermindert, ein Auge schwand, er bestieg das Krankenbett, von dem er nicht wieder aufstand. Er starb im nächsten Jahre.

Wir aber kehren in die Zeit seiner blumenhaften romantischen Anfänge zurück, wo er sich von einem Wiederaufnehmen und organischen Pflegen, beileibe nicht von einer

85

akademischen Nachahmung, des mittelalterlichen gotischen Stils eine Wiedergeburt der Baukunst versprach. Er sagt selbst zu seinem Entwurfe eines Mausoleums für die

Bild 217 1810 verstorbene Königin Luise: »Die Hauptidee, welche ich bei der Entwerfung des vorliegenden Projektes hatte, war die: die freundliche und heitere Ansicht des Todes zu geben, welche das Christentum oder die wahre Religion den ihr Ergebenen gewährt, welche den Tod als das Ende irdischer Verhältnisse und den Übergang zu einem schöneren Leben zeigt; eine Ansicht, die ganz im Gegensatz steht zu der harten Schicksalsreligion des Heidentums, bei der das Verhältnis der griechischen und römischen Manen in der Unterwelt nicht beneidenswert ist. Die Architektur des Heidentums ist daher in dieser Hinsicht bedeutungslos für uns; wir können Griechisches und Römisches nicht unmittelbar anwenden, sondern müssen uns das für diesen Zweck Bedeutsame selbst erschaffen. Zu dieser neuzuschaffenden Richtung der Architektur dieser Art gibt uns das Mittelalter einen Fingerzeig. Damals als die christliche Religion in der Allgemeinheit noch kräftiger lebte, sprach sich dies auch in der Kunst aus...« Und solchen Grundsatz findet er angewandt in seinem Entwurfe. »Ein mannigfach gewölbter Raum, dessen Bögen sich auf freistehende Säulen zusammenziehen, so angeordnet, daß die Empfindung eines schönen Palmenhaines erregt wird, umschließt das auf Stufen mit vielen sprossenden Blättern, Lilien- und Rosenkelchen sich erhebende Ruhelager.« Diesen Worten ist wohl kaum etwas hinzuzufügen.

Schinkels Entwurf wurde jedoch nicht ausgeführt, sondern es wurde der kleine dorische Tempel von Gentz im Schloßgarten von Charlottenburg erbaut; an sich kein mißratenes Gebäude, und Rauchs schönes Grabmal der Königin steht darin, aber die Stimmung des Innern wird durch die kitschige sentimentale Verglasung entweiht. Wieviel lieber sähen wir an dieser Stelle Schinkels heiter-hehren Grabtempel!

Es war bei dem Monument für Friedrich die Rede von dem Gedanken, den Kreuzberg auf dem Tempelhoferfelde zu einem Riesendenkmal umzugestalten. Den Gedanken scheint auch Schinkel gehegt zu haben für sein Mal der Erinnerung an den

Bild 219 siegreichen Befreiungskrieg. Denn es ist nicht möglich, daß der in der ausgezeichneten Federskizze angedeutete Entwurf als ein auf dem wenig ansehnlichen Hügel zu errichtendes Mal gedacht ist, dieser wird vielmehr damit zu ummanteln gewesen sein. Der Künstler faßt den Fuß des Sandhügels, einer märkischen Wüstendüne, mit einem breiten starken geböschten Unterbau ein. Eine darüber freiliegende Erdschräge besetzt er mit Busch- und Baumwerk. Dann steigt ein mit Tempelfronten geschmückter breiter Bauklotz auf, und auf der Terrasse darüber steht ein gotischer Turm von fantastischer Erfindung. Aber welches Gefühl von Unzulänglichkeit beschleicht einen, wenn man diese großartige Erfindung neben das dürftige Werkchen hält, das einige

Bild 220 Jahre nach jener Idee auf dem Kreuzberge selbst von Schinkel errichtet werden konnte und das als Nationaldenkmal die Erinnerung an eine der größten geschichtlichen Taten Preußens wachhalten will. Ein unerfreulicher kleiner Bau in stacheliger Gotik (wir rächen uns an Schinkel, der das Kölner Domchor »den Zahnstocher der Gotik« genannt hat).

»Es folgt, daß das schöne Material, was die verschiedenen Zeiten für die Kunst bereits niedergelegt haben, den neusten Anforderungen teils näher, teils ferner liegt und deshalb in der Anwendung für diese mannigfach modifiziert werden muß, daß auch ganz neue Erfindungen notwendig werden, um zum Ziel zu gelangen, und daß, um ein wahrhaft historisches Werk hervorzubringen, nicht abgeschlossenes Historisches zu wiederholen ist, wodurch keine Geschichte erzeugt wird, sondern ein solches Neues geschaffen werden muß, welches imstande ist, eine wirkliche Fortsetzung der Geschichte zuzulassen«, heißt es in Schinkels Aufzeichnungen. Man muß zugeben, daß es ihm in der Werderschen Kirche in Berlin gelungen ist, diese Theorie schöne Praxis werden zu lassen und trotz dem dort angewandten historischen Stile der Gotik etwas wahrhaft Neues zu schaffen. Wieviel besser könnten wir das erkennen und bewundern, wenn es ihm vergönnt gewesen wäre, den größeren Entwurf für die Kirche auf dem Berliner Spittelmarkte auszuführen. Man spürt antiken und italienischen Hauch an diesem gotischen Werke in dem für Schinkel stets bezeichnenden Fehlen der hohen gotischen Dächer, dem Vermeiden zackiger Umrisse, dem abgerückten und oben flachen Kampanile; man empfindet auch die Nachwirkung eines Besuches der Marienburg in Preußen, die er um diese Zeit sah, namentlich das Innere hätte die Erinnerung an den Ordensremter erweckt. Doch ist der Entwurf ein durchaus eigenes und auch schönes Werk. In der Grundrißgestaltung sind zwei Baugedanken glücklich vereinigt: an eine längliche Predigtkirche schließt sich ein höherer vieleckiger Zentralbau an, der als Abendmahlsraum hätte dienen können. Die katholische Priester-, Messe- und Altärekirche ist glücklich ins Protestantische hinübergewandelt. Im Berliner Stadtbilde hätte dieser Bau aus rotem Backstein eine glückliche Rolle gespielt — heute entbehrt die Leipziger Straße den ihr zugedachten schönen Fluchtpunkt des Turmes. *Bild 209*

Im Grundriß ähnlich, nur größer, im Aufgehenden reicher und gar sehr prunkreich und in den Formen einer, übrigens ganz persönlichen, erfindungsstarken blühenden Gotik ist der Entwurf für einen Riesendom in Hau- und Bildstein gehalten, der als Nationaldom und als Erinnerungsmal für Preußens große Zeit auf den Leipziger Platz gedacht war. (Der Platz hätte nicht ausgereicht, der Dom hätte auf den Potsdamer Platz hinübergreifen müssen.) Man erkennt Formen französischer, rheinischer und auch englischer Gotik, und doch ist Schinkels Forderung nach einem Eigenen und Persönlichen in diesem Werke erfüllt. Die Abendmahlskirche des Kuppelraumes mit den ausspringenden Apsiden hätte eine lichte Innenwirkung ergeben wie die seines Mausoleumentwurfes, nur entsprechend den größeren Raumabmessungen stärker und feierlicher, der Turm ist aufgelöst in ein lichtes und freies Stabwerk, das an kühnste Gedanken Erwins und Ulrichs denken macht. Um eine Vorstellung vom Erfindungsreichtum des Meisters und der dem Werke zugedachten Sorgfalt im Einzelnen zu geben, sei die Kreuzblume der Kuppel gesondert abgebildet: in drei Geschossen baut sie sich auf, im kleinen obersten und im größeren mittleren wuchernde und flammende Krabben, im unteren größten aber vier nach den Weltgegenden in die Tuba stoßende Engel im Fluge. *Bild 221* *Bild 218*

»Jedes Kunstwerk muß ein ganz neues Element bei sich haben, auch wenn es im Charakter eines bekannten schönen Stiles gearbeitet ist; ohne dies neue Element kann es weder für den Schöpfer noch für den Beschauer ein wahres Interesse erzeugen.« Es ist tief zu bedauern, daß für das neunzehnte Jahrhundert, dessen Mitte namentlich, aber sogar noch dessen Ende, ja dessen Fortsetzung ins zwanzigste hinein oft eine sklavische akademische »ängstliche Wiederholung gewisser Anordnungen in der Architektur, die in einer gewissen Zeit üblich waren«, sah, daß für das »historische Jahrhundert« so wenige und nicht ein großes ausgeführtes Werk dieses im unvermeidlichen Sinne seines Zeitalters historisch denkenden und doch so glücklich und frei das historisch Gegebene umdenkenden Geistes und Schöpfers hinterlassen waren. Die Rauschgedanken der dargestellten Erfindungen dieses begnadeten und unter den schwierigsten Umständen erfindenden Meisters der Steine aber bieten sich nur auf dem Papiere unserer Bewunderung dar.

Aber ich kann mich von diesem großen Manne noch nicht trennen, ich muß noch ein paar herrliche Worte über Architektur aus seiner Hinterlassenschaft hierhersetzen, die so köstlich erfunden sind wie die schönsten baulichen und schmückenden Einzelheiten an jenem Dome, die mit Beziehung auf jenen Dom gemeint sein können, die aber auch etwas Allgemein-Architektonisches, etwas »Weltlich«-Architektonisches, wenn es nur ein *Volkhaft*-Architektonisches ist, meinen: »Die Kunst selbst ist Religion. Das Religiöse demnach ist ewig zugänglich der Kunst. Das religiöse Gebäude in der Architektur kann nur der Ausgangspunkt sein für die gesamte Bestimmung einer Architektur. Aber nun soll die Religion im großen Ganzen auch noch sichtbar erfaßt werden. Dies Leben in Gott, von allen existierenden Individuen, dies Zusammenfließen aller dieser Einzelnen in dem einen Grund, dieses völlige Vereinigen untereinander würde einem solchen Geschlechte von selbst kommen, und der Darstellung für die Sinnewelt bedürfte es nur einen würdigen Platz dazu, der ... mit allem Aufwand menschlich-religiöser Kraftäußerung dazu geweiht wäre. Hier versammelte sich das Volk, empfinge aber keine Lehren der Moral, sondern die Würdigkeit des Raumes stimmte jeden sich still in sich selbst zu vollenden. Es würde hier die höchste Kunst in ihrer ganzen unendlichen Fülle herrschen müssen, und gewissermaßen müßte in der inneren vorhandenen Vollendung des Werkes bis in Ewigkeit hier fortgefahren werden, und die ganze Anlage müßte von der Art sein, daß jeder sehe, wie der Fortgang seine Richtung nehmen und welche neue Herrlichkeit daraus entstehen und sich häufen und mit der andern als einem mächtigen Schlage die Seele treffen würde.« Das sind »Urworte Orphisch« über Architektur, ich wüßte nicht, daß jemals ein Baumeister oder Baukenner Tieferes, Geheimnisvolleres und mehr Blühendes über diese ernsteste aller Künste gesagt hätte; ich wüßte nicht, daß die Verbundenheit des Irdischen mit dem was darüber ist schöner und glücklicher schon einmal ausgedrückt worden wäre; daß die Kunst, die von der schmutzigen Fläche dieser trüben Erde schwindelnd in den blauen erhabenen Raum baut, d.i. die Architektur, jemals schöner gedeutet worden wäre; daß auch jemals die Wirkung gewaltigster architektonischer Innen- und Binnenräume in den kleinsten Binnenraum, den es gibt, das Menschenherz hinein, beredter geschildert worden wäre. Das ist nicht nur von Kirchen gesagt, das ist religiös so weit verstanden, daß auch wir Heutigen es gern und freudig als religiös, also auch uns »bindend«, verstehen. Diese kostbaren Worte *über* Architektur mußten in einem Buche zu finden sein, das die schönsten, größten und babylonischsten Erfindungen der Architektur vorführt, in einem Buche, dessen einziges Ziel es ist, über alles wahrhaft große Architektonische wieder einmal die empfänglichen Herzen staunen zu machen! Und da das beste Architektonische eben jenes war, das man nie hat bauen können, und da auch diese großen Worte wenigstens von der Zeit ab, da sie entstanden, niemals ihre Steinwerdung erlebten, so haben sie auch aus diesem sachlichsten Grunde in der Ungebauten Architektur berechtigten Anspruch auf ihren Platz.

Wir nehmen von Schinkel Abschied in seinem schönsten Traumgesichte. Seine Architekturfantasie vereinigt sich mit seiner Landschaftsfantasie. Er war in der Zeit der Erniedrigung Preußens in derselben Lage, wie heute viele Architekten in der Epoche der Erniedrigung Deutschlands: weil es, wenn Stadt und Volk arm sind, wenig zu bauen gibt, so malen die Architekten. Wenig leider ist uns von diesen Träumen mit Farbe und Leinwand erhalten geblieben, aber sicherlich einer der schönsten doch: Die mittelalterliche Stadt am Wasser. Da steht auf einem Felsen Bild 222 über dem Flusse auf einer Baumterrasse ein hochgerecktes gotisches Domchor, jenseits des Kreuzschiffes in den Kreuzwinkeln ragen zwei hohe zierliche Flankentürme auf, und fern in lichter Tiefe vor einem unermeßlichen langen Haupthause tauchen zwei Türme lichtester Stabgotik von unbeschreiblicher Erfindungsfülle in den reinen Äther. Was tut es, daß wir uns vor diesen hohen, aber Schinkelisch abgestumpften helmlosen Türmen ein wenig an die Stabschleiertürme der Kathedrale von Orléans erinnert fühlen, was auch, daß wir ihm genau die Örtlichkeit nachrechnen können, die diesen Traum in ihm erregt haben mag: es ist Limburgs an der Lahn unvergleichliche Lage. Auch dort ragt über dem blauen Kalksteinfelsen am Flusse die Chorfront des spätromanischen Domes auf, auch dort gibt es flankierende Türmchen und Haupttürme in der Tiefe, dort liegt links die Stadt genau so zum Flusse angeordnet wie hier, dort geht rechts über die Lahn die Brücke genau so wie hier. Gewiß wäre diese Erfindung technisch zu bauen gewesen — und doch kaum so malerisch, so fein, so groß und so schön, wie sie hier gemalt ist. Ave, Schinkel!

UNGEBAUTES VON WEINBRENNER

Was Schinkel für Berlin, ist Weinbrenner für Karlsruhe. Beide hangen lange und innig dem klassizistischen Stilwesen an, dem sie sich durch langen Aufenthalt in Italien vermählten, sie unterscheiden sich aber namentlich dadurch, daß es in Weinbrenners Werk und Leben keine romantische Epoche gibt.

Bild 225 Auch Weinbrenner entwirft ein Denkmal für Friedrich den Großen, ein kleines Bauwerk in Antenweise von jener wuchtigen, mehr an den Orient als an Griechenland erinnernden Art, wie man damals den antiken Stil verstand. Er krönt es mit bildlichen Darstellungen des Herkules. Romantisch gefühlt daran ist die Versetzung des Bauwerkes auf eine stimmungsvolle nordische Waldwiese; dieses Stimmunghaften wegen sei das kleine akademisch gebliebene Werk abgebildet.

Bild 224 Er beteiligt sich auch an der Schaffung von Entwürfen für ein Denkmal Napoleons, das in Paris auf dem Platze der damals abgetragenen alten Magdalenenkirche errichtet werden sollte. Ein kolossaler Bau, dessen Formung sich sehr nahe an das Urbild eines Mausoleums, das Grabmal des Mausolos, hält. Wieder Herkulesdarstellungen auf den Ecken, auf dem getreppten Gipfel der vom Viergespann gezogene Triumphwagen, in dem Napoleon sitzt, über den die Siegesgöttin den Kranz hält. 8 Millionen Franken waren für das Denkmal ausgeworfen, es wurde nicht gebaut.

Weil das neunzehnte Jahrhundert, namentlich dessen Ausgang, das der Denkmäler ist, mag es zweckmäßig sein, aus seinem Anfang noch einige zu betrachten, um zu sehen, wie jene Zeit sich die Lösung solcher Aufgaben dachte. Ein Denkmals-

Bild 223 entwurf von Weinbrenner auf die Schlacht bei Roßbach: Wieder ein wuchtiger Baublock, der wieder mit Sinnbildern aus der Sage von Herkules geschmückt ist. Diesmal ragt aus dem Klotze ein Stück einer Trajanssäule heraus. Glücklich ist statt romantischer Naturumgebung ein architektonischer Ehrenhof mit einem umlaufenden Kranze sizilischer Medusen-Stirnziegel erfunden.

Hier sei die Betrachtung Weinbrennerscher Werke unterbrochen und der Entwurf

Bild 226 eines Denkmals für Blücher von Opitz gezeigt. Unter nur geringer Verwendung architektonischer Formen verläßt sich der Zeichner auf die Mitwirkung von Natur und Landschaft. Das Denkmal wird aufgerichtet gedacht am Rheine in jener seligen Landschaft der sieben Berge: die Honnefer Bucht und der Drachenfels geben den Hintergrund ab, man erkennt die Insel Nonnenwerth und dem Drachenfels gegenüber Rolandseck. Die Örtlichkeit wäre die oberhalb von Godesberg gelegene Höhe gewesen. Es ist gewiß zu bedauern, daß nur ein Bildchen, nicht die Wirklichkeit von Kunst und Landschaft die glückliche Erfindung zeigen kann.

Aber eilen wir zu Weinbrenners großer Geschichtsrolle: er hat dem Stadtbilde von Karlsruhe seine Züge aufgedrückt. Er ist aus Karlsruhe nicht fortzudenken. Seine Werke sind nicht hierhin und dorthin verzettelt, sie finden sich in Karlsruhe vereinigt, in *einer* Stadt, wo eins das andere hebt und auch das Kleine nicht verloren geht Das ist ein großes Glück für einen bildenden Künstler, namentlich einen Architekten Man denkt an Elias Holl in Augsburg. Doch so sehr das Geschick ihm günstig war auch ihm blieb vieles vorenthalten. Seine stärksten städtebaulichen Erfindungen für Karlsruhe blieben auch nur Plan.

Die Kaiserstraße schneidet quer durch die Sternstraßen der Stadt. Sie war und ist die Hauptverkehrsstraße. Unruhig und verworren war damals wie heute ihr Äußeres. Die störenden Häuser auszubrechen war nicht möglich. Also dachte er, »die Fest- und Kommerzialstraße in ihrer buntscheckigen Mißgestalt« dahin abzuändern, daß er »vor alle Häuser mit Mansarden, welche vorzüglich einen Übelstand für eine solche Hauptstraße« bildeten, und vor alle anderen Häuser eine einheitliche durchlaufende Bild 227 einstöckige Arkade von Dreistockhöhe der Häuser vorlegte, wodurch »die ohnehin etwas zu breite Straße zu einer der schönsten und vielleicht in Europa nicht ähnlich befindenden umgebildet würde«. Die zu niedrigen Häuser wären auf die Einheitshöhe und alles unter ein einziges durchlaufendes Gesims (natürlich mit, architektonisch sehr wertvoller, Unterbrechung durch die querenden Sternstraßen) gebracht worden. Die Arkadenpfeiler wären an den Rand der Fahrbahn gerückt gewesen, der Gehsteig hätte unter ihr gelegen. Groß, ganz einfach, ohne jede Verzierung sind die Arkadenbögen gedacht — man kann nicht anders sagen: äußerst wirksam. Ein wenig langweilig, freilich, aber große sammelnde Wirkungen sind nicht anders zu erzielen; ein wenig gewaltsam auch und vielleicht auch für unser Klima etwas unpraktisch, indem die Hausfronten vom ohnehin sparsamen Licht des Nordens noch weniger als sonst erhielten, genug — der Entwurf, zu dem zwar ein Modell angefertigt wurde, blieb Entwurf.

Der Marktplatz gar ist in seinem heutigen Grundriß nicht zu verstehen, wenn man nicht hinzuzieht, was auf ihm nicht gebaut wurde. Er besteht heute aus zwei anein- Bild 230 ander geschobenen Einzelplätzen, der schmälere sollte der Monumentalplatz, das Stadtforum sein (reichend bis zu dem Giebelrisalitbau links mitten im Bilde), der breitere der Handelsplatz (sich erstreckend bis zum hinteren Platzabschluß). Am schmäleren errichtet Weinbrenner auf der einen Langseite das Rathaus, ihm gegen- Bild 232 über auf der andern die Stadtkirche mit einer stolzen vorgelegten Tempelhalle. Der größere Marktplatz hätte mit »einstöckigen Boutiquen für Handwerker und Fabrikanten« besetzt werden sollen so, daß diese einen Platz im Platze umschlossen und die Hauptachse als Straße hätten hindurchschneiden lassen. Durch die innere Auf- Bild 231 teilung des Marktplatzes hätte auch der Forumsplatz, der heute unbestimmt in den Bild 230 Marktplatz verläuft, eine äußere Umgrenzung erhalten, es wären zwei ideale öffentliche Räume entstanden. Auf dem inneren Platze zwischen den Kaufhallen hatte Weinbrenner ein Kolossalstandbild auf einem wuchtigen Sockel geplant: Rhea, die Bild 232 Stadtgöttin, die den Krug mit der Asche des Stadtgründers trägt, des Markgrafen Karl Wilhelm; ihr zur Seite beugt sich auf ihren Schoß ein Genius nieder, der eine umgekehrte Fackel hält. Der Landesherr genehmigte trotz den hohen Kosten Weinbrenners Plan, aber als er vorzeitig starb, unterblieb die Ausführung. Die Markthallen wurden nicht gebaut, an die Stelle des Standbildes kam eine Pyramide, die das Grab des Bild 232 Stadtgründers bezeichnet. Sie würde denselben ästhetischen raumordnenden Dienst tun wie das Bild der Rhea, wenn sie nicht durch das Fehlen der Hallen verloren im weiten Platze stünde. Auch das Brunnendenkmal des Großherzogs Karl Friedrich Bild 230 schwimmt heute im Leeren.

Dieser eine Platz soll von deutschen Stadtplätzen etwas gründlicher behandelt werden. Es wird ein Entwurf abgebildet aus der vorweinbrennerschen Zeit, den der Bild 233 Baudirektor des Bischofs von Eichstädt, Pedetti, 1787 für die »vorseiende Erweiterung der badischen Residenzstadt Carlsruhe« vorlegte. Wir haben vor uns die eine Hauptachse der Stadt, die heutige Karl-Friedrich-Straße (im ersten Vordergrunde am unteren Bildrande ist die andere jene kreuzende Hauptachse, die erwähnte Kaiserstraße, anzunehmen). Man kommt im Bilde des Entwurfes also vom Schlosse her, quert die Kaiserstraße und betritt den länglichen Markt. Gebäude gleicher Masse und Form schließen ihn rechts und links ein. Zwei Monumentalbrunnen in Drittelpunkten des Platzes und in ihrer Achse zwei Ziersäulen stecken gewissermaßen den Fluß der Schloßstraße ab, wie er durch den See des Platzes strömt. Eine Querstraße wird überschritten, und man steht vor dem glücklich gestalteten Platzende: die Ecken sind abgeschnitten, in vorgetriebenen Kurven treten jederseits zwei doppelgeschossige Fassaden, mit Glockentürmen über sich, hervor, hinter denen sich die geschlossenen Massen zweier mächtiger Kuppelräume bauchen: der eine Rathaus, der andere Kirche. Dann passiert die Straße weiter einen Engpaß, durchströmt den kleineren See des »Rondells« und zieht als Ettlinger Straße ins Weite. Ein glücklicher Plan, der aber nicht ausgeführt wurde, der wie wir gesehen haben nur Stückwerk gebliebene Weinbrenners trat an seine Stelle.

Bild 228, 229   Es sei noch eine jüngere Idee abgebildet, welche den Marktplatz und die Teile der Tangentenstraße durch einheitliche Architekturgebung zu einem geschlossenen Platzbilde zu machen sucht.

FRIEDRICH WILHELMS DES IV. UNAUSGEFÜHRTE BAUPLÄNE

Friedrich Wilhelm IV. war ein Architekt, ich wage sogar zu sagen: er war ein großer Architekt, wenn es gestattet ist, aus der Hinterlassenschaft eines großen Dilettanten, der er war, der er sein mußte, weil sein Beruf seine Zeit und Kraft naturgemäß mit anderen Aufgaben fast ganz besetzte, darauf zu schließen. Als Politiker genießt Friedrich Wilhelm einen schlechten Ruf in der Geschichte. Auch Legitimisten werden der Art nicht zustimmen, wie er seine politische Rolle spielte, wie er einer reif gewordenen politischen Forderung der Zeit heftig widerstrebte und sie durch brutale Militärgewalt, noch dazu natürlich auf die Dauer unwirksam, zum Schweigen zu bringen versuchte. Aber wir wollen uns nicht der Idiotie der Revolutionäre schuldig machen, Fürsten ohne weiteres für Idioten zu halten. Es ist erst wenig über diesen König als Künstler bekannt, zuerst eigentlich hat uns darüber der ehemalige Kaiserliche Oberhofbaurat Geyer belehrt — ich gestehe, ich habe den von diesem Manne an einer so abgelegenen Stelle wie der Deutschen Bauzeitung veröffentlichten Aufsatz über den König zuerst mit Mißtrauen gelesen. Ich meinte darin ein großes Teil jener Gesinnung zu lesen, welche Leistungen von Fürsten namentlich in nebenfürstlichen Angelegenheiten zu überschätzen pflegt. Wir haben einigen Grund gehabt zu Mißtrauen gegen Mitteilungen über »geniale Fähigkeiten des Monarchen«, die wir aus dieser Ecke hörten. In künstlerischen Fragen *braucht* ein Fürst nicht mehr als Dilettant zu sein, d. h. Liebe für die echte und große Kunst zu haben, den Willen sie zu fördern und die Einsicht und das Verständnis, um die rechten Männer zur Ausführung der Aufgaben zu finden, welche der Staat und vielleicht er selbst der Kunst stellen können. Wir haben erlauchte Beispiele in der Geschichte von Fürsten, wie es die Medizäer und manche Päpste waren, deren Namen neben denen der großen Künstler als große fortleben werden. Wenn nun ein Fürst neben dieser halb aktiven Rolle noch eine ganz aktive spielt, wenn er nicht nur gute Gedanken anderer ausführen läßt sondern selbst gute Gedanken hat und nach ihrer Verwirklichung strebt, und wenn seine und die öffentlichen Mittel solche Verwirklichung in etwa gestatten, so ist dann meistens die Bedingung für eine große, mindestens lokal-große, Kunstzeit gegeben. In der Regel geht das so vor sich, daß ein solcher Fürst Gedanken skizziert und sie zu weiterer Gestaltung auf dem Papier und endlich in der Wirklichkeit den Männern überläßt, an denen er für gewöhnlich keinen Mangel hat.

Als ich mich nun selbst in der heute öffentlichen ehemaligen Kaiserlichen Bücherei vom Stande der Dinge überzeugte, da wußte ich: Geyer hat nicht zu viel gesagt. Mein Mißtrauen hatte sich dagegen gerichtet, Ideen und Erfindungen, Skizzen und Zeichnungen dem Könige zugeschrieben zu sehen, die vielleicht solche seiner helfenden und ausführenden Künstler waren, unter denen sich kein Geringerer als Schinkel fand. Man weiß ja, wie es zu gehen pflegt, wenn ein Entwurf eines dem Hofe nahestehenden Architekten als »Idee Seiner Majestät« ausgegeben wird. Hier aber ist es unzweifelhaft anders. Man sieht, wenn man die nach vielen Tausenden zählenden Blätter mit Handzeichnungen des Königs sich durch die Hände gehen läßt, daß er von früher Jugend an eifrigst gezeichnet und gemalt hat. Daß er sich von jung auf im regelrechten Skizzieren und Entwerfen geübt hat, nicht anders als ein Architekt es in den Semestern seiner Hochschulstudien treibt. Daß er lange, sehr lange mit einer Bauidee gerungen hat, daß er Dutzende von Planzeichnungen entwarf und wieder verwarf, bis sich ihm der rechte Grundriß herauskristallisierte. Der König hat auch ebensoviel wie an architektonischen Skizzen an malerischen hinterlassen, Entwürfe zu Bildern historischer und meist religiöser Art, zu dramatischen Szenen vielleicht für Neueinstudierungen an den königlichen Theatern, auch Kunstgewerbliches, namentlich aber viele Landschaftszeichnungen, aus denen ein Talent offenbar wird. Bild 234 Es sind meist Landschaften von südlichem Karakter, Mittelmeersteilküsten. Auch wenn nicht in diesen fast immer architektonische Motive vorkämen, Villen, Brunnen, Aussichtstempel, Viadukte (sehr beliebt bei ihm, es war die Zeit der ersten Talüberbrückungen für die aufkommende Eisenbahn), riesige Hallenbauten, Kirchen, Schlösser auf Felsen, Tempel auf Gipfeln, würde es doch dem die überreiche Sammlung Durchsehenden klar werden, daß seine Vorliebe bei der Architektur war. Ich wage zu sagen: er hat Grundrisse gezeichnet wie andere Leute Gedichte machen — als Herzenserguß.

Man wird aber fragen können: woraus wird ersichtlich und unbezweifelbar, daß diese Skizzierungen von des Königs Hand und nicht von der seiner Architekten stammen? Nun: außer der überaus großen Zahl, viel zu zahlreich (und manchmal auch zu ungeschickt) für die Hand eines Berufsarchitekten, selbst außer der hier und da auftretenden Kennzeichnung durch seinen Künstlernamen, anscheinend einen Spitznamen, den er in der Familie führte: Fritz Siam Butt (oft vertreten durch die Zeichnung eines Steinbutts), ist Beweis dafür das Papier, auf das die Zeichnungen geworfen sind. Ein Architekt würde, wenn er mit dem Könige zeichnete, dafür sorgen, daß er entsprechendes Papier zur Hand hätte. Der König aber hat auf jedes Gelegenheitspapier gezeichnet, das ihm vor die Hände kam. Da laufen regelmäßig säuberlichst geschriebene Berichte der Polizeidirektion über »einpassierte« und abgereiste Fremde ein: ein Grundriß, eine Theaterszene, ein Bildentwurf, eine Kostümstudie finden sich darauf. Desgleichen auf Blättern, auf welchen das Wachtkommando die Verteilung der Wachen auf die mit Militärposten zu besetzenden Stellen in Potsdam meldet, »den 20. April 1848, Parole: Stettin«. Immer kehrt in den Paketen das Blatt mit der Benachrichtigung wieder, daß »am Sonntag den soundsovielten um 10 Uhr der Feldpropst Bollert, um 2 Uhr der Hofprediger Grisson predigt« — darauf Skizzen derselben Hand. Es sei der geschichtlichen Sonderbarkeit wegen in diesem Abschnitt, der sich notgedrungen zu einer kleinen Sonderstudie über diesen König-Künstler auswächst, folgender Brief abgedruckt: »Allerdurchlauchtigster Kronprinz, Gnädigster Kronprinz und Herr. Eure Königliche Hoheit geruhen allergnädigst zu erlauben, daß ich mich in tiefster Untertänigkeit unterstehen darf, ein wenig Königsberger Marzipan zu überreichen. Es ist die treueste und höchste Verehrung, mit der ich ersterbe Eurer Königlichen Hoheit treugehorsamster Knecht v. Krafft, General der Infanterie« — ein Grundriß findet sich darauf.

Am häufigsten finden sich Skizzen auf einem »Vortragsverzeichnis zu der Sitzung eines Königlichen Hohen Geheimen Staatsministerii vom Soundsovielten, in tiefster Ehrfurcht überreicht«. Entweder sind solche Sitzungen, an denen auch schon der Kronprinz oft teilnahm, nicht sehr kurzweilig gewesen, und der Kronprinz oder König hat während der Rede eines Vortragenden Rates das Bedürfnis gefühlt, nebenher ins Künstlerische zu träumen, oder die Zettel haben auf seinem Schreibtisch gelegen, und er hat in Minuten der Muße schnell dies oder das darauf geworfen. Es ist ein merkwürdiger Genuß, in diesen Bergen von Zeichenblättern, Skizzen, Staatspapieren, Notizblättern, Briefbögen und Briefumschlägen, die mit irgend etwas Künstlerischem bekritzelt sind, zu graben und den König bei seinen künstlerischen Träumen und den Ausbrüchen seiner künstlerischen Leidenschaft zu belauschen. Er wäre als Niedrigergeborener mindestens ein normaler Architekt oder Maler geworden — besser ist, daß er ein hochgeborener Dilettant blieb. Bemühungen um die Kunst eines wahrhaften Dilettanten (also eines »Liebhabers«) haben an sich immer etwas Rührendes und im gewissen Sinne Heiligeres als die Arbeiten eines Künstlers, die gar so oft durch den Zwang zur Arbeit und die bloße Tatsache des »Berufes« etwas Profanes, Trockenes, Sachliches, Unwilliges bekommen. Darüber hinaus haben diese noch eine besondere Weihe: denn wenn ein solcher fürstlicher Dilettant Ideen auf dem Papier kritzelt, so ist es eine *mächtige* Hand, die kritzelt! Und solchen Kritzeleien kommt daher für die Wirklichkeit der Kunstgeschichte oft größere Bedeutung zu als manchen oft ach so bedeutungslosen, weil platonisch bleibenden großen Entwürfen großer Künstler selbst!

Des Kronprinzen und Königs Liebe war Potsdam. Die herrliche Stadt und die unvergleichliche Landschaft — was wäre aus ihr geworden, wenn es dem Gekrönten vergönnt gewesen wäre, die Träume, die er an ihr träumte, in die Wirklichkeit überzuführen? Wenig davon verließ die Traumwelt des Papieres. Jeder aber, der Potsdam liebt und der in der Potsdamer Landschaft wandert, sollte sich von diesen Träumen begleiten lassen und sich in Gedanken die geschaute Welt nach diesen Fantasien ergänzen. Wir wollen durch eine genaue Beschreibung und durch reichliche Beigabe von Abbildungen (auch nach der heutigen Wirklichkeit) dies zu erleichtern suchen.

Sanssouci gegenüber auf dem andern Ufer der Havel plante der König ein neues Sanssouci. Belriguardo, »Schönblick« sollte es heißen. Belriguardo scheint mir am häufigsten unter den Skizzen wiederzukehren, ich konnte namentlich die Grundrisse nicht zählen, in denen er die Form langsam zu entwickeln suchte. Sanssouci liegt auf der nördlichen Randhöhe des hier sehr breiten, westlich streichenden »Urstromtales« der Havel. Wir zeigen in der Nachbildung einen Ausschnitt aus der preußischen Bild 252 Generalstabskarte nach der Aufnahme des Jahres 1852, also annähernd aus der Zeit, in welcher der König zeichnete. Sie gibt die örtlichen Verhältnisse, namentlich inbezug auf das schon bebaute Gelände wieder, welche der König vor sich hatte. Man erkennt die Achse des großen, in der ehemaligen Au der Havel seit Friedrich dem Großen entstandenen Parkes. Die Achse zielt links auf das »Neue Palais« Friedrichs. Quer zu dieser großen Achse steht deutlich erkennbar die kleine Achse der von der Höhe von Sanssouci herabtreppenden Terrassen. Verlängert man diese kleine Achse über die Brandenburger Vorstadt und die Havel weg, so kommt man auf die Halbinsel, den »Werder« Tornow und stößt auf einen dunkelgezeichneten Höhenzug, dessen höchster Kopf »Wasserschanze« benannt ist. Dies ist der für Belriguardo ausersehene Ort. Das Schloß sollte mit ungefähr gerader Front auf Sanssouci schauen, eine Handzeichnung des Königs gibt ein Bild davon, wie Belriguardo von Sanssouci aus gesehen in der Landschaft sich darbieten würde (heute kann man von der Terrasse Bild 235 von Sanssouci aus die »Wasserschanze« nicht mehr sehen, die zu hoch gewordenen Bäume des Parkes verhindern es). Eine zweite Handzeichnung gibt die umgekehrte Blickrichtung: im Vordergrunde liegen die Gärten von Belriguardo mit den hohen Bild 236 Springbrunnen. Die Gärten würden die auch heute noch idyllische, den Berlinern wenig bekannte flache Halbinsel Tornow füllen, auf der sich jetzt die weitläufigen Gärten und zahlreichen Gebäude der Hoffbauerstiftung, welche Kinder verwahrt, Mädchen erzieht und Genesungsort für Kranke ist. Das vordere Wasserbecken würde zu liegen gekommen sein, wo heute der »Judengraben« hinzieht. Hinter den Bild 252 Gartenanlagen der Mitte erscheint ein dunklerer Streifen, das ist die Havel. Eine Bild 236 breite Parkwiese jenseits des Flusses auf dem Gelände der zu rasierenden Brandenburger Vorstadt (das damals weniger stark bebaut war als heute) führt geradeswegs auf Sanssouci zu, das in der Ferne schwach erkennbar ist. Links am Bildrande erscheint die Kuppel des Neuen Palais, rechts sieht man Häuser und Kirchen von Potsdam.

Soviel über die allgemeine Lage des Schlosses in der Landschaft. Auf der Zeichnung
Bild 235 »Blick von Sanssouci aus« erscheint links ein großer Viadukt. Dieser würde das Bachtal zu überquert gehabt haben, das neben dem Judengraben bei der Lohgerberei
Bild 252 mündet. (Die Generalstabskarte hat keinen Namen für diesen Bach, wir wollen ihn den Lohgerberbach nennen.) Dieses Tal sieht heute, von der Lohgerberei aus ge-
Bild 241 sehen, so aus, wie das Lichtbild zeigt. Die Höhe zur Rechten wäre die des Schloßbaues gewesen. Der Viadukt wäre ungefähr dort, wo der junge Mann in der Landschaft steht, über das Tal gezogen und hätte eine Verbindung gegeben zu dem auf dem Bilde links (auf der Karte rechts) zu denkenden Brauhausberge hin, auf dem heute das bekannte
Bild 238, 240 häßliche Gebäude der Kriegsschule steht. Wie das Lohgerbertal nach dem Plane des
Bild 245 Architekten ausgesehen hätte, zeigt eine weitere Handzeichnung. Wir stehen jetzt
Bild 241 etwas tiefer im Tale, ungefähr dort, wo auf dem Lichtbilde des Tales links in der Tiefe die zwei Baumstämme zu erkennen sind. Wir haben den vollen Blick auf die Langseite des Schloßbaus, der Viadukt ist rechts von uns, der Talschluß zu unserer Linken zeigt große Terrassen und Stützmauern, auf dem Aussprung steht ein Rundtempel.

Wir steigen nun an der Stelle, wo wir im Lohgerbertale stehen, indem wir eine volle Drehung machen, den Hang hinauf und kommen auf die Höhe, die auf dem
Bild 252 Kärtchen mit »Sternschanze« bezeichnet ist. Dort zieht die zweite Straße (die erste zieht über den Viadukt, wir lassen sie unbeachtet) vom Brauhausberge her. Sie ist
Bild 246 ganz in römischer Weise mit Standbildern, Brunnen und Halbrundbänken ausgestattet. Wir werfen von ihr nach rechts hinten hin einen Blick auf das Schloß und den Viadukt. Wir durchschreiten einen römischen Triumphbogen. Es ist der kleine Ge-
Bild 245 bäudeblock, der auf der Zeichnung vom Lohgerbertale hartlinks erscheint. Wir sind auf jener Terrasse. Über diese zieht die Straße. Wir kommen an dem Rundtempel
Bild 248 vorbei, den wir auf der Zeichnung des Tales von unten sahen — größer entwickelt sich das landschaftlich-architektonische Bild. Indem wir dann, den Talschluß ganz umgehend, im rechten Winkel rechts schwenken, sind wir dem Schlosse in den Rücken
Bild 250 gekommen und treten auf die mit einem Greifenbrunnen besetzte Terrasse. Wir stehen auf einer Brücke, welche eine die Sternschanze vereinzelnde Furche überquert. Wir
Bild 247 schauen von dieser Brücke, die auf der kleinen Zeichnung mit einer Rossebändigergruppe geziert ist, welche auf der größeren, wahrscheinlich der Übersichtlichkeit halber, fehlt, rechts hinüber auf den Brauhausberg. Gerade vor uns sehen wir das
Bild 250 Schloß, einen Doppelgeschoßbau antiken Stiles mit einer Karyatidenhalle im unteren, mit einer Tempelhalle im oberen Geschosse. Rechts und links führen breite geländerlose, zweimal abgesetzte Treppen zum oberen, dem Wohngeschosse, empor.

Wir wandeln durch dieses hindurch (das Schloß Orianda Schinkels mag uns für das Innere Vorstellungsbilder geben, wenn wir es uns auch nicht so russisch-großartig sondern preußisch-einfach zu denken haben), wir treten hinaus in eine Säulenhalle und auf die Nordterrasse. Wir genießen den Blick hinab auf die wasserreichen An-
Bild 236 lagen des Schlosses, auf Sanssouci und Potsdam. Vielleicht treten wir rechts auf den
Bild 249 Viadukt hinaus und wandeln auf diesem über das stille Lohgerbertal auf den andern Bergzug hinüber, wir kommen wieder auf die römische Straße und wiederholen viel-

leicht den Rundgang, denn Vieles gibt es zu sehen, und namentlich an den Bildern der Landschaft sättigen wir unser Auge nicht so schnell. Wenn wir nun wieder auf die Terrasse vor das Schloß kommen, steigen wir die eine der achtmal abgesetzten Pracht- Bild 237, 244 treppen nieder auf den Tornowwerder. (Die Abbildung — die säuberliche Ausführung einer Skizze des Königs stammt wohl von einem seiner Architekten — läßt sogar noch von der Schloßterrasse herab ein breites Wasser stürzen, ohne daß es klar würde, woher das Wasser genommen werden soll.) Dort booten wir uns auf einer Gondel ein, wie der König sie gezeichnet hat, und fahren hinaus auf die Bucht dieser seeartigen Havel, Bild 247 welche auf der Generalstabskarte »Die Kappe« genannt wird. Das große Landschafts- Bild 252 bild, das wir von dort aus sehen, hat der fürstliche Baumeister auch gezeichnet. Bild 251

Heute ist die Kappe ein schöner stiller See (das Bild ist aufgenommen vom Tornow- Bild 239 werder her, auf der waldigen Höhe links hätte Belriguardo liegen sollen).

Die Aufnahme mit dem Ringelreihen der Mädchen schließt links an die vorige Bild 238 Landschaftsaufnahme an. In der Ferne erscheint die heutige Kriegsschule auf dem Brauhausberge. An ihrer Stelle hatte sich der König ein großes florentinisches Kloster Bild 242, 243 gedacht mit Kuppel und vielen Türmen. Wir kennen schon die Ansicht, mit der es sich dem von der Brücke mit den Rossebändigern Ausschauenden dargeboten hätte, auf Bild 247 dem Landschaftsbilde der »Kappe« geht die Sonne eben hinter dieser architektonischen Bild 251 Ferne unter.

Alles dies für das südliche Havelufer Geplante blieb des Königs und Künstlers längster und liebster Traum. Nicht ein Stein wurde versetzt ...

Mehr Glück erlebte der fürstliche Bauherr und Baumeister mit seinen Planungen für die Landschaft des nördlichen Havelufers. Hier konnte er manches, und zwar das Bedeutendste wirklich ausführen, wenn auch das endlich Erstandene hinter den Plänen stark zurückblieb und zum vollen Genusse der Kenntnis dieser Pläne bedarf. Erwähnen wir zunächst kurz, was er den Plänen entsprechend ausführen konnte.

Schon dem Kronprinzen war von seinem unmusischen Vater Friedrich Wilhelm III. die Abteilung »Kunst« der Regierungsgeschäfte überlassen worden. König geworden, ließ er sofort den seit 1816 in preußischen Diensten schaffenden Gartenkünstler Lenné zu sich rufen und sagte ihm: »Ich habe Sie rufen lassen, damit Sie mir einen Plan machen. Der Herzog von Dessau hat aus seinem Lande einen großen Garten gemacht. Das kann ich ihm nicht nachmachen, dazu ist mein Land zu groß. Aber aus der Umgegend von Berlin und Potsdam könnte ich nach und nach einen Garten machen. Ich kann vielleicht noch 20 Jahre leben, in einem solchen Zeitraum kann man schon etwas vor sich bringen. Entwerfen Sie mir einen Plan in Berücksichtigung der Worte, die ich eben zu Ihnen gesprochen.«

Was wir heute in Potsdams Landschaftsparadiese bewundern, ist zum großen Teile sein Werk. Ganz Potsdam und seine Landschaft sind eine Schöpfung der Hohenzollern. Auf die Stadt selbst soll hier nicht eingegangen werden, obgleich er auch in ihr etliche große Gebäude, namentlich Kirchengebäude, schuf oder doch ihre Erbauung anregte. Die Havelau war zu Zeiten der Kurfürsten hohenzollerscher Jagdgrund gewesen. Aber schon der Große Kurfürst hatte durch Geländekäufe den Grund zur späteren Zusammenfassung gelegt. Der Soldatenkönig Friedrich Wilhelm I. ließ freilich in den Auwäldern kräftig holzen und das Holz zum Bau seiner Soldatenstadt Potsdam verwenden. Aber sein Sohn Friedrich II., der Große, erbaute Sanssouci und das Neue Palais und schuf den Park. Dessen Neffe Friedrich Wilhelm II. legte nördlich der Nauener Vorstadt den Neuen Garten an und erbaute darin das Marmorpalais am Heiligensee. Friedrich Wilhelm III. wandte sein Augenmerk namentlich der weiter nördlich gelegenen Pfaueninsel zu. Unser Friedrich Wilhelm IV. endlich umfaßte die ganze Landschaft mit seinem Blicke und schuf überall in ihr Unvergängliches. Im nördlichen Teile erstand an der Havel idyllisch gelegen die Heilandskirche von Sakrow. Näher bei Potsdam der Sommersitz seines Bruders, des Prinzen Wilhelm, späteren Kaisers Wilhelm I., durch Schinkel in englischer Landschloßgotik errichtet, Bild 243 doch ist Friedrich Wilhelms Einfluß dabei durch eine Handskizze erwiesen. (Wir bilden das Schloß mit der schönen Landschaft dahinter ab, wie es nach einem Entwurfe des Oberhofbaurats Geyer hätte werden sollen, den er im Auftrage des letzten Kaisers anfertigte, der das Schloß als Sommersitz dem kronprinzlichen Paare versprochen hatte. Doch trotz allem Drängen dieses Paares konnte sich Wilhelm II. nicht zur baulichen Erweiterung entschließen, weil sie »zu teuer« sei, der rechte Teil des Entwurfes blieb unausgeführt, und das Kronprinzenpaar wohnte im Sommer im alten Marmorpalais am Heiligen See). Friedrich Wilhelm plante auch in der Stadt selbst am Ufer der Havel einen Neubau der Heiliggeistkirche, seine weitausschweifenden Gedanken sind durch viele Skizzen dafür bezeugt, von denen wir eine mit vier Türmen Bild 260 und reichen Chorumgängen abbilden. (Andere Skizzen zeigen byzantinische Kuppeln in russischer Üppigkeit, eine mit einem Hauptturm, einer Kuppel und sechs weiteren Türmen). Die Kirche blieb aber in den bescheidenen Maßen und Formen ihres Rokoko-Bild 261 stils. Am Rande des Parkes von Sanssouci erstand aber die romantisch-träumerische Welt der Friedenskirche nach den Plänen des Königs, welcher San Clemente in Rom vor Augen hatte, und in dieser durch Persius errichteten Kirche fand der König auch seine Ruhestätte. Im Parke selbst schuf er u. a. den Nordischen Garten. Aber es darf nicht vergessen werden, daß auch hinter der uns heute in ihrer Fülle und Pracht selbstverständlichen grünen Welt des Parkes seine schöpferische Hand, unauffällig die einfachen natürlichsten Bedingungen des Parkes schaffend, steht: sie berieselte Sandflächen, trocknete Moore aus und schuf erschließende bequeme Wege und Straßen. Was er auf dem den Park überragenden Höhenzuge wirklich schuf, das Größte, was ihm in Potsdam zu schaffen vergönnt war, werden wir im Zusammenhange mit dem kennen lernen, was er dort nicht schaffen konnte.

Große Ausführungen! Und doch, weit bleiben sie hinter den *Plänen* zurück.

Wir erinnern uns der großen Pläne, für Friedrich den Großen ein nationales Erinnerungsmal zu schaffen. Auch Friedrich Wilhelm beteiligte sich als Kronprinz an diesen Plänen. Die uns bisher bekannten waren alle an Berlin gebunden; wenn wir den (zweiten) Friedrich Wilhelms erst jetzt erwähnen, so tun wir's, weil er für sein geliebtes Potsdam vorgesehen war, in dessen Welt wir jetzt weilen.

Ein Kronprinz, ein künftiger König, fantasiert architektonisch an einem Male für seinen königlichen Vorfahr, ein wahrhaft königlicher Entwurf entstand! Und dieser Bild 266 ward gar der gewaltigste Entwurf, gewaltiger selbst als der von Gilly, den wir be- Bild 201 wundern konnten, an den er sich anlehnt. Er plant nichts anderes als eine preußische Akropolis, eine wahre Akropolis, denn er hat als Bauplatz ein Akron, eine geografische Höhe, während Gilly eine künstliche auf dem flachen Leipziger Platze hätte errichten müssen. Er faßt den Mühlenberg dafür ins Auge, der über der Nauener Vor- Bild 252 stadt rechts, östlich von der Höhe von Sanssouci liegt, von dieser verinselt durch einen Taleinschnitt, durch den die Landstraße nach Bornstädt zieht. Die Südseite dieses Bild 258 Mühlenberges hatte Friedrich der Große in einen Weinberg verwandelt. Der Kron- Bild 259 prinz entwirft einen geradezu kolossalen Plan (die technisch sauberen Ansichten, die wir abbilden, werden nach seinen Skizzen von einem Berufsarchitekten gezeichnet sein). Machen wir uns an einer Handskizze des Kronprinzen erst Lage und Einordnung in die Landschaft klar: Wir stehen *hinter* dem (d. i. nördlich vom) niedrigen Höhenzuge des Nordwalles des Havelurstromtales. Nun sehen wir links, Bild 265 d. i. von der Stadt her, obeliskengeschmückte weitläufige Aufgänge, in der Mitte die tempelbesetzte Akropolis selbst. Dann folgt ein Viadukt, der den Einschnitt der Bornstädter Landstraße überquert (auf ihn kommen wir noch zurück), und in Nivogleichheit auf die Höhe von Sanssouci führt, dessen nördliche halbrunde Säulenkolonnade, zu der eine Steilrampe hinaufführt, zwischen den zwei Baumgruppen sichtbar wird. Rechts steht die bekannte historische Mühle. (Diese Höhe von Sanssouci, von hinten gesehen, zeigt in ihrer heutigen Wirklichkeit Bild 258 das Lichtbild, eine Stufenrampe führt — am Orte des geplanten Viaduktes — nach Bild 257 Sanssouci hinauf, ganz hinten erkennt man schwach die senkrecht auf das Schloß Sanssouci und in seinen nördlich vorgebauten Kolonnadenhof hinaufführende steile Bild 258 Fahrrampe).

Kehren wir zur Akropolis auf dem Mühlenberge zurück. Wir sehen ein Propyläon Bild 266 vor uns, dahinter über einem Säulenhofe, wie aus dem Schnitte ersichtlich ist, ragt eine Bild 267 breite und hohe Stirnmauer auf. Diese wird von einem Tore durchbrochen, und nun steigen wir auf einer langen und hohen Treppe mit tiefen Absätzen zwischen hohen Wangenmauern, auf denen eine Säulenhalle den Treppenbau in der Höhe umzieht (eine Anlage ähnlich der des Treppenhauses in Gärtners Staatsbibliothek in München), auf die Tempelterrasse empor.

Sind wir aber alt und schwach und können nicht Treppen steigen, oder sind wir zu vornehm um Treppen zu steigen, so können wir auch im Wagen auf die Tempelterrasse kommen: Wir fahren links unten in den Stirnblock ein, und auf einer zweimal Bild 263 herumgeführten Steilrampe kommen wir auf die Höhe der den Treppenbau krönenden Säulenhalle, in der wir um den Treppenbau herumfahren können.

Der Tempel selbst ist als ein Doppeltempel gedacht, wie ihn ein anderer fürstlicher Bild 267 Baumeister, Kaiser Hadrian nach eigenen Plänen mit seinem Tempel der Venus und Roma an der Via sacra in Rom erbaute. Im vorderen werden wir die Jupitergestalt des großen Friedrich finden.

Bild 267   Obgleich der Mühlenberg eine geografische Erhebung ist, sieht der Entwurf noch gewaltige Unterbauten auf ihm vor, wodurch ein zweigeschossiger Bau entsteht.

Soviel von dieser preußischen, zu Ehren Friedrichs zu errichtenden Akropolis. Nichts erstand. Wie wir gesehen haben, fiel die Entscheidung in der Wahl der Entwürfe für das Friedrichdenkmal auf Rauchs schönen wenn auch bescheidenen Entwurf und auf Berlin als Ort, und der Kronprinz selbst, von der grenzenlosen Fantastik seiner eigenen Gedanken überzeugt, legte 1841 den Grundstein zu dem Werke Rauchs, für dessen Entwurf er, das Mögliche erwägend, warm eingetreten war. Auf dem Mühlenberge aber erstand anstelle der Akropolis das bescheidene Winzerhäuschen im
Bild 259   Stile einer kleinen italienischen Villa.

Aber der Mühlenberg entschwand nicht aus des Königs Plänen. Er faßte den Gedanken, die Park und Havel überragenden Nordhöhen mit einer großen Aussichtsstraße zu belegen, die vom Mühlenberge über die hintere Terrasse von Sanssouci weg und mit dieser gleiche Höhenlage haltend bis zum Belvedere Friedrichs des Großen ziehen sollte. (Man erkennt die Lage des Belvederes in der linken oberen Ecke des
Bild 252   Kärtchens.) Die Taleinschnitte und Einfurchungen zwischen den flachen Köpfen dieses Höhenzuges wären durch vier Viadukte zu überbrücken gewesen. Der Mühlenberg sollte dazu dienen, daß auf einer durch den Weinberg ihm vorgelegten Schlängel-
Bild 259   straße die Höhe erreicht würde. Schon errichtete er ein Prunktor an der Stelle, wo diese Fahrstraße die Bornstädter Landstraße, ganz nahe beim Obelisken vor dem Eingang des Parks von Sanssouci, verläßt. Ein hohes Tor in reizvoller Backsteinformung mit Terrakotten, rechts und links neben sich zwei monumentale, von Ahornen überschattete Halbrundruhebänke. Heute steht dieses Werk merkwürdig sinnlos da — als Einfahrtstor zu dem kleinen Weinberg hat es kein vernünftiges Maßverhältnis —, es ist Ruine eines großen Planes und das einzige, was von der großen Straße gebaut wurde. Doch nehmen wir sie als gebaut an und verfolgen sie. Wir fahren durch das rote Tor ein, wenden uns erst links und dann unter dem Winzerhäuschen rechts durch den Weinberg langsam hinauf zur Höhe des Hügels. Nun schwenken wir auf die andere hintere nördliche Seite des Hügels hinüber — im Halbrunde, um das wir schwenken, liegt die Muschel eines offenen antiken Halbkreistheaters (vergeßt nicht, daß wir mit dem König träumen!); wir überqueren auf einem Viadukt die Bornstädter Landstraße
Bild 265, 257   (für den eine Skizze des Königs zu ermitteln ist) und kommen, wir sind zu Wagen,
Bild 258   (statt auf der heutigen Stufenrampe) bequem auf die hintere Terrasse von Sanssouci. (Die von rechts heraufführende, für fürstliche Zufahrten unwürdige und für jedes
Bild 258   Gefährt äußerst unbequeme steile Rampe entfällt.)

An und in Sanssouci hat der Kronprinz, der Sanssouci als Geschenk erhielt und meist hier wohnte, manches geändert und auch einiges hinzugefügt, wie es die Bedürfnisse seines Haushalts erforderten, wobei er pietätvoll die Gesamterscheinung der Schöpfung seines vergotteten Ahnen schonte. Nur die Wasserwerke baute er aus, nachdem jetzt die Technik des anhebenden Maschinenzeitalters die Möglichkeiten dazu bot (Friedrich der Große hatte kostspielige aber vergebliche Versuche gemacht, genügend Wasser zur Speisung der Wasserkünste aus der Havel auf den als Wasser-

turm dienenden, hinter Sanssouci und über dieses hinaus aufragenden »Ruinenberg« Bild 252
hinaufzupumpen). Der Schöpfer des Parkes und Schlosses, Friedrich der Große, hat
die Wasserkünste nicht so reich fließen sehen wie wir und hat überhaupt — wie alle
die Schöpfer großer Parks — den Park nicht selbst in seiner heutigen Herrlichkeit,
sondern nur als ziemlich niedrige Pflanzung gekannt. Aber auch Friedrich Wilhelm IV.
hat um sein heutiges hohes Geheimnis nicht gewußt, wie wir sehen werden.

Wir verfolgen die Aussichtsstraße weiter. Der Einschnitt vor der historischen Mühle
(in den wir heute hinabsteigen müssen) ist wieder überbrückt, und hinter der histo- Bild 265
rischen Mühle überqueren wir auf einem weiteren »Rustikabogen«, sichtbar auf dem
Bilde »Entwurf zu einem Casino«, eine neue (dritte) Geländefurche. Gleich hinter dem Bild 269
Bogen lassen wir halten und schauen hinab in das kühle »Nymphäum« (das Tempel- Bild 262
chen steht in einer Nische *unter* der *oben* ziehenden Fahrstraße, der Gewölbebogen
darüber gehört also wohl noch zu den Bauten, die nötig sind, um diese Geländefurche Bild 269
für die Fahrstraßenebene auszuwischen). Nun finden wir uns neben dem »Casino für Bild 269
Gäste«. (Um es gleich zu sagen: auch dieses wurde ebensowenig wie die Brücke und
das Nymphäum — der Nymphäumsgarten ist im Bilde *neben* der Brücke sichtbar —
gebaut, sondern es wurde zu der »Orangerie«, einer kleineren älteren Bauidee, hinzu- Bild 270
addiert, sodaß die heute ein wenig weiter stehende große Orangerie entstand. Vor Bild 268
dieser begrüßen wir (seit 1873) den König-Baumeister, den Schöpfer dieser weiten
Anlagen, dankbar in einem marmornen Standbilde.

Kehren wir aber zu des Königs Straßenplan zurück und fahren (an dem kleineren
Orangeriegebäude des ersten Planes) vorbei. Nun sind wir auf einer breiten Straßen- Bild 270
anlage, rechts ist die Fahrstraße. Wir aber verlassen den Wagen und folgen, indem wir Bild 271
ein paar Stufen hinauftreten, dem Wanderer auf dem mit Platten belegten Aussichts-
wege über einen weiteren vierten Viadukt weg (sichtbar auf der Handskizze) an Bild 270
einer Brunnenschale vorüber und treten in einen Aussichtstempel. Wir sehen links
über die Bäume des Parkes weg das Neue Palais, den Bau Friedrichs des Großen, hoch Bild 271
aufragen.

Es ist nicht ganz klar, in welcher Höhe diese Aussichtsstraße gedacht war. Über die
Bäume des Parkes unten kann man heute nicht nach dem Neuen Palais hin schauen,
auch diese Bäume sind viel höher geworden, als Friedrich Wilhelm sie sah. Aber selbst
wenn sie nicht gewachsen wären, würde man von der heutigen Geländefläche das Neue
Palais nicht so hoch ragen sehen, sodaß wohl anzunehmen ist, daß diese Straße um
das untere Stockwerk des Orangeriegebäudes höher als sie heute liegt hätte liegen
sollen, was ja auch die Skizze vermuten läßt (nach der freilich der Fußpunkt des Bild 270
Orangeriegebäudes inbezug auf die heutigen Nivoverhältnisse nicht sicher festliegt).
Das ist dann aber auch deswegen, fast als sicher, anzunehmen, als in der Handzeichnung des Königs das Belvedere hinten in der Tiefe in gleichgebliebener Straßenhöhe Bild 271
liegt, während man heute, zwischen geschlossenen Baummassen rechts und links, in
sanfter Neigung hinaufzusteigen hat. Die Steigung dürfte genau einer Stockwerks-
höhe entsprechen, sodaß der Plan der Höherlegung der Straße um ein Stockwerk des
Orangeriegebäudes im Verhältnis zur heutigen wohl angenommen werden darf.

Am Belvedere Friedrichs des Großen angekommen, besteigen wir aufs neue den Wagen und kommen auf einem wieder geschwungenen Fahrwege langsam zur Tiefe Bild 252 der Au, fahren am Neuen Palais vorüber und durch den Park zu unserem Ausgangspunkte am Obelisken in Sichtnähe des Tores am Fuße des Mühlenberges zurück.

Ein anderer großer Plan, die Landschaft durch ein bedeutendes Architekturwerk zu verschönern, einen Punkt in ihr architektonisch zu betonen, ist auch nur halb verwirklicht worden. Auf dem Pfingstberge nördlich vom Mühlenberge (ein wenig außerhalb Bild 252 halb unseres Kärtchens, rechts oben zu denken) liegt ein merkwürdiges, weit aus der Bild 272 Landschaft umher sichtbares Gebäude. (Der Standpunkt des das Bild Aufnehmenden liegt gerade an der oberen rechten Kartenecke, links von den Kiefern ist der auf dem Bild 252 Kärtchen eingetragene »Exerzierplatz« zu denken. Wir sehen wieder einen in die Tiefe ziehenden Höhengürtel, die Begleitung der rechts zu denkenden, von Nordost herkommenden Havel. Dieser Höhenzug ist derselbe wie sein eben zwischen Sanssouci Bild 265 und Belvedere erwandertes Stück. Aus der Halle auf dem abgebildeten Aquarell rückBild 272 wärts schauend sehen wir links hinten Potsdam, von links nach rechts die Heiliggeistkirche, die Kuppel der Stadtkirche — ganz fern hinter ihr die Höhen von »Belriguardo« — weiter rechts über der Treppe die Garnisonkirche und ganz rechts zwischen dem hinteren Turm unseres Gebäudes und der ersten Säule des hinteren Säulenganges auf dem ansteigenden Gelände der uns bekannten Höhen das Belvedere. Man erkennt den Zusammenhang dieses Höhenzuges mit dem Pfingstberge.)

Ein luftiges Hallengebäude ist es, heute bei hochgewachsenem Walde nicht so sichtBild 273 bar wie noch auf der abgebildeten Aquarellskizze der damaligen Zeit. Man sieht heute nur die Türme überragen. Auch den freien Blick aus dem Hallenumgang hat man nicht Bild 272 mehr, er ist zugewachsen. Da nur zwei Zimmer (in je einem der Türme) in dem sonderbaren Bauwerk sind, so wird der Besucher ein wenig hilflos dastehen, wenn er sich nach dem Zwecke fragt. Es war ein rechtes »Lustschloß«, nur zum Genusse der Aussicht und zum Wandeln in den lichten Säulengängen auf halber Höhe zwischen Erde und Himmel bestimmt. In dem umschlossenen Gebäudehofe steht ein stilles dunkles Bild 275 kühles Wasser. Ein Philosoph mit Leidenschaft für Landschaft könnte dort oben wohnen.

Wohnen? Die zwei auseinanderliegenden Zimmer sind wohl kaum dazu geeignet. Bild 274, 276 Aber der Bauplan sah unmittelbar vor dem Ausgeführten ein »Casino« vor, das einige Räume umschlossen haben würde und das sich der Baumeister-Bauherr wohl als Unterkunft für kurzen Aufenthalt gedacht hatte. Er entwarf es nach dem Muster des Casinos der Villa Caprarola. Doch wie gesagt, dieses Casino und alles was Bild 274, 276 unterhalb seiner liegt, die Halbkreistreppen mit dem Wassersturz, die lange Doppeltreppe mit der Wassertreppe inmitten, die kleinen flankierenden Hallenbauten unten und das Wasserbecken davor wie auch die den Hügel ertreppenden Laubengänge, wie wir die schöne lustvolle Anlage nach einem Aquarell des Architekten von Arnim abbilden, wurden nicht gebaut. Man besuche aber den Pfingstberg, genieße die Schönheit der Formen dieser merkwürdigen Ruine und die weiten Fernsichten havelauf und -ab, und man ergänze sich mit Hilfe der Bilder das Vorhandene zu dem schönen und kühnen Ganzen, das eine freie Künstlerfantasie hier geplant hatte. Gerade das fast (im praktischen, nicht im architektonischen Sinne) Zweckfreie dieser schönen Anlage ist die Seele dieses Landschafts- und Architekturwunders.

Eine frühere, in den Handzeichnungen oft wiederkehrende Idee ist die eines Riesenmales in Gestalt eines sitzenden nackten antiken Riesengottes, mit dem ohne Frage Friedrich der Große gemeint ist. Geyer scheint diese Idee für eine frühere, auf dem Pfingstberge auszuführende zu halten, ohne daß ich wüßte, wodurch diese Ansicht zu begründen wäre. Vielleicht ist es doch richtiger, sie dem Mühlenberge zuzuweisen und anzunehmen, daß der Kronprinz, bevor er an die architektonische Auffassung des Males ging, sich einer architektonisch-plastischen hingegeben habe. Eine andere Ideenskizze zeigt gleich drei Riesensitzfiguren, neben der des Helden zweier sitzender Genien. Eine weitere ist architektonisch und zeigt einen Rundbau (in der Art der Befreiungshalle in Kelheim). Bild 264

Bild 266

Unten im Park vor dem Neuen Palais erbaute sich der Kronprinz durch Schinkel das köstliche Schlößchen Charlottenhof im antiken Stile. Später plante er daneben ein großes antikes Landhaus, zu dem ihn des jüngeren Plinius Beschreibung von seinen Landsitzen anregte. In der Nähe sollte in Form eines »Hippodroms« ein Garten angelegt werden (auf dem Kärtchen über dem Namen »Wildpark«), anstelle der einen »Meta« sollte eine gedeckte Halle für schlechtes, anstelle der andern eine offene als Sitzplatz für gutes Wetter errichtet werden. Die vier Säulen dieses letzteren, eines »Stibadiums«, sind mit dem allgemeinen gärtnerischen Grundriß des »Hippodroms«, (man erkennt ihn auf der Karte des Parkes) das einzige, was von dieser Villa die Wirklichkeit erlebte, die auf der heute freiliegenden großen Rasenfläche zwischen dem »Hippodrom«garten und dem Schlößchen Charlottenhof hätte liegen sollen. Bild 252

Bild 253, 254

Bild 252

Bild 253

Bild 255

Bild 253

Ich hörte sagen: alles Ideen, da und dort aus Italien und Griechenland hergeholt, Kunst*geschichte* — der Kritiker bedenke, daß nur wer historisch denkt, gerecht denkt, und er sei überzeugt, daß er selbst es als Zeitgenosse nicht anders, nicht besser, nicht originaler gemacht hätte.

Der Kronprinz und König, Baumeister an und in Berlin! Am Schlosse selbst schuf er, außer kleineren Veränderungen, die Kapelle mit der schönen Kuppel über dem Eosanderportal an der Schloßfreiheit, er baute die Terrasse zwischen Schloß und Lustgarten. Am Schloßkapellenbau betätigte er seine Vorliebe für die Verwendung echter kostbarer Steine, seine »Lithomanie«, wie er selbst sie nannte. (Er hat nach Geyer erzählt, daß er als Knabe oft nach einem Regen aus dem Schloßportale getreten sei, um das dortige märkische Granitpflaster zu besehen und sich an den verschieden gefärbten Steinen in ihrer zufälligen Zusammenstellung zu erfreuen.) Sein größter Schloßumbaugedanke ist aber Gedanke geblieben: der die beiden Schloßhöfe trennende, noch aus dem 16. Jahrhundert stammende zusammengeflickte unschöne Querflügel, der die großartige Harmonie des mächtigen Baues fatal unterbricht, hätte nach seinem Plane den hierher zu verlegenden Weißen Saal als Hauptfestsaal des Schlosses aufnehmen und zugleich als stattlicher Verbindungszug des Flügels am Schloßplatze mit dem am Lustgarten dienen sollen. Es kam nicht zu dieser Veränderung. Bild 283

Wir wollen, indem wir Friedrich Wilhelms Baupläne für Schloß und Umgebung im Auge haben, auf einen Augenblick seine Künstlergeschichte unterbrechen und um ein gutes Jahrhundert zurückgehend, Schlüters Entwurf zur Umgestaltung der Um-
Bild 277 gebung des Berliner Schlosses betrachten.

Man sieht auf dem Bilde vorn die Kurfürstenbrücke mit Schlüters Denkmal des Großen Kurfürsten. Der Schloßplatz mündet nach dem Plane in einem (nicht gebauten) Halbrunde auf die Brücke aus. Das heute zweihöfige Schloß rechts hat erst einen Hof mit vier Gebäudeflügeln (von denen der äußerste nicht nach Schlüters Plan gebaut wurde. Es ist der, den der obenerwähnte Plan Friedrich Wilhelms ins Auge faßte). Auf dem heute vom zweiten größeren Schloßhofe eingenommenen Gelände sind niedrigere Flügelbauten und der sogenannte Münzturm zu sehen, den Schlüter auf 90 Meter Höhe zu bringen unternahm; als aber Risse sich zeigten und der Turm abgetragen werden mußte, stürzte der Baumeister aus seines Königs Friedrichs I. Gunst. Der »Lustgarten« erscheint rechts als fürstlicher Garten, und jenseits des, Kupfergraben genannten Spreearmes steht bereits das Zeughaus Nerings. Der Zug der Linden (im Brandenburger Tore den Festungswall durchbrechend und nach Charlottenburg sich fortsetzend) ist bereits vorhanden, rechts ist schon die Dorotheenstadt entstanden und links die Friedrichstadt im Entstehen.

Dies zur Erklärung des Bildes und zur Orientierung des Beschauers. Für uns das Wichtige ist der in der Mitte des Bildes erscheinende Dombau. Seine in der Flucht der links abgehenden Breiten Straße liegende Front hätte ungefähr dort gestanden, wo heute der Flüssebrunnen von Begas rauscht, der ihn umschließende Gebäudeblock hätte sich mit seinem hinteren Flügel dem Spreearm genähert und gegen den heutigen Werderschen Markt gesehen. Der heutige Schloßplatz wäre um die Hälfte kleiner gewesen. Ungefähr an der Stelle dieses Schlüterschen Domes, doch um seine Tiefe zurückgerückt dorthin, wo heute die roten Privathäuser (»das rote Schloß«) stehen und wo die Schleusenbrücke den Zugang zum Werderschen Markt gibt, dachte sich der
Bild 290 König eine große »Passage«, einen Durchgangshallenbau, ein offenes von Säulen-
Bild 289 hallen umgebenes Inneres mit Kaufläden. Die Fahrbahn sollte draußen herumgeführt werden. Nach dem Spreearm hin, ungefähr dort, wo heute das bombastische Denkmal Kaiser Wilhelms I. mit seinen Unterbauten den Spreearm verengt, wäre die Halle offen und mit aufgestellten Plastiken geschmückt gewesen. Das Wichtigste an diesem schönen Plane aber scheint mir zu sein, daß er den Schloßplatz nach dieser Seite hin
Bild 290 schön und monumental durch eine zweigeschossige Stockwerkfront des Passagenbaues abgeschlossen hätte.

Es gibt ferner eine Skizze, die gegenüberliegende zweite offene Seite des Schloßplatzes wenigstens auf dem Stücke zwischen Schloß und Kurfürstenbrücke durch eine kleine niedrige Säulenhalle zu schließen.

Für den Werderschen Markt gibt es die Skizze einer Loggia dei Lanzi, wie sie in München in der Feldherrnhalle entstand. Er machte auch, scheint es, einen Nach-
Bild 2 bildungsentwurf für den Gralstempel in der Art dessen, den wir von Boisserée kennen.

Den größten Bauplan für Berlin aber hatte der König mit dem eines Domneubaues vor. Dort wo der Lustgarten an die Spree stößt (an der Stelle des heutigen Domes), war unter Friedrich dem Großen ein Dom mit Hohenzollernhausgruft errichtet worden. Dem stark religiösen Sinne des romantischen Zeitalters genügte dieses bescheidene und von Schinkel geradezu »häßlich« genannte Bauwerk nicht mehr. Als Friedrich Wilhelms Geist sich dieses Baugedankens bemächtigte, wuchs er ihm sogleich zur Fantastik eines »Nationaldoms« aus. Seine praktische Begeisterung für den Ausbau des Kölner Doms, die »hohe Felsenruine«, ist bekannt. Als Gegenstück zu diesem katholischen Nationaldom sollte in Berlin ein protestantischer erstehen. Jemand aus seiner Umgebung äußerte Bedenken gegen die vorhabende Größe dieses Planes, aber der König antwortete ihm: »Ich baue meinen Dom nicht für die Berliner Domgemeinde, sondern als Primas des Protestantismus für die protestantische Kirche Deutschlands, und da ich den Kölner Dom zu vollenden hoffe, so wird mir wohl das Recht zustehen, einen solchen Riesenbau, wenn nicht auszuführen, doch zu entwerfen.« Wenn nicht auszuführen, doch zu entwerfen . . .! Ausführen war etwas für sich, und Entwerfen etwas anderes — jenes ein vertracktes schweres Ding, das sich mit seinen und des Staates Mitteln als nicht zu bewältigen erwies, dieses aber ein »Sommernachtstraum im Lustgarten«, wie er selbst seine Pläne des Terrassenbaues genannt hatte, den seine Fantasie herzlich träumte. Eine Basilika entwarf er, wie sie Bild 279 Rom birgt, die gewaltige Basilika Sankt Paul vor den Mauern stand ihm vor Augen. Erst dreischiffig, später wie Sankt Paul fünfschiffig sollte die seine werden, genau so breit wie diese, aber bedeutend höher, sodaß man Besorgnis wegen der Standfestigkeit der untereinander nur durch die Holzbalkenkonstruktion, sonst unverbunden stehenden Basilikawände in einem Windsturme hätte hegen können, wenn sich das »Genie der Materie« vielleicht auch hier selbst geholfen hätte. Die Basilika hätte die anderthalbfache Höhe von Schlüters hohem Schloßbau erhalten, zwei Kampaniles, in einem früheren Plane in der Front, in einem weiteren neben dem Chore errichtet (man erkennt sie schwach in der Zeichnung), hätten schöne Senkrechtkomponenten in den breitgelagerten Massen von Schloß, Dombasilika und Schinkels danebenstehendem Alten Museum ergeben. Vor der Basilika und neben ihr wären große, nach den Langseiten doppelgeschossige Säulenumgangshallen zu errichten gewesen, Bild 278 nach vorn in der Hauptachse gegen die Schloßbrücke hin ein mächtiges dreitoriges Propyläon.

Die Anlage hätte fast den ganzen Lustgarten bedeckt. Außerordentlich waren die Ausmaße des Basilika-Innern. Die Breite des Mittelschiffs hätte mit 90 Fuß das Doppelte der des Mittelschiffes des Kölner Domes gemessen (die protestantische Rivalität mit dem Kölner Dome wird offenbar). Die Säulen im Kircheninnern und in der Vorhalle hätten mit fast 2 Meter Durchmesser und fast 20 Meter Höhe die des größten Tempels des griechischen Altertums, des von Ephesus, erreicht. Die Anlage hätte fast den ganzen Lustgarten bedeckt — nein, der Lustgarten wäre zu klein gewesen, es war nötig, ihn durch Brückenbauten in die Spree hinaus zu erweitern (es tauchte gar der Gedanke auf, die Spree gänzlich zu übermauern, den Lustgarten bis zur drübenen Burgstraße auszudehnen, um Baugelände für den Dom zu erhalten).

Schließlich, als man wirklich zu bauen begann, schob man wenigstens das Chorteil in die Spree hinaus und errichtete im Flusse kostspielige Unterbauten. Auch schon ein Mäßiges des Aufgehenden entstand. Aber das Jahr 1848 kam mit allen seinen Wirrnissen, der Bau geriet ins Stocken, auf den Chorstümpfen über den kostspieligen Fundamenten im Flusse wuchs Gras, und der Berliner witzelte: da wächst das teuerste Gras!

Der Bau lag verlassen, und die Basilika-Idee, welche dem Platze so angemessen gewesen wäre, wurde in der Folge aufgegeben. Es entstehen zwei Entwürfe mit einer Bild 281, 282 Großen Kuppel als Bauzelle, einer von Gropius, ein anderer von Stüler; so schön sie beide sind (namentlich der von Gropius mit dem hochgereckten Tambur und den zierlichen spitzkegeligen Ecktürmchen lombardischer Formensprache, das Ganze zu einer glücklich ausgewogenen Baugruppe geschlossen, verdient Beachtung, während der Stülersche Entwurf mit seiner Sankt Peter-Kuppel und den zu weit abstehenden Ecktürmen weniger zu loben ist), im architektonischen Gesamtbilde der Schloßinsel war ein weiterer Kuppelbau neben dem mittlerweile erstandenen der schönen Schloß-
Bild 283 kuppel als unangebrachte Motivhäufung verfehlt. Friedrich Wilhelm war längst tot, die Chorfundamente in der Spree wurden abgebrochen, aber die Kuppelidee blieb leider am Leben. Es kam schließlich zu jenem Unglücksbau Raschdorffs, der heute die Schloßinsel und ganz Berlin verschandelt. Man hat diese monströse Spielbaukastenarchitektur auf Rechnung Wilhelms II. geschoben, im richtigen Gefühle dafür, daß sie dessen robustem Gewissen in künstlerischen Dingen, seinem tausendmal in deutschen Landen betätigten Ungeschmack wohl zuzutrauen sei. Aber die Gerechtigkeit gebietet zu sagen, daß sein Vater Friedrich III. und dessen Frau im Grunde dafür verantwort-
Bild 283 lich sind. Die erste von Raschdorff gezeichnete Idee, welche — außer einem am Schlosse beim Apothekenflügel zu errichtenden hohen Kampanile und einem gedeckten Verbindungsgang zum Schlosse auf Bögen (den auch Stülers Entwurf, aber als offenen
Bild 282 erhobenen Gang vorsieht) — die drei Bestimmungen der Domkirche, als »Grabkirche« der Hohenzollern, als »Festkirche« und als »Predigtkirche« zu dienen, in drei zu einem Bauganzen vereinigten Kuppelbauten ausdrückt, ist schon fast so schlecht wie das, was heute dasteht. Ich habe mich von Oberhofbaurat Geyer belehren lassen, daß Wilhelm II., als einmal der Raschdorffsche, nunmehr einkuppelige Plan beschlossen war — ich weiß nicht, ob schon von Kaiser Friedrich, denn zu bauen begann man erst 1904 —, sich wenig in die Bauausführung gemischt habe. In dieses schlimme, in der Idee schlechte, in den Maßverhältnissen vergriffene, in seiner Komposition auseinanderfallende, in seinen Einzelheiten unsinnig überladene und unbegreiflich grobe Machwerk haben schließlich Friedrich Wilhelms große, reine und schöne Gedanken gemündet (die Republik sollte, aus geschmacklichen, nicht aus politischen Gründen, dieses den Kunstgeschmack der Deutschen schändende Werk bei der ersten Gelegenheit als zu opferndes Übungsgegenstand für ein militärisches Sprengkommando benutzen). Wenn Friedrich Wilhelm nicht in der traumhaft schönen Schöpfung seiner Friedenskirche in Potsdam, sondern hier in der alten Gruft seines Hauses bestattet läge, er würde nachts wie Hamlets Vater als ungerächter Geist darin umgehen...

Auch für Berlin hat Friedrich Wilhelm eine Idee für ein Denkmal Friedrichs des Großen skizziert. Er wählt als Ort den Platz neben der alten Oper. Säulenhallen um- Bild 280 geben eine in der Mitte zu errichtende Gedächtnishalle, auf welcher Friedrich als Sieger eine Quadriga steuert. Der Platz, für solch großes Werk zu wenig tief, der heute vor der Behrenstraße endet, hätte über diese und den Baublock des Hintergrundes hinüber bis zur Französischen Straße hin erweitert werden sollen.

Für diesen Platz beschäftigte ihn noch eine andere Bauidee — wir dürfen uns aber glücklich preisen, daß diese nicht ausgeführt wurde. Ihr wäre nämlich die Ungersche Bild 284 freie Kopie nach Fischer von Erlach zum Opfer gefallen (früher Universitätsbücherei, jetzt Universitätsaula). Es war jene Zeit, welche, für die malerische und wuchtige Schönheit des Barocks unempfindlich, im Barock eine Stilverwirrung, einen »Niedergang« sah. Wie tief dieser Irrglaube wurzelte, erkennt man zu seinem Schrecken, wenn man bedenkt, daß kein Geringerer als Schinkel in einem zweiten Entwurf eines Palastneubaues für den Prinzen Wilhelm — den ersten, in dem er den Ungerbau schont, Bild 208 kennen wir — diese Stelle vorsieht. Aber es gibt noch einen andern Entwurf Schinkels, der für diese Stelle einen — Terrassengarten vorschlägt. Auch des Königs Entwurf Bild 284 zu einem für seinen Bruder den Prinzen Wilhelm bestimmten Palast reißt Ungers Bau nieder und errichtet dort das Prunkgebäude einer Säulenhalle im oberen Stocke, zu dem der Louvre ohne Frage Pate gestanden hat. Viele und genaue Grundrisse für den dahinterliegenden Palast hat der König gezeichnet, auf einem findet sich die Unterschrift: »Erstes Mezzaninen Stockwerk im Palazzo Guilelmi in spe Wohnung besagten meines Herrn Bruders.« Und auf einem andern die elegische Bemerkung: »Eine Rechnung ohne den Wirt oder Sommernachtstraum vom Pallaste Wimpus Rex (Spitzname für Wilhelm. Es folgt die Baubeschreibung) Fritz Siam Butt (sein Architektenname).«

Unter den Linden schließt der von Friedrich dem Großen für seinen Bruder Heinrich errichtete Palast, jetzt und damals schon Universität, das »Forum Fridericianum« ab. Der König plante, es reicher zu gestalten, indem das jetzt wenig vorspringende Mittelrisalit der Universität als Tempelgiebel in den Vorhof vorgezogen, eine zum Obergeschosse führende stattliche Freitreppe angelegt und die Flügel des Gebäudes durch Giebelaufbauten bereichert werden sollten. Es blieb Absicht — wir sind damit zufrieden.

Größeren Erfolg hatte der König mit seinen Plänen, das »Museumsinsel« genannte Ende der Spreeinsel mit nötig gewordenen Gebäuden für Kunst und Wissenschaft zu bedecken, darauf einen heiligen Bezirk zu schaffen.

Schinkels Altes Museum am Lustgarten war fertig geworden. Der verbleibende Rest Bild 279 der Insel sollte nach des Architekten Stüler Bearbeitung in folgender Weise bebaut werden (wie sich des Königs und des Architekten Gedanken gegeneinander abgrenzen, soll hier nicht untersucht werden):

Quer über die Insel, hinter das Alte Museum Schinkels, ist die heute vorhandene Museumsstraße gelegt. Wendet man sich in ihr, dem Alten Museum den Rücken Bild 285 kehrend, dem Baugelände zu, so soll erstehen: Links das »Neue Museum« (das Stüler ausführte), an dieses schließt sich ein Säulengang (der heute auch dasteht), der überragt wird von einem Peripterostempel auf hohem Sockel. Er soll in einem von niedrigen Säulenhallen umgebenen, nach der Spree hin von höheren Gebäuden überragten Hofe sich erheben. Ganz in der Tiefe zwischen Neuem Museum und dem Peripterostempel sieht man weitere Gebäude, die sich in einem monumentalen halbrunden Zierhofe aneinanderschließen, wo auf hoher Treppenanlage das Reiterbild des Königs steht. (Man hat dieses und die Halbrundanlage also sehr fern zu denken.) Was zwischen diesem Schlußstück und der Museumsstraße liegen und wie sich die Bauräume gruppieren sollen, erkennt man besser auf dem von der Burgstraße jenseits der Spree aus gezeichnet Bild 286 gedachten Längsbilde. Links liegt das Alte Museum Schinkels, mit dem Neuen (im Hintergrunde eben sichtbaren) Museum Stülers durch einen Gang über drei in der Museumsstraße errichteten Bögen (die heute da sind) verbunden. Jetzt schaut man dem Peripteros und den in seinem Hofe am Spreeufer zu errichtenden neuen Gebäuden (die heute nicht da sind) in die Flanke. Dann folgt an der Spree eine offene Säulenhalle, über der eine figurgekrönte Freisäule aufragt. Hier wäre ein zweiter Hof entstanden, der mit seiner Längsachse *quer* zum ersten Tempelhofe gestanden hätte. In der Ferne sieht man zwei Flachkuppeltürme. Diese hätten sich drüben, am Kupfergraben genannten, Spreearme erheben und zwischen sich eine halbrunde Ziernische, eine Exedra, haben sollen. Auf diesen Hof quer, damit also die Gesamtachsenrichtung wieder aufnehmend, hätte sich mit seiner Längsachse ein dritter, mit Nutzgebäuden zu umschließender Hof stellen sollen, dessen halbrunder monumentaler Abschluß Bild 288 eben jene mächtige Exedra geworden wäre, vor der das Reiterbild des Königs gestanden hätte. (Die Gestaltung dieses dritten Hofes von Außen ist in der Ansicht Bild 286 von der Burgstraße zu sehen.) Nun erkennt man, welche Tiefe dem ersten Bilde Bild 285 zukommt.

Dieser großartige, prachtvolle Zierhöfe zu einem übersichtlichen und auch abwechslungsreichen Ganzen zusammenordnende Gedanke schrumpfte, als man an die Ausführung ging, außerordentlich zusammen. Das Neue Museum wurde wie gesagt Bild 285, 286 gebaut (ohne die Flachkuppeltürme), der Peripterostempel auf hohem Sockel wurde ein Pseudoperipteros, d. h. die Freisäulen mit Umgang wurden zu aufgelegten Halbsäulen ohne Umgang, und der Sockel selbst wurde auch wohl niedriger. Von den beiden dahinter gedachten Höfen erstand nichts, sondern unter König Wilhelm, dem Nachfolger Friedrich Wilhelms, wurde das hinten im eigenen Zierhofe geplante Reiterdenkmal des Königs auf die Sockelplattform vor den Pseudoperipterostempel, der zur »Nationalgalerie« bestimmt wurde, gestellt.

Wir verfolgen an dieser Stelle schnell das weitere Bauschicksal der Museumsinsel, einmal weil es reizvoll ist, von der Geschichte eines solch schönen Baubezirkes, wenn man sich in ihm ergeht, etwas zu wissen; dann aber und namentlich auch deshalb, weil wir die ursprünglichen Gedanken auch durch das heute Vorhandene und in der Ausführung Begriffene durchschimmern sehen werden.

Ein unverzeihlicher und heute wohl nicht mehr auszumerzender Fehler wurde in den siebziger Jahren leider begangen: als man in dem, Reichshauptstadt gewordenen

Berlin in den Jahren 1874 bis 1882 an die Erbauung der Stadtbahn ging, wurde diese quer über die Museumsinsel weg hinter die damals vorhandenen beiden Bauten der Nationalgalerie und des Neuen Museums gelegt, weil man nicht voraussah, daß sehr bald die Zeit kommen würde, welche für die Sammlungen auf die noch nicht monumental überbauten, von Friedrich Wilhelm IV. für Monumentalbauten aber bereits ausersehenen letzten Teile der Insel überzugreifen gezwungen sein würde. Das stille heilige Gelände wurde dadurch ein leider sehr unheilig lauter Bezirk. Wir zeigen schnell zwei aus den späteren herausgegriffene Inselbebauungsentwürfe, einen schlichteren von Orth, in dem man das heutige Kaiser Friedrich-Museum ahnt, aber auch Bild 291 die alte Idee eines dekorativen Rundbaus am Inselkopfe erkennt; und einen üblen Bild 286 aufgedonnerten aus dem Jahre 1884 von Klingenberg, der auch das Inselende mit Bild 292 einem Rundbau bedenkt. Beiden gemeinsam ist, daß sie die unumgängliche Stadtbahn in einem Tunnel durch den Baukörper hindurchführen.

    Am Inselkopfe wurde um die Jahrhundertwende in allgemeiner Beibehaltung der Orthschen Idee, doch nicht über die Stadtbahn übergreifend, von Ihne unter allzugroßem höfischen Einfluß das wenig befriedigende Kaiser Friedrich-Museum errichtet (vor den Inselkopf kam eine Brücke, von ihr aus ist der Eingang zum Museum). Der zwischen dem Kaiser Friedrich-Museum und der Stadtbahn einerseits und dem Neuen Museum andererseits verbleibende Raum sollte mit einem neuen Museum, wie es für die stets wachsenden Sammlungen, namentlich seit dem Zugang der pergamenischen Altertümer, notwendig wurde, bedeckt werden. Es war also noch der Raum des zweiten quergestellten Hofes in Friedrich Wilhelms Plan dafür frei (der des dritten Bild 286 Hofes war mit dem Kaiser Friedrich-Museum bedeckt worden). Durch den wohl großartig zu nennenden Entwurf Messels, mit dessen Ausführung man heute, nach dem Bild 287 Tode Messels, noch beschäftigt ist, und der sich nur nach nicht geringem Kampfe mit dem Hofe soll haben durchdrücken lassen, schimmert die Idee Friedrich Wilhelms durch: zwischen zwei gewaltigen Baublöcken als Flügelbauten (welche die Flachkuppeltürme jenes Stülerschen Entwurfes in ihrer ästhetischen Wirkung ersetzen), Bild 286 liegt der nach dem Kupfergraben offene Hof. In seiner Tiefe nach der Spree hin ist er aber geschlossen durch die hochaufragende Hauptbaumasse.

    So ist schließlich noch ein verhältnismäßig glückliches Bauganzes entstanden, freilich nicht mehr übersichtlich und organisch zusammengeordnet, sondern verstümmelt und mit dem peinlichen Rußfleck der Stadtbahn behaftet. An der Hand der abgebildeten Entwürfe aus älterer Zeit aber mag man schmerzlich bewegt träumen, wie schön dieser heilige Bezirk der Kunst hätte werden können...

    Wir kehren in die Lebzeit des Königs zurück. Noch andere Baupläne des Königs wären zu erwähnen, z. B. der eines Neubaues der alten Akademie an der Stelle, wo unter dem letzten Kaiser der rohe Bau der Staatsbibliothek entstand, aber es waren meist auch »Sommernachtsträume«, »Rechnungen ohne den Wirt«, »sie kosten nichts« — der Steindichter Friedrich Wilhelm hat genug gebaut und geplant, um sich in der Kunstgeschichte den ehrenvollen Platz zu erringen, den ihm die politische Geschichte vorenthalten wird.

»Das seind schwere nothen«, schreibt er gelegentlich einmal neben einen seiner architektonischen Entwürfe, wie ein jeder Architekt und überhaupt jeder Künstler einmal von seinem Werke aufseufzend. Und als Schinkel den Kopf hangen läßt aus Schmerz darüber, daß ihm so wenig von seinen Plänen in die Wirklichkeit zu versetzen vergönnt sei, ruft ihm der Kronprinz zu: »Kopf oben, Schinkel, wir wollen einst zusammen bauen!« Die beiden großen Künstler haben einiges zusammen gebaut, wir wissen ihnen großen Dank dafür; mehr aber noch haben sie nicht bauen können, aber auch für dieses nur Gewollte wissen wir ihnen tiefen Dank!

PLÄNE FÜR RIESENBAUTEN IN EISEN

In der Mitte des 19. Jahrhunderts trat mit dem Eisen (wie am Ende des Jahrhunderts mit dem Beton) ein neues Konstruktions- und damit auch Stilelement in die Baukunst. Namentlich in England und Frankreich nahm man es begeistert auf, man sprach bald von einem »Eisenstil«, den man gefunden zu haben glaubte. Aber es kam doch meist darauf hinaus, daß man Ingeniörwerke mit Zierelementen der Steinstile verkleidete. Namentlich die späte Gotik, die das an sich massen- und flächenhafte Element der Steinstile schon in ein rippen- und linienhaftes aufgelöst und, gleich dem Bau in Eisen, die Flächenfüllung der Glasscheibe überlassen hatte, mußte ihre Formen hergeben.

Es ist eben nicht leicht, im Eisenbau das Ingeniörhafte vom Architekturhaften zu trennen. Doch wollen wir uns um eine strenge Scheidung nicht bemühen, da es uns bei unserer Darstellung der *kühnen* Architektur mehr auf die Kühnheit als auf die Architektur ankommt. Darum sollen ein paar kühne Werke aus dieser Epoche, die nicht gebaut wurden, genannt sein.

1889 zeigte auf der Pariser Weltausstellung der (erst im Jahre 1924 verstorbene) Ingeniör Eiffel zum Staunen der zusammengeströmten Welt seinen Eiffelturm, ein weltbekannt gewordenes Bauwerk, das nicht erst beschrieben zu werden braucht und mit seinen 300 Metern Höhe die höchsten gotischen Türme um fast das Doppelte überragte. Das ließ die Engländer nicht schlafen, auch London wollte seinen Eisenturm haben, noch im selben Jahre lieferte ein Wettbewerb die hier abgebildeten Bild 293 Entwürfe. Selbstverständlich ist, daß ihre Höhe die des Eiffelturmes schlagen mußte. Der erste von Stewart und Genossen mißt 366 Meter. Er steht auf sechs Füßen, mit Aufzügen erreicht man die 61 Meter hohe erste Plattform, auf der Erfrischungs- und Dienst-, aber auch Hotelräume für Besucher liegen, »die in der Nähe der Geschäftshäuser wohnen möchten, ohne dem Nebel ausgesetzt zu sein«. Der zweite, auch sechsfüßige Bau, von Webster und Haigls, wie der erste in seiner allgemeinen Form dem Pariser Turme ähnlich (der aber auf vier Füßen steht), sollte 396 Meter messen. Sein Sockel ist in Formen der Steinarchitektur gehalten, in ihm sollen Mietwohnungen für

Höhenbedürftige liegen. Der Kuppelbau auf der ersten Plattform kann dreitausend Menschen fassen. Der dritte von Max am Ende, der gar die schwindelnde Höhe von 473 Meter erreichen soll (das ist mehr als das Dreifache der Kölner Domtürme), entlehnt seine Formen unbedenklich dem Steinstil der normännischen Kirchengotik. In allen vier Pfeilern sind eigenartig konstruierte Aufzüge, welche innerhalb von zehn Minuten 800 Menschen, also die Einwohnerzahl eines normalen Dorfes, nach oben befördern. Der vierte niedrigere von Sinclair Fairfax versucht am meisten von den vieren die Aufgabe einer ästhetischen Lösung entgegenzuführen, lehnt sich aber auch an die Formen nationaler neuer Profangotik in England, an die des Turmes des Parlamentsgebäudes an. Nichts davon wurde gebaut.

Dann sei auch der Entwurf einer Eisenbahnbrücke über den Kanal abgebildet, den das deutsche Zentralblatt der Bauverwaltung im selben Jahre veröffentlicht. Die Pläne, den Kanal zu überbrücken oder auch zu untertunneln, sind sehr alt. Es gibt Entwürfe vom Jahre 1802, 1831, 1849, 1867, 1878, 1882. Dieser abgebildete von 1889 der französischen Ingeniöre Henry Schneider und H. Hersent beabsichtigt eine 38 Kilometer lange doppelgleisige Eisenbahnbrücke, die 118 Weiten mit Spannungen von 100 bis 500 Meter haben und 72 Meter über Niedrigwasser liegen soll. Der Kanal ist, wie die Nordsee, kein tiefes Meer, immerhin mißt seine größte Tiefe noch 47 Meter, jeder der Pfeiler hat mit seinem Überwasserteil also noch stattliche Kirchturmhöhe. Die Führung der Brücke ist in der Mitte ein wenig nach Süden eingeknickt, damit man die dort liegenden Untiefen für das Pfeilerfußen vorteilhaft nutzen könne. Der ernsteste Grund, weshalb ein solches Werk nicht begonnen und auch nicht recht in Betracht gezogen wurde, ist die Abneigung Englands gegen eine Verkehrsverbindung durch Brücke oder Tunnel mit dem Festlande. Heute und in Zukunft kommt es zu dem an sich konstruktiv vielleicht möglichen Bau nie mehr, weil die Eisenbahn, in ihren Gegebenheiten von der Entwicklung des Flugzeuges überholt, zu veralten beginnt. *Bild 294*

In diesem Zusammenhang mag denn auch die großartige Idee eines neuen Schnellbahnsystems von August Scherl erwähnt werden, nach einer Veröffentlichung von 1909 in der Deutschen Bauzeitung. Die Idee geht von einer Kritik des jetzigen zweigleisigen Bahnbetriebes aus und von der — von uns nicht nachzuprüfenden — angeblich unbezweifelbar sicheren Erfindung eines eingleisigen Systems, in welchem das Fahrzeug dadurch standfest wird, daß »es sich jederzeit durch eigenartige Anordnung rasch rotierender Kreisel in die Gleichgewichtslage einstellt, in der die Mittelkraft aller auf den Wagen einwirkenden Kräfte durch die eine unterstützende Schiene gehen muß«. Ob der »echtstabile Einschienenwagen geschaffen« sei, das zu untersuchen ist Sache des Ingeniörs; für uns, die wir es mit den architektonischen Auswirkungen einer solchen Erfindung zu tun haben, genügt das Vertrauen in den fabelhaften Fortschritt aller technischen Erfindungen der letzten Zeit und die Einsicht, daß, wenn etwa dieses System die Frage noch nicht löst, ein anderes ähnliches sie sicher lösen wird. Nehmen wir also einmal die Lösung an: man würde jetzt mit 200 Kilometer Geschwindigkeit zwischen den europäischen Hauptstädten fahren; zwischen den Strahlen dieses Netzes erster Ordnung in einem Netze zweiter, das die *Bild 295 bis 297*

Querverbindungen zwischen jenen und die unter den Großstädten eines Landes umfaßt, mit 120 bis 150 Kilometer; auf dem Netze der Zubringerstrecken dritter Ordnung mit 30 bis 60 Kilometer Stundeneile. In den Millionenstädten wäre die Auswirkung des Gedankens diese: ihre Fläche würde belegt mit zwei, drei und nach Bedarf weiteren konzentrischen Verkehrsringen; diese werden geschnitten durch Radiallinien, die vom Zentrum ausstrahlen; die Schnittpunkte sind Umsteigestellen; im Brennpunkte des weltstädtischen Verkehrs erhebt sich »in gewaltiger Größe das imposante Rundgebäude des Zentralbahnhofs«, in den die Strahlenbahnen einmünden. Aus der Stadt selbst gelangt man aus einer riesigen von Kaufhäusern umrahmten Halle, in welche Straßenbahn- und Omnibuslinien münden, mittels großer Aufzüge im Kernbau in die obere Halle, in welcher nach den großen Himmelsrichtungen hin die Züge bereitstehen.

Bild 295
Bild 296
Bild 297

Auch eine solche Idee ist durch die Entwicklung des Flugzeuges überholt worden.

PLÄNE NATIONALER DENKMÄLER AM RHEINE

Man pflegt über nationale Denkmäler zu spotten. In der Tat gibt der gerade an ihnen häufig offenkundig gewordene Ungeschmack, namentlich dann, wenn ein gewisser höfischer Einfluß in ihrem Werden sich geltend machte, oft dazu berechtigten Grund. Aber man sollte es doch nicht grundsätzlich tun.

Als ich, ein junges Studentlein, zumerstenmale an die Donau kam und ein wenig naserümpfend die Walhalla bei Regensburg besuchte, kam ich dort ins Gespräch mit einem Pariser Professor, der auf meine von Geschmacksgründen eingegebenen Bedenken erwiderte: »Ich wollte, mein Volk hätte eine Reihe solcher Denkmäler.« In der Tat, man mag gegen das einzelne Werk sagen, was man will, in welchem Lande Europas und der Welt gibt es eine solche Zahl riesenhafter, nationale Erinnerungen wachhaltender Mäler wie in Deutschland vom Niederwald über die westfälische Hohensyburg bis zur Porta Westfalika, vom Kyffhäuser über das Leipziger Schlachtfeld bis zur Walhalla und der Kelheimer Enge? Man muß schon ein geschmäckelnder Snob sein, um die Bedeutung solcher Werke für das Gefühlsleben eines Volkes zu übersehen; und was die oft mißglückte Form angeht, so wollen wir anständig und ehrlich sein und zugeben, daß Geschmack nicht nur eine Sache der Person sondern auch der Zeit ist, und daß das Lehrgeld großer Irrtümer von Vorgängern bezahlt werden mußte für den Lehrgang im Geschmack von uns Nachgeborenen.

So ist das Denkmal auf dem Niederwald, das Johannes Schilling 1883 errichtete, für das deutsche Volk und auch für die deutsche Kunst ein Gewinn. Es war eines der ersten großen in der Landschaft errichteten Monumente, und an ihm hat man denn auch gelernt, daß ein in der Landschaft errichtetes Denkmal andere und zwar größere Formen haben muß als ein in Stadt oder Dorf, also zwischen Gebäuden stehendes.

Dieses zwischen Architekturen stehende bedarf selbst nicht der Architektur, jenes nicht zwischen Baumassen stehende aber bedarf einer baulichen Masse an sich selbst. Sonst ertrinkt es, ein hilfloses Schifflein, im Meere der Landschaft, es müßten ihm denn solche rein bildnerischen, aber durch ihre Größe bereits architektonisch wirkenden Formen gegeben werden wie antike Riesendenkmäler sie vorsahen. Nicht der schärfste heutige Kritiker des Werkes von Schilling würde es 1883 besser gemacht haben. Aber allmählich wurde erkannt, daß das Niederwalddenkmal der Architektur nicht entraten könne. Wir bilden einen Entwurf ab — nicht als ob gerade dieser der einzig Bild 299 mögliche oder beste sei, sondern um überhaupt einen zu zeigen —, der dem Denkmal durch eine Treppenterrasse und eine Halle im Hintergrunde Ansehnlichkeit in der Landschaft geben möchte. Es bleibt der Zukunft überlassen, diese Aufgabe wieder einmal zu stellen.

Der Freude über die nationale Einigung dachte nicht nur das deutsche Volk in der Erbauung des Niederwalddenkmals, dachten auch einzelne Provinzen durch die Errichtung von Denkmälern Ausdruck zu geben. Die Provinz Westfalen erbaute das Hohensyburgdenkmal an der Ruhr. Die Rheinprovinz schrieb einen Wettbewerb aus, die Entwürfe sahen als Ort des Denkmals die Gegend des Siebengebirges vor. Einige wollen es auf die Insel Nonnenwerth bringen, wir bilden einen Entwurf ab, der es unter Bild 298 den Drachenfels mit dem Gesichte rheinaufwärts stellen will. Wir werden aber sagen: wir freuen uns, daß es nicht zur Errichtung dieses oder eines ähnlichen Monumentes, namentlich nicht an dieser Stelle, kam.

Die Frage eines nationalen Denkmals beschäftigte noch einmal lebhaft die Gemüter kurz vor dem Kriege. Es galt, die öffentliche Forderung zu erfüllen und Bismarck ein vom ganzen deutschen Volke zugewidmetes Denkmal zu errichten. Als Ort dafür hatte man die Elisenhöhe über Bingerbrück, gegenüber dem Niederwald vorgesehen. Den Architekten und Bildhauern Deutschlands war eine große Aufgabe gestellt.

Über die Ergebnisse des großen Wettbewerbes ist viel gespottet worden. Es ist nicht bekannt geworden, daß einer der Spötter einen besseren Entwurf oder auch nur Vorschlag geliefert hätte.

Wir bilden aus der großen Zahl von Entwürfen einige ab, entsprechend der Wichtigkeit dieser letzten großen idealen Architektenaufgabe in Deutschland verhältnismäßig viele, und hier mit um so größerem Rechte, als der Kriegsausgang diese Aufgabe vorläufig und die nach dem Kriege offenkundige schicksalhafte politische Zersplitterung des Volkes sie wahrscheinlich für immer zu ungebauter Architektur gemacht hat. Wir wählen nicht mit dem Unterscheidungsgrunde der Qualität, sondern mit dem der verschiedenen Typen aus — wenn es sich auch findet, daß im allgemeinen beide Gründe sich decken.

Allen Entwürfen gemeinsam ist, daß der Architekt die Aufgabe löste und daß der Bildhauer, beide manchmal in einer Person vereinigt, sich nur beteiligte. Die Lehre des Niederwalddenkmals drüben hat gewirkt. Selbst die (hier wenig glückliche) antike Bild 302 Idee eines Riesensitzbildes wird architektonisch gestaltet. Kennzeichnend für den Wettbewerb, und für unser denkerisches Jahrhundert, ist, daß so ziemlich alle histo-

rischen Ideen für Denkmalsgroßformen eklektisch gewählt wurden. Da ist unter den
Bild 300 am wenigsten geglückten Entwürfen die Idee der nubischen Kleinpyramiden, die der
Bild 301, 302 vorderasiatischen Feuertürme, die des klassischen Riesenbildes; da ist die Idee des
Bild 303, 304 mittelalterlichen Burgturmes, des Theodorichgrabmals, des orientalisch-christlichen
Bild 305 Kuppeldoms; die des antiken Theaters unter freiem Himmel für Aufführungen der
Bild 309 (fehlenden) nationalen Festspiele (in welcher Sparte es leider nur kümmerliche Ge-
Bild 306, 307 mächte von Winkeldichtern gibt); des himmeloffenen monumentalen Rundhofes, für
den, wenn es sein muß, ein Vorbild in persischen Bestattungstürmen gefunden werden
Bild 308 kann, und des keltisch-germanischen Dolmenringes. Hier finden sich die bestge-
stalteten Ideen, und die letzte Erfindung erhielt auch den ersten Preis.

Wie bewußt und auch wie glücklich die Entwürfe in die Weinberge der Landschaft
Bild 303, 304, hineingedacht waren, davon zeugen die von Hahn, Kreis, Riemerschmied, Brantzky
305, 306, 308 und Thiersch. Für Thiersch war das Landschaftliche der ausschließliche Gestaltungs-
antrieb: auf einer schönen großen Aquarellskizze erhebt sich über einer stark und ge-
schickt in die Tiefe geführten Buhne im Rheine der Burgturm als landschaftliches
Gegenstück zu der links unter dem Niederwald hangenden Burg Ehrenfels, während
der Mäuseturm mitten im Flusse auf der Insel das landschaftliche Zentrum und der
Scharlachberg über Bingen den schließenden Hintergrund abgibt.

Ein heftiger Streit erhob sich gegen die Entscheidung des Preisgerichtes, ein Krieg
der Geschmäcke, Gesinnungen und Eitelkeiten — da machte der ausbrechende Krieg
des Völkerwahnsinns ihm, wohl für immer, ein Ende.

IDEALENTWÜRFE AUS DER LETZTEN VORKRIEGSZEIT

Je mehr wir uns der Gegenwart nähern, um so schwieriger wird unsere Aufgabe.
Es ist leicht zu sagen, was von Plänen ungebaut ist, nicht leicht, was ungebaut bleiben
wird. Dem selbst in der Wirrnis der Gegenwart Stehenden ist es schwer, alles zu überschauen und Wichtiges im Unwichtigen zu erschauen, während der Historiker es
leicht hat: er sieht in perspektivischem Bilde, die Wirklichkeit der Gegenwart ist eine
immanente Kritik der Entwicklung der Vergangenheit, Beschreiben und Urteilen ist
bequem. Auch drängt der Stoff immer mächtiger heran, und es ist unvermeidlich, daß
in der Stoffauswahl auch persönliche Beziehungen sich unwillkürlich auswirken, da
ich von den Entwürfen mir fremder Architekten nur die kennen kann, die in Zeit-
schriften, Büchern und auf Ausstellungen bekanntgegeben wurden. Es ist also viel
erreicht, wenn wenigstens mit ahnenlassender Vollständigkeit typenhaft und an-
deutend ausgewählt werden und wenn ein halbwegs gerechtes Urteil gewahrt werden
konnte. Das eine aber muß allen, namentlich den vielen notgedrungen zu Papier-
architekten Gewordenen klar sein, daß Nichterwähntsein nicht gleichbedeutend
sein kann mit Nichterwähnenswertsein. Hier muß selbst im Werke, das Ungebaute

Architektur in seiner Weise bauen will, Beträchtliches und ganz gewiß das Meiste ungebaut bleiben.

Da ist, um aus manchem Guten etwas als Beispiel und Vertretung herauszugreifen, Elsässers ausgezeichneter Entwurf für eine protestantische Kirche: Eine ovale Predigt- und eine kleinere ovale Abendmahlskirche sind aneinandergeschlossen, die Berührungsstelle ist durch zwei Flankentürme betont. Eine offene reichverzierte Pfeilerstellung mit eingezogenen Emporen in der Querversteifung schließt sowohl jede Kirchenhalle ab, wie sie von einer zur andern ungezwungen und malerisch zugleich hinüberleitet. Daneben in den durch die Türme verstellten Pfeilernischen die zwei Orgelhälften. Am einem der Mittelpfeiler, nicht ganz aber fast zentral, die Predigtkanzel, deren aus dem Zentrum verschobener Ort meist die wunde Stelle der Predigtkirchen ist. Die Halle selbst, gewiß mit einer Decke aus Eisenbeton geschlossen, ist ein gewaltiger schöner Raum, dessen Wirkung der der schönsten Kirchenhalle in Deutschland, der Michaelskirche in München, gewiß nicht nachstehen würde. Auch ähnlich wie diese konstruiert mit ihren ins Innere gezogenen Pfeilern und dem Umgang, der sich durch die Pfeiler fädelt. Sie erinnert auch an einen Entwurf Schinkels für die Werderkirche — an Schinkels Weise einer persönlichen Gotik, an seine flachen Dächer und stumpfen Türme erinnert auch und namentlich das Äußere der Kirche Elsässers. Und wenn man den Grundriß betrachtet, wird es klar, daß Elsässer sich unmittelbar an Schinkel anlehnt. Aber auch genügend selbständig bleibt, ja dem modernen Eisenbetonbau einen eigenen und glücklichen Stilausdruck gibt. Ich bin ganz begeistert von diesem Entwurfe und möchte andere dafür begeistern, namentlich geistliche Bauherren, damit ein solch gelungener Baugedanke bald vom Papier in den Stein sich hinüberwandle.

Bild 310
Bild 311
Bild 209

Ein Beispiel auch seien Kreis' und Beckers Bautenpläne für die in Düsseldorf für das Jahr 1915 beabsichtigt gewesene Ausstellung »Aus hundert Jahren Kultur und Kunst«. Es waren monumentale Gebäude vorgesehen, welche die Ausstellung überdauern sollten. Eine große Gruppe von Gebäuden im Formgewande eines modernen Klassizismus wäre auf dem Ausstellungsgelände entstanden — wir bilden zwei davon ab, als erstes Beispiel für vieles, was dem Kriege in diesen Jahren zum Opfer fiel, als sozusagen historisches Dokument, ohne daß durch die Erwähnung in diesem Falle der Verlust besonderer architektonischer Werte beklagt werden soll.

Bild 312, 313

In diesem Zusammenhang sei auch der Entwurf von Spangenberg und der Baufirma Dyckerhoff & Widmann für eine neue monumentale Elbbrücke in Dresden erwähnt, obgleich er ganz in das Gebiet der Ingeniörleistungen fällt. Wegen des in der Nähe des Hafens sehr lebhaften Schiffsverkehrs waren Pfeiler im Strome zu vermeiden, und damit das unvergleichliche Stadtbild Dresden mit seinen Türmen nicht durch hohe Konstruktionen gestört würde, war vorgeschrieben, daß die gesamte Konstruktion *unter* der Fahrbahn zu liegen habe. Durch diese Bedingungen entstand für den Eisenbetonbau eine Aufgabe von ungewöhnlicher Kühnheit, weil der Strom mit *einem* flachen Bogen von der bis dahin für Eisenbetonbrücken unerhörten Spannweite von 136 Meter bei nur 9 Meter Pfeilerhöhe über Wasser zu überbrücken war. Von der allgemein künstlerischen Wirkung, wie sie auch guten Ingeniörbauten eigen ist, gibt das Bild der

Bild 336

115

Bild 335 Untersicht der in drei Gelenken beweglichen, innere Erschütterungen dadurch ausgleichenden, Brücke eine bedeutende Vorstellung. Die Brücke sollte im Zuge der Erfurter Straße bei den Schlachthofgebäuden errichtet werden. Der Krieg und die wirtschaftliche Not nachher hat den Plan in die Hände der Zukunft überantwortet. Dieses als Beispiel für zahlreiche Nutzbaupläne gleichen Geschickes.

In Österreich war es nicht anders. Auch dort hat das politische Geschick großes Bauen für lange Zeit unmöglich gemacht und die hier abgebildete schöne Fantastik, die vielleicht schon für die österreichische Vorkriegszeit im fantastischen Reiche geblieben wäre, wohl für immer in die Wolken geblasen. Der österreichischen Architektur hatte bis zum Kriege Otto Wagners weiße saubere geradlinige großflächige Art zu sehen das Zeichen aufgedrückt. Aus seiner Schule seien einige Architekturträume gezeigt.

Bild 314, 315 Weiß entwirft ein Lustschloß für Sirmione am unteren südlichen Ende des Gardasees. Es fehlt nicht an Ehrenpforten, Ehrenhöfen, Arenen, Ruhmeshallen, Gästepavillons, Theater- und Konzerthäusern, dem ganzen Zweckrequisit, durch das ein erfindungsfreudiger Architekt in üppiger Zeit seinen Traumgebilden Skelett und Rückgrat zu geben sucht. Von demselben breiten üppigen Geiste und asketischen weißen Bild 316 Stile ist Fritz' »Theater der Dreißigtausend«. Es ist in antiker Weise mit offenem Zuschauerraum, also wohl an Österreichs früherer Mittelmeerküste zu errichten gedacht, es hat riesige Wandelplätze, Höfe, Türme, Hallen. Alles was ein Bauherz sich wünschen kann, ist ohne Frage zur Verfügung: Zweck, Raum, Geld! In die freie Landschaft ist der Theaterbezirk, die kleine Theaterstadt gedacht. Den schönsten Traum dieser Art, und auch in freier großartiger Landschaft, träumte Franz Kaym. Als Österreich noch Inseln an plastisch-reicher Küste im blauen Südmeer besaß, nahm er eine davon, Lacroma vor Ragusa im südlichen Dalmatien, für seine Fantasie in Beschlag und erBild 318 baute da ein Schul- und Festhaus für Tänzerinnen. In welchen Maßen und Massen! Eine Drahtseilbahn bringt uns über den Sund. Auf dem höchsten Punkte der buckligen Bild 320 Insel liegt zuoberst das Hotel mondäner Art und allen Ansprüchen gewachsen, davor die Karawanserei für Besucher mit geringeren Ansprüchen und Mitteln. Durch den Wald der Insel erreichen wir auf bequemer Schräge die Festhausgruppe. Die Arena Bild 319 faßt 9000 Menschen. Was es in dieser kleinen aber monumentalen Stadt alles an großartigen Räumen gibt, ist nicht zu beschreiben. Wieder durch den Wald kommen wir zum Schulhause für die tanzenden Mädchen. Da gibt es alles durch die Architektur zu Bietende: Speisesaal, Musik- und Schreibzimmer, Bücherei, Festraum, intime Theaterräume, Turn- und Fechtsäle, gedecktes und freies Bad, Sonnen- und Luftbäder, Badestrand und Sportplatz — was ist noch zu wünschen? Aber der Wohnteil der Gruppe steht unter Klausur!

Schließlich finden wir auch bei weiterem Streifen durch den immergrünen mittelBild 321 meerischen Buschwald die Kirche gar und — daß auch die dunkle Note nicht fehle — den Friedhof. In schönster Lage am Meere aber finden wir die Naturbühne — schön zu träumen!

Für die Nähe Wiens, den Hackelberg in Hüttendorf, entwirft Chalusch aus derBild 317 selben Schule ein »Heroon«. Eine monumentale Treppenrampe zwischen geschnittenen Hecken, mit seitlich den Treppen entsprechend ausweichenden Fahrstrecken, führt langsam und feierlich zum Hügel. Dort liegt ein statuenvoller Ehrenhof und darin das Pantheon, geschmückt mit einem Reigen Kränze sich reichender Genien und bekrönt durch eine goldene Kuppel. »Ein ruhiger Hain, geziert durch jene Wasserfläche, deren Trennung das Symbol des Scheidens uns gibt,« nimmt zuletzt uns auf. Der Architekt ahnte nicht, wie sehr zeitgemäß — einige Jahre vorgreifend — sein Traum eines riesigen Heldenmales für Österreich war!

GROSSBERLIN UND BERLINER HOCHHÄUSER

Im Frühjahr 1912 gab es in Berlin, im Norden im Zeppelingymnasium in der Nähe des Rudolf Virchow-Krankenhauses, eine bedeutungsvolle Ausstellung. Es wurden dort die für einen Wettbewerb eingegangenen Pläne gezeigt, der ausgeschrieben worden war, um Ideen zu gewinnen, die auch städtebaulich in großzügiger Weise Berlin mit seinen Vororten zu einem organischen Großberlin zusammenfassen sollten, das sich verwaltungstechnisch aus immer drängender gewordener Notwendigkeit schon als Forderung ergeben hatte. Es galt den vorhandenen Stadtplan im Sinne der Notwendigkeiten des Lebens dieses Riesenorganismus durch Änderungen zu verbessern, wo entweder früher städtebauliche Sünden begangen worden waren oder wo die Leistung früherer städtebaulicher Tugenden für die ins Ungeheure gestiegenen Anforderungen einer Weltstadt nicht mehr ausreiche. Es galt aber auch, das unbebaute Gelände in einer Zeit außerordentlichen Bevölkerungswachstums und heftiger Wohnhäuser- und Wohnviertelerstellung vorausschauend und frühzeitig nach richtigen guten und schönen Bebauungsplänen aufzuteilen. Es galt ferner, zwischen dem eigentlichen Berlin, das sich mehr und mehr zur »City«, zur Geschäfts-, Regierungs-, Kunst- und Unterrichtsstadt entwickelte, und den Vororten, welche die Wohnquartiere der in der City tagsüber beschäftigten Bevölkerung waren, die richtige Verkehrsbeziehung zu schaffen. Es galt, Straßen und Viertel in verkehrstechnischer Beziehung in solche erster, zweiter und weiterer Ordnung aufzuteilen, zwischen großen »Ausfallstraßen«, Radialstraßen, Segmentstraßen oder wie man sagen will, Verkehrsstraßen und Wohnstraßen zu unterscheiden, auch Forderungen der Wohnungshygiene zu erfüllen wie die der »offenen« oder »halboffenen« Bauweise, und nicht die sich heftig meldenden Forderungen einer sittlichen Grundstückspolitik zu überhören, kurz Gesichtspunkte, die vom Architekten vielfältige Eigenschaften verlangten. In jener reichen Ausstellung, an die ich eine freudige Erinnerung bewahre, gingen einige Pläne ganz oder doch vorzugsweise in der verkehrstechnischen »praktischen« Richtung, und es ist bezeichnend, daß der von Hermann Jansen, der in größtzügiger Weise »Ausfallstraßen« gezeichnet hatte, den ersten Preis erhielt. Andere Wettbewerber aber sahen mehr architektonisch in dem uns geläufigen Sinne dieses Wortes, wenn auch sie die anderen Forderungen zu berücksichtigen strebten. Und wenn wir von den Darbietungen dieser eine zur Darstellung auswählen, so tun wir es nicht, um dadurch zu werten, sondern einzig, weil sie sich unserer vorzugsweise auf das Künstlerische abzielenden Absicht am meisten nähert und sie am meisten bildhaft ist.

Heute kommt uns das alles wie ein Traum vor. Eine unbeschreiblich verarmte Zeit, die für die himmelschreiendste Not an Menschenwohnungen nicht einmal genügend zahlreiche Holzbaracken bauen kann, steht kopfschüttelnd vor solchen aus dem Vollsten schöpfenden Plänen, fast ungläubig, daß unsere Not von jenem Reichtum nur durch ein paar Jahre getrennt ist. Solche »Architektur, die nicht gebaut wurde« greift uns unmittelbar an die Nieren, und unser sonst in diesem Werke so oft wachgerufenes ästhetisches Bedauern wird Schmerz. Nicht darüber, daß gerade *diese* Architektur nicht gebaut wurde, denn wir würden heute und vielleicht auch schon damals in ästhetischer Hinsicht viel an ihr zu mängeln gehabt haben, sie hält sich auch nicht ganz frei von jenem Zuge ins etwas Aufgedonnerte, wie die letzte kaiserliche Zeit das »Monumentale« verstand; aber wenn der unselige höfische Einfluß, der die reichen Mittel des Vorkriegsdeutschlands so oft zu Wirkungen künstlerischer Barbarei mißbrauchte, nur halbwegs von solchen Sachen verwiesen worden wäre, wären doch annehmbare und sogar Leistungen, die unsere Zeit mit Stolz hätte der Nachwelt vererben können, möglich gewesen. Ins Absehbare aber ist in unserer Notstandszeit nicht an Solches oder Ähnliches mehr zu denken, und diese Pläne im besonderen werden ewig Papier bleiben; denn wenn auch ganz unverhoffte und etwaige märchenhafte Ereignisse der rätselvollen Zukunft die äußeren Möglichkeiten zur Befriedigung dieser keineswegs verstummten sondern noch lauter sprechenden Forderungen bringen sollten, so werden im Einzelnen veränderte Bedingungen und neuer Geschmack andere Formen zu finden nötig machen. Wir aber wollen dieses nur Eingeweihten bekannte Stück unserer Zeitgeschichte der großen Öffentlichkeit übermitteln. Sie wird es nicht ohne Nachdenklichkeit und darum nicht ohne Nutzen anschauen.

Wir betrachten die vereinigten Entwürfe der Architekten Havestadt und Contag, Bruno Schmitz und des Bauingeniörs Otto Blum für die Veränderung und Neuerstellung zweier und zwar der wichtigsten Viertel des eigentlichen Berlins und einiger Nebenpunkte, der Südgegend um Potsdamer und Anhalter-, der Nordgegend um den Lehrter Bahnhof. Die allgemeine Kenntnis des Stadtplans Berlins darf nicht nur bei den Berlinern sondern auch bei den meisten gebildeten Deutschen vorausgesetzt werden, trotzdem soll mangelndem toposophischen Talente durch Beschreibung und Bebilderung aufgeholfen werden. Etwas Geduld und williges Mitgehen aber muß vom Leser erwartet werden, es wird sich auszahlen. Also schließe man sich mir an die Hand, damit ich führe:

Wir wollen induktiv vorgehen und uns erst mit Einzelheiten, mit geschlossenen Bild 322 Plätzen vertraut machen. Da ist der vereinigte Leipziger und Potsdamer Platz. Wir kennen die Idee, die beiden, heute durch das Potsdamer Tor mit den beiden kleinen Bild 323 Tempeln, in deren einem heute das Postamt ist, getrennten Plätze zu einem zu- Bild 221 sammenzufassen, schon von Schinkels Plan des Nationaldomes her. Man sieht in der

Tiefe des Platzes die beiden Tempelchen wohlweislich erhalten. Zwei ähnliche Tem- Bild 322
pelchen scheinen an unserem Standorte, dem Mündungspunkte der Leipziger Straße
in den Leipziger Platz, zwischen dem ehemaligen Herrenhause und dem Warenhause
Wertheim, vorgesehen zu sein. Fluchten von Monumentalgebäuden gehen in die Tiefe,
der Leipziger Platz hätte seine Achteckform verloren, die heute ausspringenden Ecken
des Hotels Fürstenhof links und des Palasthotels rechts hätten fallen müssen. Links
strebt die Straße zum Potsdamer Bahnhof, rechts die Budapester Straße, dann halb
links die Potsdamer Straße, halb rechts die Bellevue-Straße fort, im Winkel zwischen
den zwei letzten erhebt sich anstelle des heutigen Kaffeehauses Josty ein Turmhaus,
architektonischer Hauptpunkt der vereinigten Plätze und Richtpunkt für die Leipziger
Straße. Man mag gegen die architektonische Gestaltung dieses Zielpunktes sagen was
man will, er wäre schöner gewesen als das heutige banale Kaffeehaus mit seiner
schauderhaften Lichtreklame.

Der zweite Monumentalplatz sollte auf dem Gelände des heutigen Inselspeichers Bild 325
entstehen und ein »Städtisches Forum der Arbeit an der Spree« werden. Im Zuge der Bild 324
Leipziger Straße, links über den Spittelmarkt abbiegend kommen wir dahin. Die Spree
durchfließt ein großformiges architektonisches Becken. Ein Kuppeltempel, vielleicht
ein »Pantheon« für berühmte Berliner, ist sein Mittelpunkt. Brückenkais, weitge-
lagerte große Gebäude und aus den breitgestreckten Wagerechten ins Senkrechte
aufreißende Ziertürme machen ein großgedachtes architektonisches Ganzes aus.

Nun betrachten wir die geplante Gestaltung des Südpols Berlins, der Gegend um Bild 348
Potsdamer und Anhalter Bahnhof. Wir sehen links den vom Spittelmarkte schnurgerade
auf uns zukommenden und im See des Leipziger Platzes ausmündenden Fluß der
Leipziger Straße. Er schäumt an der Turmklippe auf, die zwischen der halbvornlinks
abstrebenden Bellevue- und halbvornrechts wegziehenden Potsdamer Straße steht.
(Wir sehen das erste Bild jetzt in umgekehrter Richtung.) Parallel zur Leipziger Bild 322
Straße erkennt man den Zug der Zimmer- und in ihrer Fortsetzung der Prinz Albrecht-
Straße, deren Monumentalgebäude, das Abgeordnetenhaus links und das Kunstge-
werbemuseum rechts erscheinen. Das Völkerkundemuseum steht rechts dort, wo der
Straßenzug die Königgrätzer Straße schneidet. Dort läuft er sich heute tot. Der Plan
setzt ihn aber fort, damit er über den heutigen Potsdamer Bahnhof weg in die (ange-
knickte) Eichhornstraße und mit dieser in die Potsdamer Straße münde. Eine Verkehrs-
entlastung der heute überlasteten Leipziger Straße und des Leipziger und Potsdamer
Platzes.

Über den heutigen Potsdamer Bahnhof weg! Denn dieser ist jetzt weiter rechts,
jenseits des südlichen Spreearmes, der von der Potsdamer Brücke weg (am unteren
Rande des Bildes genau in der Mitte) ins Bild hineinzieht, auf dem weiten Gelände der
heutigen Güterbahnhöfe und der Hochbahnstation Gleisdreieck zu suchen. Der Anhalter Bahnhof liegt heute an dem im schräg rechts aufwärts gerichteten Zuge der
Königgrätzer Straße deutlich erkennbaren (monumental umgestalteten und mit einem
Denkmal besetzten) Askanischen Platze — er ist bis jenseits der Südspree zurück-
gezogen und mit dem Potsdamer Bahnhof zu einem gewaltigen Berliner Südbahnhof

vereinigt. Die für die Verkehrsverwaltung nötigen Riesengebäude und die vielen Bahnsteighallen sind um den ungeheuren Uhrturm geschart wohl erkennbar. Welch eine Erleichterung des Fernreiseverkehrs! Das Gelände des heutigen Potsdamer Bahnhofes ist für eine breite Zufahrtsstraße zum neuen Südbahnhof freigeworden.

Das Gelände des Anhalter Bahnhofs aber ist ganz zugebaut worden. Dort ist ein neues Museumsviertel geplant, in den riesigen Gebäuden sind die vielen immer über Raummenge klagenden Kunst- und Altertümersammlungen der Hauptstadt untergebracht. Der heutige kleine, wenig benutzte Südhafen am Schöneberger Ufer, den die Südspree bewässert, gibt, seines praktischen Zweckes entledigt, einen großartigen Wasserspiegel für die architektonisch großartig zusammengefaßte Umgebung ab.

Gut, wird man sagen, schöne, auch großartige Gedanken, aber selbst für die üppige Zeit vor dem Kriege in die Wirklichkeit umzusetzen unmöglich und reine Fantastik! Was hätte das alles gekostet? Die Antwort lautet: nichts. Und es ist keine Gelegenheit zum Lachen. Der Architekt von heute ist auch Volkswirt. Er wird seinem stärksten und tückischsten Feinde, der mit Keulen schlägt und Fußangeln legt, der Kostenfrage, zuerst zu Leibe gehen. Mit Überlegungen der Allgemeinwirtschaft. Die zu schaffende Zufahrtsstraße zum Südbahnhof wäre auch eine Geschäftsstraße ersten Ranges gewesen, die sie einschließenden, auf Staatsgrund zu errichtenden Geschäftshäuser hätten an Platzmiete soviel einbringen können, als zur Verzinsung und Amortisierung der für die neuen Zweck- und Zierbauten aufzubringenden öffentlichen Gelder notwendig gewesen wäre; natürlich nur in Zeiten einer blühenden und ungehemmten öffentlichen Wirtschaft. Platz und Geld zu gewinnen durch Verschiebung der Personenbahnhöfe auf die weiter zurückliegenden Güterbahnhöfe und Verlegung der Güterbahnhöfe, dem Wachstum der Großstädte entsprechend hinaus an die Periferie, ist geradezu ein städtebaulicher Kniff geworden (angewandt z. B. in Stuttgart).

Wer nun noch Ortskenntnis und Lust genug hat, mag den Plan in Einzelheiten studieren und andere Veränderungen aufdecken, z. B. auf dem heute mit Friedhöfen besetzten Gelände vor dem Halleschen Tore (man erkennt den runden Bellealliance-platz weiter hinauf an der Südspree) — wir müssen weitereilen zum großen Berliner Nordbahnhof, den es heute leider nicht gibt, den der Plan aber im Lehrtergelände vorsah.

Bild 342 Zuerst die Orientierung: Links im Bilde erscheint der Tiergarten mit dem Königsplatz, der untere Bildrand schneidet eine Ecke des Reichstagsgebäudes ab. Gegenüber anstelle des Krollschen Theatergebäudes ist das große Opernhaus vorgesehen, auf die Pläne für dieses werden wir noch zurückkommen. Ein weiteres großes Gebäude steht in der Achse Siegesallee-Siegessäule auf dem heute freien Platze neben dem Generalstab, die zum Humboldthafen und Lehrter Bahnhof hinüberführende Alsenbrücke ist aber abgebrochen, der Humboldthafen ist auch seines Verkehrszweckes entkleidet und wie jener Südhafen ein zierhaftes großes Wasserbecken geworden. Schräg hinter ihm her auf die untere rechte Bildecke zu zieht die Invalidenstraße, unten rechts gekreuzt von der Chausseestraße, die mit einer Krümmung in die nach dem Wedding ziehende Müllerstraße übergeht. Kurz vor dem Schnittpunkt mit der

Chausseestraße werden an der Invalidenstraße die Gebäude der naturkundlichen Staatsanstalten sichtbar. Unmittelbar rechts draußen am Bildrande würde der heutige Stettiner Bahnhof liegen.

Der Plan zieht diesen aber in ähnlicher Weise wie Potsdamer- und Anhalterzu einem Süd-, mit dem Lehrter- zu einem Nordbahnhof zusammen, wiederum durch Hinausverlegung des heute hinter der Invalidenstraße liegenden Güterbahnhofs. Man erkennt das Nordbahnhofgebäude an dem riesigen Uhrturme. Die Geländegunst der Nordspreeterrasse wird genutzt, indem *über* die Geleise des Bahnhofs weg eine neue große Prachtstraße gelegt wird, die heute nur in den unbekannten Kessel- und Seydlitzstraßen, und nur in Stümpfen, vorhanden ist. Wiederum ist dort an dieser neuen Straße ein großes gewaltiges »Forum« geplant, ein »Forum der Kunst«, in dem die heute in der Nähe des Lehrter Bahnhofs stehenden häßlichen Ausstellungsglashallen eine monumentale glänzende Auferstehung gefeiert hätten. Das nötige Gelände wäre gewonnen worden, indem der auch für die kaiserlich-militärische Zeit nicht mehr in eine Großstadt gehörende große Moabiter Exerzierplatz bebaut worden wäre. Von dem Kuppelbau dieses Kunstforums weg zieht schräg nach links hinauf weiter die heutige Turmstraße, welche sich an der eingezeichneten Heilandskirche mit der vom Generalstab und der Moltkebrücke herkommenden Straße Altmoabit berührt. Man sieht links noch die nach Charlottenburg hin in Schleifen mäandrierende Spree, am oberen Bildrande der rechten Bildhälfte das dunkle Waldgebiet der Jungfernhaide. Neben dem Geleisgelände erscheint der heutige Nordhafen, der aber gegen die Chausseestraße erweitert gedacht ist durch ein neues Becken, zu dem die zumteil zuverlegende Gasanstalt hätte Raum herleihen müssen. Der durch Kuppelbauten ausgezeichnete und mit einem Obelisken besetzte Platz, die Stelle der Einmündung der neuen Prachtstraße in die Chausseestraße, ist der heutige Exerzierplatz eines Garderegiments. Die Wohnbaublöcke als solche werden nicht von der Umformung berührt, es wird nur mit Kasernen, Exerzierplätzen, Friedhöfen und unnütz zu weit in die Stadt vorgeschobenen Bahnhöfen aufgeräumt — ein Plan also durchaus der Realitäten. Selbst das neuzuerbauende Forum der Kunst wäre eine werbende, sich selbst wenigstens in gewissem Grade bezahltmachende Anlage gewesen, weil auch und vielleicht in der Hauptsache wechselnde Ausstellungen moderner Kunst, für deren Absatz schon immer Verkaufsgebühren erhoben werden, in die Gebäude gedacht waren.

Und dann sind ja auch solche Pläne nicht immer so ganz wörtlich zu nehmen, ein Zeitalter hätte, nachdem die Grundlinien in die Wirklichkeit gezeichnet waren, an ihnen bauen können — da hub ein neues Zeitalter an, das der rücksichtslosen Völkerrivalitäten, der verbrecherischen Nationalismen: des alleszermalmenden Krieges!

Bevor wir aber das zu betrachten beginnen, was auch der Krieg an neuen Formen baulichen Ausdrucks schuf, schuf aus grausamer Not, wollen wir noch ein wenig in den letzten Vorkriegsjahren verweilen und wenigstens das eine oder andere erwähnen (ziemlich wahllos herausgegriffen, und eines muß für vieles stehen), was an großen und nützlichen Bauplänen aus jener Zeit Erwägung blieb. Jener Ausstellungssaal des Zeppelingymnasiums war eine der speisenden Quellen, aus der die Anregung zu diesem

Werke stieg und die den ersten Stoff dazu lieferte. Es waren dort auch Ideen dargestellt zu sehen, nach denen die gesamten Geistesanstalten der Hauptstadt, die Akademien, Hochschulen, Universität mit allen ihren Instituten nach amerikanischem Vorbilde in die grüne Stille des Grunewaldes und an die blauen Seeflächen der Havel hinauszuverlegen und in sinnvollen baulichen Ordnungen zusammenzufassen gewesen wären. Leider war es mir nicht möglich, jetzt, ein Jahrzehnt nachher, die Pläne dazu wieder aufzufinden. Es wäre danach eine Stadt geistiger Arbeit, ein »lateinisches Viertel« in der Ruhe der Natur erstanden. Ein weniges, aber nicht zu diesen Ideen sondern nur zu ihrem Ort Gehörendes, ist abzubilden möglich.

Bild 326 Die durch den Grunewald ziehende Döberitzer Heerstraße wird an der Stelle, wo der Nordring sie unterfährt, mit einem monumentalen Mal besetzt. Das heute leider bebaute Gelände um den Litzensee ist damals, 1897, nach dieser Idee von Hercher noch ein freies Parkgelände. Das Viertel Westend liegt da mit seinen baumreichen Schachbrettstraßen, die Heerstraße schneidet weiter durch den Grunewald bis nach Pichelswerder in der Havel. Die Halbinsel ist nach einem andern späteren Gedanken von
Bild 327 Hartmann mit einem von Architektur beherrschten »Nationalpark« besetzt angenommen.

Berlin brauchte dringend ein neues großes Opernhaus. Man sah als Ort dafür das Krollsche Gelände am Königsplatz vor, eine Idee dafür ist uns schon bekannt. Zwölf Millionen Mark durfte es kosten. Wir bilden aus den vielen architektonischen Entwürfen dafür nur einige wenige herausgegriffene ab: die Architekturstudie von Bender,
Bild 328 offen gesagt, weil es uns tunlich schien, die Bildersammlung durch eine schön ge-
Bild 329 zeichnete Architekturstudie zu unterbrechen, einen stattlichen Entwurf von Engler
Bild 330 und schließlich eine Idee von Eberstadt, Möhring und Petersen, weil sie die Anlage, wie uns scheint, glücklich mit städtebaulichen Änderungsplänen verband. Es hätte dafür ein Stück Tiergarten geopfert werden müssen. Wir haben vor uns den schrägen Zug der Budapester Straße, die rechts oben in den Potsdamer Platz mündet. Man erkennt daneben den achteckigen Leipziger Platz. Von rechts her kommt die den Tiergarten streifende Lennéstraße. Dort an der Ecke ist das Opernhaus mit Front auf die Budapester Straße gedacht. Das an diesem Entwurfe Beachtenswerte aber ist die Schaffung eines neuen Platzes an der Budapester Straße, auf den durch einen Portalbau hindurch die Achse einer neuen Straße trifft, die durch die heutigen Gärten der Ministerien in der Wilhelmstraße zu legen gewesen wäre und die anscheinend die Französische Straße in gekrümmtem Zuge bis zum Tiergarten hinaus verlängert und damit den Verkehr in der Friedrichstadt unter Umgehung des vielbeanspruchten Leipziger Platzes zumteil abgeleitet hätte.

Da wäre noch ein Entwurf von Brix, Genzmer und der Hochbaugesellschaft zu verzeichnen für die höchstnotwendige Änderung des Gefahrenpunktes in der Kreuzung
Bild 333 der Friedrichstraße mit der Straße Unter den Linden. Die ausspringenden Ecken sind, durch Streichung der Eckhäuser, in einspringende verwandelt, dadurch entsteht ein kleiner Platz, das Hinundher des Verkehres kann auf zwei verschiedene Fahrbahnen geleitet werden, zwischen denen rettende Inseln für die an diesem gefährlichen Punkte

des Weltstadtverkehrs bedrängten Fußgänger sich darbieten. Die langweilige Eintönigkeit der unendlichen Friedrichstraße wäre durch die Bögen über der Straße heilsam unterbrochen. Doch solche Pläne sind ein Opfer der Zeit geworden.

Nach diesem unausgeführt gebliebenen Beispiel dringend nötiger Zweckarchitektur sei auch eins unerledigt gebliebener Zierarchitektur aus Berlin genannt. Zur Erinnerung an den Einzug des ersten preußischen Königs in Berlin errichtete Friedrich der Große durch Gontard in der Königstraße die Königskolonnaden. In der Nähe steht der große Bau des Landgerichts. Nach einem Vorschlage von Schmalz hätte man die (im Bild 332 Vordergrunde des Bildes stehenden) Königskolonnaden durch Säulenhallen gleichen Stiles um das leere Inselviereck hin erweitern und darin einen »Platz der Gerechtigkeit« schaffen sollen, ein bedeutender Gedanke, namentlich in Hinsicht auf die dichtgedrängte Innenstadt, in der das Gerichtsgebäude liegt — die Ausführung scheiterte an dem großen Wert des Geländes. Man hat die Königskolonnaden in die Anlagen des alten Botanischen Gartens in der Potsdamer Straße versetzt und auf den »Platz der Gerechtigkeit« — ein Warenhaus gebaut.

Es ist ein Trost im Unglück, daß manches von dem, was in kaiserlicher Zeit hätte gebaut werden sollen, nicht gebaut wurde, und wir beeilen uns nicht, Beispiele für etwas heranzuholen, was man »Architektur, die Gottseidank nicht gebaut wurde«, nennen kann. Die Zeit des Krieges war eine für die Schöne Architektur naturgemäß äußerst unholde. Und doch wurde viel, sehr viel in ihr gebaut, große und stolze Bauten, die aber alle dem Kriege unmittelbar dienten. Erwähnt seien die mächtigen neuen Rheinbrücken, die Hindenburgbrücke bei Rüdesheim, die Ludendorffbrücke bei Remagen. Sie lagen im Zuge strategischer Bahnen und waren für zweckmäßigen Aufmarsch oder Rückmarsch bestimmt. Das schon erwähnte gewaltige Leunawerk bei Halle für die Herstellung von Stickstoff, ähnliche kleinere Werke bei Regensburg, welche die Umstellung auf Friedensarbeit in Fabriken für Erzeugung künstlicher Düngemittel verwandelte. Doch mit derlei haben wir es hier nicht zu tun, es war »Architektur, die leider gebaut werden mußte«. Als aber nach dem Kriege alle, auch die unmittelbar zweckhafte Architektur zum scheinbar hoffnungslosen Erliegen kam, da trat ganz organisch, ganz naturgeschichtlich kann man sagen, mit der Wucht und auch mit der Weihe naturgeschichtlichen Geschehens ein neuer architektonischer Gedanke auf: der des Hochhauses. Auch das Hochhaus müssen wir behandeln. Es ist »Architektur, die leider noch nicht gebaut wurde« (mit ganz wenigen und ganz kleinen Ausnahmen, wie in Düsseldorf), die aber gebaut werden muß und hoffentlich bald gebaut werden wird. Gerade weil das Hochhaus so sehr aus innerer Nötigung der Zeit erwachsen muß, darum ist ihm eine große Zukunft vorauszusagen, darum wird es auch vom Gesetz der Zeit und vom Gefühl der Menschen getragen werden, darum ist es möglich, daß durch es wieder einmal eine Zeit großer Architektur kommen wird, eine Architektur so groß und heilig wie die der Kathedralen. Walter Rathenau sagt: »Nach meinem Empfinden ist seit dem Mittelalter architektonisch nichts so Imposantes geschaffen worden wie in der City von Neuyork.« Man kann hinzufügen: auch nichts so Heiliges. Denn wo Menschen immer aus innersten Bedürfnissen ihres Seins und Lebens bauen, da entsteht Heiliges, ob das nun Fabriken, Festungen oder Wolkenkratzer sind, und nur eine romantische und antiquarische Auffassung wird das Wort heilig auf Dome beschränken.

In Amerika entstanden die Wolkenkratzer lange vor dem Kriege aus dem Kapitalismus, aus der Überteuerung der Bauplätze im Innern einer geschäftsbrausenden City. Aus dem durch die Macht des Kapitalismus unmäßig wachsenden, zum Verdienen d. i. zum Sichernähren gezwungenen Menschenhaufen. Bei uns wird das Hochhaus auch aus dem unverändert mächtig gebliebenen Kapitalismus erwachsen, noch mehr aber aus unserer Not, aus unserer Wohnungsnot d. i. aus etwas Sittlichem. Das Hochhaus wird mit der Zahl von ihm umschlossener Räume verhältnismäßig billiger zu errichten sein als die gleiche Zahl von Räumen auf großen Geländen nebeneinander. Man denke nur an die Masse nötiger toter Aufwendungen wie Unterkellerungen, Dächer, Brandmauern, Straßen, Licht-, Wasser- und Kraftzuführungen, Abzugskanäle, Wärmeverluste, Bahnen u. s. f. Ein Hochhaus z. B. hat *einen* Keller und *ein* Dach, wenn auch große; für die größte Zahl in es zusammengepackter Häuser ist immer das andere Keller oder Dach. Es braucht *einen* Kanal, *ein* Kraftkabel, *eine* Bahn (man kann sich für jedes von ihnen in Berlin einen Untergrundbahnhof denken). Es ist mit seinen eisernen Knochen auch erdbebensicher, wie das große Erdbeben von San Francisco gezeigt hat, auch infolge der verwandten Materialien feuersicher, wie das jenem Erdbeben folgende »große Feuer« bewies. Es ist auch in höchstem Maße praktisch, und sollte selbst seine Herstellung durch *eine* Wirtschaft mehr kosten als die vieler Sonderhäuser durch viele Wirtschaften, im Ganzen der Volkswirtschaft käme es wieder herein. Was würde z. B. an Zeit und Kraft gespart in einem solchen Hause, in dem sämtliche Geschäfte verwandten Wirtschaftsbetriebes zusammenlägen, wodurch alle Sendungen, Botengänge über weite Räume u. s. f. überflüssig würden. Wirtshaus, Post, Bank, Läden, Hotel, alles wäre in ihm vereinigt. Wir werden das Beispiel des Planes für ein Riesenbürohaus der Reichsbehörden kennen lernen. Die ganze Reichsverwaltung könnte in ihm vielleicht zentralisiert werden. Welch' eine Vereinfachung des Geschäftsbetriebes der Verwaltungsämter!

Bild 337

Aber wir sind von jenem neuen, im Hochhause zu verwirklichenden sittlichen Gedanken abgekommen. Ein solches Hochhaus könnte z. B. 1000 Büros umfassen — was würde dadurch an Wohnungen frei werden heute, wo soviele in Zeiten des Friedens der menschlichen Wohnung dienende Räume in gewöhnlichen Häusern für Geschäftsbetriebe und Büros belegt sind! Man hat für Breslau ausgerechnet, daß, wollte man dort die Wohnungsnot völlig beheben, fünf Jahre lang in jedem Jahre doppelt soviele Wohnungen zu errichten sein würden als in jedem Jahre vor dem Kriege errichtet wurden, in Breslau nämlich im ganzen 20 000 Wohnungen. Die Wohnungsnot wird aber jedes Jahr schlimmer, jedes Jahr kommen 2000, also 10 v. H. fehlende Wohnungen hinzu.

Auch in ästhetischer Hinsicht wären die Hochhäuser nicht nur nicht ein Nachteil, sondern ein Vorteil für das Bild einer Stadt. Die mittelalterlichen, nur kleine Flächen bedeckenden Städte wiesen ein gutes Verhältnis zwischen der Breitenerstreckung des bebauten Raumes und der Höhendehnung von Giebelhäusern und Kirchtürmen auf. Den unmäßig ausgewalzten modernen Riesenstädten fehlt die entsprechende, für das Gefühl des Betrachters nötige Hochaufreckung. Selbst wenn heute noch der Bau von gotischen Kathedralen zeitgemäß wäre und man sie wirklich in den Riesenstädten errichtete, ihre Masse würde im ungeheuren Steinmeere ertrinken und der Mast ihrer Höhe untergehen. Das Reichsbürohaus z. B. würde mit 200 Meter Höhe den Bild 336 höchsten Kirchturm in Deutschland, den des Ulmer Münsters, noch um fast ein Viertel an Höhe übersteigen, wobei noch zu bedenken ist, daß in Berlin die *ganze* Baumasse sich zu dieser Höhe hinantreppen würde, während in Ulm nur der oben außer- Bild 32 dem lichte Kirchturm sich aufreckt und das Kirchendach selbst tief unter sich läßt. Die modernen Städte erhielten also auch die heute meist fehlende »Stadtkrone«.

Notwendig wird natürlich sein, daß durch weise und sittliche baupolizeiliche Bestimmungen die Hochhäuser nicht den niedrigeren Umgebungen und ihren Stadtteilen das Licht verstellen, wie es in Neuyork der Fall ist. Auch dort hat man das längst erkannt und mit dem Brauche gebrochen, daß jeder bauen konnte wo, was und wie er wollte. Im Jahre 1916 wurde dort die »Zoning Resolution« angenommen, welche bestimmte, daß die Höhe im gesunden Verhältnis zur Straßenbreite stehen müsse. Die Stadt wurde in Height Districts eingeteilt, die »Einmal-Bezirke«, die »Eineinviertel-, Eineinhalb-, Zwei- und Zweieinhalbmal-Bezirke«. Doch kann diese Beschränkung in der Höhe dadurch aufgehoben werden, daß in Absätzen, d. i. mit Zurücksetzen oberer Stockwerke hinter untere, gebaut wird, für je 4 Meter Mehrhöhe Zurücksetzung um 1 Meter. So wird vermieden, was Claude Bargton bitter tadelte: »Eine unserer Straßen, hergestellt durch Gebäude von verschiedenen Stilen, Gestaltungen und Formen, gleicht dem Kinnbacken eines Rachens, in dem einige Zähne gesund, die anderen zerbrochen, verrottet oder ganz verfault sind, ein Symbol unseres ungepflegten Individualismus.«

Es ist anzunehmen, daß deutsche stets mehr und oft zu sehr das gesamte Volkswohl umsorgende Baupolizeivorschriften selbst diese amerikanischen Beschränkungen noch als zu große Einräumungen an einen »ungepflegten Individualismus« ansehen würden und werden. Wohl! Es kommt auch nicht so sehr auf die zulässige Höhe der Einzelbauten als auf ihre richtige Verteilung im Stadtplane an. Namentlich neben freien und großen Plätzen wären sie zu errichten, und dann kann sozialhygienisch kein Einwand gegen sie erhoben werden. Wie sie von hervorragenden Architekten für einzelne deutsche Großstädte, namentlich für Berlin entworfen worden sind, das werden wir im Folgenden sehen.

Der großartigste der in Fachzeitschriften veröffentlichten und mir daraus bekanntgewordenen Hochhauspläne ist wohl der schon erwähnte für das Reichszentralbüro- Bild 336 haus von Otto Kohtz. Es soll am Königsplatz in der Achse der Siegesallee stehen, vor Bild 338 sich den Königsplatz, hinter sich die Alsenstraße. Es ist in 8 großen Stockwerken erdacht, von denen aber jedes, mit Ausnahme des noch um zwei höheren unteren, 6 Stockwerke haben soll, im ganzen also in 50 Stockwerken. Die 61 Meter, also

Bild 338 normalkirchturmhohe Siegessäule schrumpft vor seinen vorgesehenen 200 Metern zu einem kleinen Auftakt für das Riesengebäude zusammen. Die Konstruktion ent-
Bild 337 hält Eisenbeton zwischen Granitpfeilern, und sonst nur Glas. 4 riesige Aufzüge im Innern vermitteln den Verkehr der Bevölkerung dieser vertikalen Kleinstadt, niemand braucht eine Treppe zu steigen. Über 100 000 Quadratmeter reine Nutzfläche, also ohne Korridore u. s. f., würde das Gebäude enthalten. Keine Frage, daß aus Bauzweck und Baustoff ein durchaus eigener Stil entstanden ist, so eigen und selbständig wie der einer gotischen Kathedrale, der ganz von ferne etwa an persische Treppentempel erinnert — vielleicht hat der Architekt es selbst gefühlt, sodaß es nicht zufällig
Bild 336 sein mag, wenn die Säulen der ungeheuren Eingangshalle an persisch-orientalische Muster anklingen. Auf 84 Millionen Mark sind die Baukosten veranschlagt, von Reichswegen mittelbar für die 2000 durch einen solchen Bau freiwerdenden Wohnungen auch heute noch aufzubringen. Ein babylonischer Gedanke, wahrhaftig, aber einer möglich auszuführen!

Die anderen Ideen für Hochhäuser in Berlin, die wir zeigen, sind noch leichter zu verwirklichen. Für ein Hochhaus am Bahnhof Friedrichstraße, auf dem dreieckigen
Bild 340 Grundstück zwischen dem Bahnhof, der Friedrichstraße und der Spree, wurde schon ein mit 141 Entwürfen beschickter Wettbewerb ausgeschrieben, ein Zeichen, daß das Hochhaus aus dem Reiche der Träume hinauszuschreiten beginnt. Wir bilden den mit
Bild 339 dem ersten Preise gekrönten Entwurf von Brahm und Kasteleiner ab. Er zeigt einen achteckigen 15-stöckigen, rechtwinklig zur Achse des Bahnhofs gesetzten Baublock mit zwei niedrigeren Nebenblöcken, niedriger deshalb, weil auf dieser Seite gegen Bahnhof und Straße hin Rücksicht auf die Lichtnot schon umbauten Raumes zu nehmen war, eine Rücksicht, die gegen die Spree hin entfallen konnte. Ferner einen
Bild 341 etwa 23-stöckigen Entwurf von Elsässer. Beiden gemeinsam ist das architektonische Motiv der bewegten Fläche, im Sinne der Ästhetik und auch der Belichtung des Inneren gewiß ein wertvoller Gedanke. Die vom Standpunkte des Beschauers in allen Winkelschiefen erscheinenden und daher ungleich stark belichteten Flächen der an sich eintönigen Fassaden würden aus Masse und Licht ein merkwürdiges eindrucksstarkes Ganzes erzeugt haben.

Für die uns schon bekannte Stelle eines neuanzulegenden Platzes entwirft Bruno
Bild 331 Möhring statt des Portals ein gewaltiges 25 bis 30 Stock hohes Turmhaus, das hinter sich die Ministergärten, vor sich den Tiergarten haben würde. Es zeigt wie auch das
Bild 336 Reichsbürohaus die Form der »Staffelung«, der zurücktretenden Stockwerkgruppen, wie sie die neue erwähnte amerikanische Bauordnung für sehr hohe Hochhäuser vorschreibt, ein durch sich selbst schon sehr wirksames und leicht abwandelbares architektonisches Motiv. Nach diesem Motiv und dem geschickter allgemeiner Massenversetzung als einzigem aber sehr starkem architektonischen Gestaltungsspieltrieb
Bild 343 entwirft Otto Kohtz, der Reichsbauerfinder, zwei Gegenstückturmhäuser in die Gärten und leeren Räume rechts und links neben dem Abgeordnetenhause in der Prinz Albrecht Straße. Sie würden die gedrängten Baumassen zwischen Prinz Albrecht-, Leipziger und Königgrätzer Straße großartig überragen. Jedes von ihnen besteht aus

zwei Türmen über Kreuzgrundriß wie das Reichshaus, die durch einen geraden, Bild 337
schmalen und niedrigeren Block wie durch eine Wand verbunden sind. Bruno Möhring entwirft auch für das Packhofgelände neben dem Lehrter Bahnhofe ein viel- Bild 344
stöckiges imponierendes Turmhaus, das durch Ausstellungspark, Spree und den nahen Tiergarten die nötige Freiheit der Lage haben würde. Ebenfalls von Bruno Möhring stammt die Skizze eines solchen Turmhauses für den Askanischen Platz vor dem Bild 354
Anhalter Bahnhofe, für das neben der Kaserne der Raum schon bereit liegt. Wie es im Zuge der Königgrätzer Straße (links die einmündende Prinz Albrecht-Straße und das Völkerkundemuseum) aufragen und was es für das Bild und Erlebnis dieser Straße bedeuten würde, das zeigt das zweite Bild. Noch sei der Entwurf eines Hochhauses Bild 353
von Kraffert für das heute freie Gelände vor dem Halleschen Tore mit Blick vom Belleallianceplatze her gezeigt: ein Staffel- und Blockbau, wirksam zusammengedacht Bild 352
mit den beiden Flügelbauten des Tores und der dahinter verkehrenden Hochbahn. Zugleich wäre es ein bedeutender, der Kilometerlänge der schnurgerade darauf zustrebenden Friedrichstraße die Wage haltender Richtpunkt.

Wenn man einen Augenblick die Skizze vom Alexanderplatze mit dem Entwurfe Bild 351
eines Hochhauses von Wittig neben dem Bahnhof Alexanderplatz über dem Warenhause von Tietz betrachtet, dann daneben die Skizze der heutigen Wirklichkeit hält, Bild 350
deren breitgelagerten Massen jede Höhenkomponente fehlt, und mit dem Auge zum ersten Bildchen zurückkehrt, so wird jeder im Auge selbst ein fast physisch-ästhetisches Genüge spüren, und man wird nur ungern wissen, daß man einen architektonischen Traum betrachtet.

In greifbare Nähe rückte schon der Entwurf von Bestelmeyer für den Neubau der zu einem großen Apparat ausgewachsenen Reichsschuldenverwaltung im südöstlichen Berlin auf einem Grundstück an der Jerusalemerkirche (sie erscheint auf dem Bild 345
Schaubilde). Das Grundstück spitzt sich nach einer Ecke zu, der von Bestelmeyer gewählte (vielleicht durch die mächtige Wirkung großer städtischer Gaskesselbauten angeregte) Gedanke eines kolossalen Rundbaus von 10 Stockwerken, durch nichts als durch seine Größe und durch umlaufende Gesimsbänder wirkend, wäre der Umgebung wie dem Zweck so schlicht wie groß gerecht geworden. Auf einem ovalen Bild 347
Grundriß (das Oval wirkt günstig auf die Standfestigkeit gegen Winddruck, sodaß der Bau nicht in Eisenkonstruktion ausgeführt zu werden brauchte, sondern Ziegelbau genügen würde) erhebt sich der Ring. Auf allen Stockwerken läuft in der Mitte ein Bild 346
Gang, der durch Glasscheiben in Türen und Wänden zu erleuchten wäre, was für Bürohäuser zulässig ist, rechts und links liegen nach innen und außen die Räume, alle, auch die inneren durch den breiten Lichthof, hell erleuchtet. Inmitten des Hofes eine Glashalle als Kassenraum. Vier Treppentürme und Fahrstuhlschächte vermitteln den aufgehenden Verkehr. Alles so einfach und praktisch wie groß und schön — leider soll der Entwurf zugunsten eines unübersichtlichen Normalbaus für Regierungshäuser nach dem System der Baublocks um Höfe mit dem bekannten verwirrenden Grundriß (sodaß sich niemand im Innern, wie im Münchener Polizeigebäude, zurechtfindet) zu Fall gekommen sein.

Die bisher betrachteten Ideen gehen um Amts-, Büro- und Hotelhochhäuser. Auch Wohnhochhäuser sind natürlich im selben Maße wie Bürohochhäuser billiger als entsprechend viele Einzelbauten. Bruno Möhring sagt dazu in einem bemerkenswerten Aufsatz in der »Stadtbaukunst«: »Die Zonenbebauung für Großstädte ist unrentabel wegen der großen Entfernung von den Arbeitsstätten. Ich möchte eine Mischung der Bauweise vorschlagen, sodaß ein Wechsel entsteht von höheren Miet- und kleineren Eigenhäusern. Der sparsamste Kleinhausbau ist der Reihenbau. Stelle ich nun 10 Reihenhäuser *übereinander*, so brauche ich nur 50 Meter Straße, den zehnten Teil für Leitungsrohre, den fünften Teil für Pflasterung.« Er kommt dann zu Entwürfen von Bild 349 10-stöckigen Riesenwohnhäusern mit je 320 Wohnungen, jede mit Balkon und Blick nach außen, bestehend aus Wohnküche, zwei Zimmern und Nebengelassen. Aufzüge sind natürlich in diesen Riesenhäusern mit Kleinwohnungen zu teuer, er sieht also geneigte Rampen vor, auf denen Kinder- und »Hamsterwagen« hinaufgebracht werden, auch alte Leute noch steigen können. Steht eine solche, aus der Not der Zeit geborene Idee nicht mit der vor dem Kriege namentlich von dem Kreise um Damaschke, in dem wir alle begeistert mitkämpften, erhobenen »idealen Forderung« in Widerspruch, statt der »Mietskaserne« Eigenhäuser zu bauen? Gewiß! Aber abgesehen davon, daß es besser ist, eine nicht ideale Wohnung zu haben als gar keine, ist dieses Mittel, mit möglichst wenig Kosten möglichst viele Wohnungen zu bauen, auch deshalb wenig bedenklich, als diese Turmmietskasernen im *Freilande* draußen vor den Städten naturgemäß nur zu errichten wären, jeder Bewohner würde unmittelbar in Gottes blauen Himmel schauen und im Luftmeere baden. An den die einzelnen Gruppen von Miethochhäusern, von denen je vier an die Wegekreuzungen gedacht sind, verbindenden Straßen wären normale Reihenhäuser anzulegen. Jedes dieser Hochhäuser wäre der Einwohnerzahl nach ein großes Dorf oder eine kleine Stadt, die Gruppe von vieren von ihnen schon eine normale Kreisstadt. Das Freiland zwischen den Häusern wäre mit Eigengärten für die Mieter zu besetzen — man muß sagen, dieser Vorschlag kommt auch sozialen Wohnungsforderungen recht nahe.

In ästhetischer Hinsicht aber wäre er geradezu zu begrüßen. Die Verzettelung des Wohnens in kleinen Eigenhäusern ist ästhetisch verderblich, dem Architekten will es kaum gelingen, die Unzahl von Einzeldingen zu einem übersichtlichen und stattlichen Ganzen zusammenzuordnen — ich halte den Gedanken von Bruno Möhring für gut *und* für schön, und ich glaube, daß sich mancher Betrachter des Möhringschen Bildes, Bild 349 eines modernen Landschaftsbildes im Weichbilde der Großstadt, dieser Ansicht anschließen kann, namentlich wenn er sich denkt, daß der eine dieser Riesenbauten etwa in rotem unverputzten Ziegel, der andere in grauer Eisenbetonfarbe, der dritte in weißem Verputz, der vierte in römisch-orange u. s. f. erscheinen könnte. Das Bild zeigt in der Ferne die rauchende Fabrikstadt als Arbeitsstätte der Einwohner der Riesenwohnhäuser, am Horizont die alte Stadt.

So oder so, hier oder dort, wann oder dann — die Hochhäuser werden kommen, denn sie müssen kommen, und es ist auch wünschenswert, daß sie kommen, denn sie werden nützlich — und schön sein! »Architektur, die hoffentlich gebaut wird!«

Wenn man vom Bahnhofe Zoologischer Garten in Berlin die breite Hardenbergstraße hinaufgeht, links den Steinplatz und rechts das in akademischer Weise rechte, in baukünstlerischer sehr unrechte Gebäude der Hochschule für Musik, eines der vielen in langweiliger »offizieller« Architektur errichteten Gebäude des Kaiserreiches, liegen läßt, hat man zur Rechten ein fiskalisches Freifeld. Von hinten aus dem Gelände an der Berliner Straße schaut über das Freifeld die Technische Hochschule herüber, begehrlich herüber wird derjenige empfinden, der weiß, an welcher Raumnot dieses ständig wachsende Institut leidet. Auf dieses muß es über kurz oder lang übergreifen.

In der reichen Vorkriegszeit waren die auf Standfestigkeit, Feuer- und allgemeine Sicherheit bedachten baupolizeilichen Vorschriften in Deutschland recht vorsorglich. Wer sich ein wenig praktisch mit dem Bauwesen beschäftigt hat, weiß von dieser den Hausbau erheblich verteuernden Vorsorge der Behörden ein Lied zu singen. Es mußte auch für diese Sache unseres öffentlichen Lebens die fürchterliche Zeit mit ihrer Not kommen, damit man ein wenig weitherziger denken lernte. Die Not zwingt auf der andern Seite auch zu möglichst sparsamer Bauweise und zu möglichst genauer Prüfung aller andern Faktoren, welche ein Haus teuer machen auch dann, wenn es schon dasteht. Wenn z. B. das Gebäude in wärmetechnischer Hinsicht schlecht vorbedacht wurde, geht ein großer Teil Geld, der für eine schnelle Amortisierung und damit Verbilligung des Hausbaues zu verwenden wäre, durch die nötig gewordene, vom Standpunkte zweckmäßiger Bauweise überschüssige, Beheizung zum Schornstein hinaus. Daher sind heute mehr noch als früher Bestrebungen möglichst rationeller Bauweise wach, und der Wohlfahrtsminister plante 1920 eine »Versuchsanstalt für sparsame Bauweisen, Wohnungshygiene und Wärmewirtschaft«. Eine Denkschrift darüber arbeitete im Auftrage des Ministers Fr. Seesselberg aus, von ihm und dem Architekten Michaelsen stammen die Entwürfe für das für den Betrieb der Versuchsanstalt im (innern und äußern) Anschlusse an die Hochschule zu errichtende Gebäude. Bild 355

Die Verfasser gehen von dem Grundsatz aus, daß für die Straßenwandung an den außerordentlich breiten umgebenden Straßen nur Gebäude von Hochhauskarakter in Frage kommen können. Auf die Gebäude der Hochschule für Musik, die als eine geschlossene Gruppe, als lägen sie auf einer Bauinsel, für sich daliegen und keinen Anschluß an spätere, auf der Bauinsel noch zu errichtende Gebäude in ihrer Formgebung vorbereiteten, wird keine Rücksicht genommen. Höchstens kann »Kontrastharmonie« in Frage kommen. An der spitzen von Hardenbergstraße und Kurfürstenallee gebildeten Ecke am »Knie« steht bereits ein junges Hochhaus, dessen schön aufgereckte Form die Verfasser in das Ganze miteinbeziehen, es nur des seiner Konstruktion »angetragenen dekorativen Kitschs« entkleiden und die paar Privathäuser Bild 356 grober Architektur daneben abreißen. So könnte an der Hardenbergstraße eine gewaltige Flucht großzügig zusammengefaßter 10-stöckiger Monumentalbauten ent- Bild 355 stehen, die diesem vornehmen Bezirke Großberlins Karakter und Zier geben würden. Besonders schön auch könnte das architektonische Platzbild am »Knie« ausfallen, wo in dem mächtigen großgeformten Hausturme der allzulangen allzubreiten Bis- Bild 356 marckstraße ein stattliches Ziel gegeben würde. Rechts in der Hardenbergstraße sieht man die Treppe des Untergrundbahnhofs Knie, in der Ferne rechts den Steinplatz (von dem aus das vorige Bild gesehen ist). Links zieht die schöne Baumstraße, Berliner Straße, in die Tiefe, die in der Mitte fortziehende Kurfürstenallee ist mit einem starken Bogen überbrückt, durch welchen die neuen Gebäude an die bereits stehenden Gebäude der Technischen Hochschule angeschlossen würden.

Es wird aber, wenn überhaupt die Versuchsanstalt gebaut wird, nach Meinung der Architekten sicher nur eine schlichte Halle ohne irgendwelche aufwendige Außenarchitektur errichtet werden.

Wenn ein Architekt aus den Wünschen seines Herzens zeichnet, pflegt er sich keine Zügel anzulegen. So sieht auch diese, ausgerechnet für *sparsame* Bauweise zu errichtende Versuchsanstalt ein bißchen sehr stattlich und verschwenderisch aus. Betrachtet man sie aber als Ideenskizze für die notwendige Erweiterung der Hochschulbauten, so werden die Körper der riesigen Bauten schon schnell mit der Seele eines Zweckes erfüllt. Übrigens ist auch der Zweck einer solchen Versuchsanstalt an sich in den letzten Jahren schon wieder weniger drängend geworden, weil die »sparsamen Baustoffe«, letztlich auch nur »Ersatz« für den guten alten treuen Ziegel, durch das allmähliche Wiederaufnehmen des Betriebs der vielen, in Kriegs- und erster Nachkriegszeit erloschenen Ziegeleien wieder verschwinden. Den abgebildeten Architekturideen aber tut es keinen Abbruch, genug Institute der Hochschule würden Räume und Hallen beziehen — wenn sie nur erst da wären.

HOCHHÄUSER IN ANDEREN DEUTSCHEN STÄDTEN

Von den bereits zahllosen Entwürfen für Hochhäuser in fast allen großen Städten des Reiches bilden wir nur einige wenige ab, wie sie uns aus irgendwelchen Gründen, die durchaus nicht immer solche der Qualität waren, für unsere Zwecke bedeutungsvoll erschienen. Es war unser Bestreben, durch die Weite des Reiches hin ein paar Beispiele zu zeigen.

Bild 357 Wie eine deutsche Stadt der Zukunft aussehen wird, das mag das schöne Schaubild dartun, in dem sich Breslau unseren Kindern von der Oder aus zeigen wird. Sie mögen sich an solchen großen Wirklichkeiten freuen. Für uns sind diese Träume vorläufig noch nicht zu verwirklichen, ihre üppige Fantastik schießt selbst über die Bedürfnisse unserer grausamen Not hinaus, ganz zu schweigen von unsern Mitteln. Der Block am rechten Kopf der Brücke, auf dem Gelände der alten Gasanstalt an der Lessingstraße,
Bild 360 von Berg geträumt und für sich gesondert abgebildet, aber wäre auch heute vielleicht auszuführen und hat eine rechnerische Grundlage in den Wohnverhältnissen der Stadt. Das nach dem Gestaltungsgrundsatz der Blockung und Staffelung erdachte 20-stökkige Gebäude ist als Geschäfts- und Bürohaus entworfen mit der ausdrücklichen

Begründung, daß durch es viele jetzt für Geschäft und Büro belegte Räume der Stadt für Wohnungen frei würden. Von der ihm zugedachten Baumasse gibt das Bildchen eine Vorstellung, das seine Maße mit denen des Kölner Doms vergleicht. Im mehr oder weniger freien Gelände solche Blockmassen zu schichten hat nicht so große Schwierigkeiten wie drinnen in der Stadt, wo Rücksicht auf altheilige Gebäude zu nehmen ist wie auf das berühmte Rathaus der Stadt. Derselbe Architekt hält die (schwarz gezeichneten) Häuser um den Ringplatz in normaler Höhe, und erst im weiteren Abstande erhebt sich in Staffelungen von 9 und 10 Geschossen ein für die innere Stadt skizziertes Hochhaus, an Masse ungefähr der der Elisabetkirche gleich. Man darf die Idee wohl gelungen nennen. Bild 358 Bild 359

Aus einem für Danzig ausgeschriebenen Wettbewerbe bilden wir zwei Entwürfe ab. 1000 Mieträume sollten durch einen Hochhausbau frei werden. Dem von See Hereinkommenden bietet sich das herrliche Stadtbild Danzigs dar, nicht gestört sondern gewiß gestärkt durch den Bau (Kennwort: Rechenexempel), der auf einem uns schon von einer Kohtzschen Idee bekannten Grundriß den schlichten Stil der großen Speicherbauten ins Kolossale erhebt. Der andere Entwurf (Kennwort Hugin), für militärfiskalisches Gelände am Fuße des Bischofsberges erdacht, geht aus von einem sechsseitigen, dem Senkrechtverkehr dienenden Baukern, von dem aus drei Seiten des Sechsecks die Strahlen der Nutzflügel ausschießen, das Ganze zusammengefaßt von einem niedrigen Kreisbau. Schlicht und wuchtig. Bild 362 Bild 343, 361 Bild 363 Bild 364

Bedeutend ist heute schon das Platzbild mit dem Theater in dem an Bauschönheiten armen lärmenden Duisburg am Rhein. Links steht das Gerichtsgebäude. Büroturmhäuser in dieser Stadt des größten Binnenhafens im Zusammenhang mit dem Theaterplatze errichtet, könnten ein bedeutendes Architekturbild ergeben, wenn uns auch die Gebäude nach der abgebildeten Skizze von Wißmann und Breuschede die architektonische Lösung, namentlich in dem der Einfachheit ermangelnden Hauptturme, noch nicht gebracht zu haben scheinen. Bild 366 Bild 367

Nach dem uns hinlänglich bekannten Staffelungsgedanken erfunden ist auch die Idee eines solchen Bürohauses für das gewerbereiche oberrheinische Ludwigshafen von Latteyer, für ein Gelände an der Schillerstraße erdacht, 29 Stockwerke hoch. Bild 365

In München, der sich immer mehr vom Leben der Neuzeit abkehrenden und auf ihrem alten Rufe als »Kunststadt« sitzenden Stadt — als ob sie das von selbst ewig bliebe und als ob nicht dieser Besitz wie jeder andere immer wieder neu erworben werden müßte —, scheint vorläufig der Hochhausgedanke noch nicht volkstümlich zu sein. Daß die Forderung erhoben wurde, die zu errichtenden Gebäude müßten, um das Zentrum mit der Frauenkirche nicht zu erdrücken, im Umkreise von mindestens $1^{1}/_{2}$ Kilometer von dieser errichtet werden, ist zu begrüßen. Wir bilden zwei Entwürfe von O. Kurz für ein Hochhaus ab, gedacht rechts (für den Einfahrenden) vom Bahnhofe jenseits der Hackerbrücke, dort wo dem Einreisenden heute in Riesenbuchstaben das »Hackerbräu« sich in Erinnerung bringt, der eine gestaffelte, etwa 25-stöckige, mit den Trägerbögen der Brücke zu einem wirkungsvollen Architekturbilde vereinigt, der andere zweiblockige mit etlichen Nebenblöcken aus der Schau des Vogels gesehen. Bild 368 Bild 369

131

Wir opfern die Einheit der Zeit der des Ortes und schieben an diese Stelle dazwischen ein paar Skizzen zu Änderungen städtebaulicher Art, die in München oft und lange die Gemüter bewegten und welche die Ungunst der Zeit sehr weit ins Reich der Träume hinaus verweist. Man empfindet es lange, daß die in der Mitte des 19. Jahrhunderts errichteten Pinakotheken auf ihren weiten Plätzen zwischen Barer- und Arcisstraße schlecht angeordnet sind und daß Klenze und Voit mit ihrer Einordnung in die Plätze sich keine Lorbeeren der Geschichte verdient haben. Auch die Aufforstung der Leerplätze mit allmählich stattlich werdenden Bäumen rettet die Gebäude nicht vor dem architektonischen Ertrinken (der Architekt soll überhaupt nicht zuviel mit dem stets sich ändernden und überhaupt labilen Element der Bäume rechnen, Baum sei Baum und Stein sei Stein, Gebäude wollen zu steinernen Raum- und Platzkörpern zusammengeschlossen sein). Die Skizze von Stadler denkt sich die Neue Pinakothek nach der Heßstraße hin zu einem Hofbau vergrößert, Theodor Fischer will Alte und Neue Pinakothek in der Weise zusammenbauen, daß er zwischen ihnen entlang der Barer- und der Arcisstraße große Verbindungsflügel errichtet und einen stattlichen Innenhof schafft, durch den die Theresienstraße, zweimal von ihnen überbrückt, unverlegt hindurchziehen würde. Der dritte Gedanke von Thiersch bindet die Alte Pinakothek in ein neues Gebäudeganzes, indem er die gegenüberliegende Türkenkaserne abreißt, an ihre Stelle und im allgemeinen Zuge ihrer heutigen drei Flügel (doch durch Zurückrücken von den anrainenden Straßen und Vorlegen von Zierhöfen) neue Monumentalgebäude errichtet, welche der Akademie der Wissenschaften und Sammlungszwecken dienen sollen. Die Hauptfront des Gebäudeganzes wird von der Türkenstraße weg ins Innere des neuerstehenden Monumentalhofes (anstelle des heutigen Kasernenhofes) verlegt, den nun die Schmalfront der Pinakothek an der Barerstraße über diese weg zu einem großen Architekturganzen zu schließen hätte. Wir werden solche oder ähnliche Änderungen kaum noch erleben...

Auch ein für Stuttgart gehabter Plan musealer Natur des Architekten Abel sei hier erwähnt. Der erste Schritt zur Verwirklichung war schon getan, indem der Württembergische Landesausschuß für Natur- und Heimatschutz, also nicht ein beschäftigungsloser Architekt, die Anregung gab, ein historisches Landesmuseum zu erbauen. Abel wählte dafür in glücklicher Weise die Uhlandshöhe, den Kopf im bunten Keupergelände Stuttgarts, von dem man über den breiten Neckargrund hin auf die roten weinkochenden Abendhöhen der Türkheimer Berge und ins kirschenreiche Remstal hinausschaut. Der Kopf und mit ihm Stuttgart würde die Krönung durch ein Werk von Menschenhand mit Vorteil getragen haben. Der Entwurf ist in den schlichten Formen der sympathischen schwäbischen Architekturtradition gehalten. »Es war ein Traum...«

Weil es sich um reine und verhältnismäßig bescheidene Nutzbauten handelt, Hotels und Geschäftshäuser, die den Platz vor Bonatzens großartigem neuen Stuttgarter Bahnhofsgebäude nach einer Skizze von ihm und Scholer einrahmen sollen, so mag der heute noch kahle Platz vor dem Bahnhofe sich vielleicht in absehbarer Zeit in der schlichten und schönen Weise gestalten, wie die Skizze es wünscht.

Und nun kehren wir nach dieser Abschweifung zu den Hochhäusern zurück und schließen damit das Kapitel über sie. Für Stuttgart bilden wir vier Skizzen des Architekten Döcker ab, für Hochhäuser, die um die Altstadt herum so gedacht werden, daß sie einander nicht bedrängen, die Höhe der Stiftskirche nicht übersteigen und schöne Straßenbetonungen und Stadtbilder ergeben könnten. Am Schloßplatz hinter den Hallen des Königsbaus, wohl auf dem Gelände der heutigen Hauptpost, hätte das erste Bild 375 Turmhaus zu stehen; das zweite ein wenig weiter (rechts erscheinen noch die Hallensäulen des Königsbaus) am Eingang der Hauptverkehrsstraße Stuttgarts, der König- Bild 376 straße (zugleich wirksames Gegenstück zum mächtigen Bahnhofsturme); wahrscheinlich am Ende dieser Straße als Monumentalziel der langen Tübingerstraße das dritte Bild 377 und ein wenig abseits, den Alten Postplatz beherrschend und der langen Rotebühl- Bild 378 straße ein Ziel gebend, das vierte. Man denke sich die breit im hohlen Tale eingeschmiegte Stadt Stuttgart, wenn man sie von einer der villen- und rebenschweren Randhöhen überblickt, mit diesen mächtigen Senkrechten durchsetzt, es würde ihre heutige Schönheit ins Große steigern.

Die Hoch- und Turmhäuser in deutschen Städten werden, wenn sie kommen, deren ästhetischem Sein das einfügen, was ihnen allen fehlt: die Senkrechte. Zweckmäßig und weise werden sie durch das Stadtganze verteilt werden. Man wird im allgemeinen nicht übertriebene Höhen wie in Amerika zulassen, wo sie 170 bis 240 Meter hoch sind, wodurch an der Erde unerträgliche Verkehrsballungen entstehen; man wird keine »Wolkenkratzer« bauen, sondern 75 bis 100 Meter nicht überschreiten. Man wird aber auch einen eigenen und reinen Stil aus ihnen sich entwickeln lassen, der aus Sachlichkeit, Treue und Schlichtheit von selbst als ein schönes und natürliches Neues sich ergeben wird und der nicht wie in Amerika Anleihen machen wird beim Palazzo oder den Kirchtürmen englischer Gotik.

UNAUSGEFÜHRTE PLÄNE VON PÖLZIG

Eine Erscheinung von der Bedeutung, mindestens der Eigenart und Weitgriffigkeit Pölzigs darf in diesem Buche, das dem Eigenartigen und Hochgestochenen nachgeht, einen Abschnitt für sich erhalten. Pölzig hält sehr viel auf Eigenart. Vielleicht erinnert einmal ein Entwurf wie der für die Hauptfeuerwache in Dresden von ferne an Bild 381 ein römisches Amphitheater. Großzügigkeit ist diesem Entwurfe ebenso eigen wie dem Modell in Gips »Zwei Schulen hinter einer Kirche«. Am Wettbewerbe für das Bismarck- Bild 382 denkmal am Rhein hat sich Pölzig beteiligt mit dem Entwurfe eines »Kampfspiel- Bild 383 hauses«, das in einer merkwürdigen Manier Motive der Korbflechttechnik auf die Großarchitektur zu übertragen scheint und trotz dem großen Wurfe der Erfindung wegen der nur »originellen« Idee der Formgebung nicht zu befriedigen vermag. Merkwürdig ist der Entwurf für ein Stadthaus, zum Befremdenden des Eindrucks Bild 379 trägt allerdings sehr die Ausführung des Modells in Gips bei, nach welcher das Ganze als ein weißes Kalkgebirge ohne das belebende und unterscheidende Element der Fenster erscheint. Die Idee ist landschaftlich empfunden, gleich dem Aufbau eines Schichtberges treppen sich die Stockwerke zurück, auf etwas über halber Höhe in einem Hauptintervall. Soll man es bedauern, daß eine solch höchst barocke Idee nicht Stein wurde, sodaß man sich von der Wirkung eines Werkes in der Wirklichkeit hätte überzeugen können, das ein Motiv aus dem römischen Barock, das der geschwungenen Fassaden, auf das Naturmotiv eines Tafelberges überträgt? Es ist schwer für das Gefühl, sich zu entscheiden. Glücklicher vielleicht ist auf der Motivensuche bei der Landschaft eine Anleihe gemacht in dem höchst eigenartigen Entwurfe Bild 380 für das Festspielhaus in Salzburg, das ganz in die Landschaft, in den Schloßpark von Hellbrunn hinein erfunden ist und auf den ersten Blick kaum als ein Werk der Architektur eher als ein Stück Landschaft, als eine Gruppe bizarrer Dolomitfelsen anmutet. Sieht man näher zu, so schwindet das Befremden. Im Innern meint der Entwurf sogar ein ziemlich normales altmodisches Logentheater, nach außen hin sind die Ränge durch Terrassen ausgedrückt, die mit sehr fantastischem Zinnenwerk gekrönt sind. In der Nähe soll noch ein zweites kleineres intimes Theater entstehen, dieses liegt auch auf einer Bodenwelle wie das große, und sie sind untereinander durch einen gedeckten Gang, der im Bilde sichtbar ist, verbunden. Die Treppen sind geschwungen, nirgendwo ist eine gerade Linie, und alles scheint zu knospen, ein steinerner Frühling. Rokoko und Natur haben für diese Stadt Mozarts und der Alpen einen Bund geschlossen. Man wird Bild 192 an Meissonnier erinnert. Aber wie man sich bei diesem nirgendwo von der Wirkung der Erfindung in der Wirklichkeit überzeugen kann, so wird es in diesem Falle auch mit Pölzigs Traum sein — die 1917 auftauchenden Pläne sind wohl im dunklen Sturmmeere der Zeit untergetaucht und ertrunken.

Ob das Reich es sich wohl in absehbarer Zeit noch leisten kann, sich im Auslande so großartig durch das Mittel der Architektur in Erinnerung und Ansehen zu bringen, wie es durch das Behrenssche neue Botschaftsgebäude in Petersburg kurz vor dem Kriege geschah? Auch für unsere Vertretung in den Vereinigten Staaten war ein monumentaler Sitz vorgesehen, ein Wettbewerb lieferte nicht weniger als 272 Entwürfe, von denen (neben dem ein wenig an Behrens' Petersburger Botschaftsbau er-
Bild 386 innernden, auf das Repräsentative gehenden Entwürfe von Kurz und Rosenthal) der
Bild 385 von Pölzig abgebildet sein soll, eine wuchtige Erfindung in rustikalen Formen, die pylonenartigen Flügeltürme durch nichts als die breiten Gesimsbänder und die Stäbe der Fensterteilungen gegliedert, in der Mitte in klassizistisch anmutender Architektur als feierliche Note heraustönend der Fest- und Repräsentationssaal. Wir bilden diese beiden letzten Entwürfe ab als Denkmale und Beispiele für das, was durch unser nationales Unglück an Bauten politischer Bestimmung seine Ausführung nicht erlebte.

Und in dieser Hinsicht das bedeutendste, das, an das sich die größten politischen Hoffnungen knüpften und das in der allgemeinen Katastrophe mit verschwand: das »Haus der Freundschaft« in Konstantinopel. So hatte der türkische Großwesir Talaat

134

Pascha jenes Gebäude genannt, das, von der Deutsch-Türkischen Gesellschaft in Auftrag gegeben, der Pflege der Kulturbeziehungen zwischen Deutschland und der Türkei dienen sollte. In diesem Hause in Konstantinopel sollten Türken deutsche und deutsche Stipendiaten türkische Kulturart, in einem für später geplanten Schwesterhause in Deutschland Deutsche türkische und türkische Stipendiaten deutsche Kulturart kennen lernen. Die Bauaufgabe enthielt also Ausstellungsräume, Lesesäle, Theater- und Konzertraum, Wohnungen für die Stipendiaten und eine für den Direktor des Hauses. Der Bauplatz lag am Divanjolu, der Hauptstraße von Stambul. Es wurde ein engerer Wettbewerb ausgeschrieben, zu dem fast alle die bekanntesten deutschen Architektennamen erscheinen: Bestelmeyer, Bonatz, Eberhardt, Elsässer, Endell, Theodor Fischer, Bruno Paul, Pölzig, Riemerschmied, Taut. Preisrichter waren die sich beteiligenden Architekten selbst. Es ist bezeichnend, daß die äußerlich »originellsten« und kühnsten Entwürfe nicht einmal in die engere Wahl kamen. Trotzdem greifen wir, die wir das Außerordentliche suchen, den eigenartigsten, auf den ersten Blick völlig bestechenden und verblüffenden Entwurf von Hans Pölzig heraus. Bild 388

Jedermann denkt sogleich: »Hangende Gärten der Semiramis.« Offenbar hat diese Vorstellung dem Schöpfer vorgeschwebt bei seinem Entwurfe dieses Terrassenbaus mit Gärten, der flüchtig angesehen nur dieser Terrassen wegen errichtet zu sein scheint. Schaut man aber den Schnitt an, so erscheint einem ein sachlich und praktisch durch- Bild 390 gedachtes architektonisches Gebilde. Um zwei Lichthöfe gruppiert sich die nach vorn Bild 389 niedertreppende Baumasse. Im Erdgeschoß liegen die öffentlichen Räume, wie Nachrichtensaal, Kaffeehaus, Ausstellungsraum, im ersten — mit Terrasse nach vorn — Lesesäle, Bücherei und kleiner Saal, im zweiten — mit Terrasse — der große Saal, im dritten — mit Terrasse — die Wohnung des Direktors, im vierten — mit Terrasse — die der Stipendiaten. Gedeckte Bogengänge und Treppen laufen um alle Terrassen herum und nieder. Es war kühn, durch den auffälligen Umriß des Gebäudes das alte heilige Stadtbild von Stambul mit seinen vielen Moscheen, etwa vom Goldenen Horn Bild 387 aus gesehen, zu durchbrechen und zu verändern. Der wunde Punkt des Entwurfes waren die mächtigen Wangenmauern und namentlich die riesige glatte Hinterwand, die etwa vom drübenen Marmarameere aus gesehen dem Gebäude die Form eines modernen Kastensessels gaben. Wie das nun auch war, den ersten Preis erhielt Bestelmeyer. Sein und der übrigen Architekten Entwürfe sind bedeutend genug, daß wir Bild 391 von diesem großen idealen und platonisch gebliebenen deutschen Stücke ungebauter politisch-zweckhafter Architektur noch einige zeigen: der Entwurf von Riemer- Bild 392 schmied hält sich treu an das Stambuler Stadtbild, indem er im Äußern Formen braucht, wie man sie in derselben Stambuler Hauptstraße, der Triumphstraße des alten Byzanz, an der »Hohen Pforte« sehen kann. Selbst der sonst so radikale Taut entlehnt sein Hauptgestaltungsmotiv der Stadt, den Moscheen, an die sein Entwurf Bild 393 von fern erinnert. Er setzt bewußt als architektonisches Hauptmotiv in seine Erfindung die Kuppel ein, so die herrliche Umrißlinie des vielkuppeligen Stambuls auf der Landenge zwischen Marmarameer und Goldenem Horn durch eine Kuppel bereichernd, denn nach ihm »beruht jeder schöne Stadteindruck auf der häufig und immer wiederkehrenden Abwandlung weniger karakteristischer Formelemente«. Doch auch wieder ganz modern und persönlich wirkt diese an außen sichtbaren Gitterträgern aus Eisenbeton aufgehängte und wahrscheinlich von dem bei Taut so beliebten, oft verwandten bunten Kristallglas geschlossene Kuppel.

Bild 398

Im Kriege unter der Herrschaft der Militärdiktatur wurde, wenn man aus strategischen oder politischen Gründen baute, schnell zu Werke gegangen. Schon im nächsten Jahre, 1917, wurde der Grundstein gelegt und die Urkunde darin verschlossen, welche sagte, daß dieses »Haus der Freundschaft« errichtet werde »zum Zeugnis der starken und siegreichen deutsch-türkischen Waffenbrüderschaft gegenüber einer ganzen Welt und in Erwartung eines endgültigen Sieges und eines fruchtbaren Friedens«. Bald waren die Ausschachtungsarbeiten im Gange...

PLÄNE DER REVOLUTIONSARCHITEKTUR

»Nieder mit dem Seriosismus!« ruft Bruno Taut, »weg mit den Sauertöpfen, den Tran- und Trauerklößen, den Stirnrunzelnden, den ewig Ernsten, den Säuerlichsüßen, den immer Wichtigen! Wichtig! Wichtig! Verfluchte Wichtigtuerei! Grabstein- und Friedhoffassaden vor vierstöckigen Trödel- und Schacherbuden! Zerschmeißt die Muschelkalksteinsäulen in Dorisch, Jonisch und Korinthisch!... Hoch das Durchsichtige, Klare! Hoch die Reinheit! Hoch der Kristall! Hoch und immer höher das Fließende, Grazile, Kantige, Funkelnde, Blitzende, Lichte — hoch das ewige Bauen!«

Mit der Revolution entstand auch eine neue Bewegung in der Architektur, neue Hoffnungen, neue Pläne. Aber schon bald, nachdem man erkannt hatte, daß die Revolution keine echte gewesen war, daß sie an alten Staatsformen geflickt, gebessert, geschlechtert hatte, daß namentlich das Wichtigste an der Revolution, die Vorbedingung einer erfolg- und segensreichen, die Erneuerung und der Umsturz der Herzen, ausgeblieben war, fiel enttäuscht auch diese Bewegung in sich zurück. Viel Un- und Irrsinn war aufgeschossen, aber mit dem Unkraut mag im Garten auch manches gute Kraut unter der grellen Sonne der Wirklichkeiten verwelkt sein. Der bedeutendste Kopf der Bewegung war der Magdeburger Stadtbaurat Bruno Taut, ohne Frage, von ihm wäre in günstigerer Zeit manches »Seriöse«, wie es jede Kunst, namentlich die ihrem Wesen nach höchst ernsthafte Baukunst, wenn sie etwas taugen will, erschafft, zu erwarten gewesen, wie z. B. das betrachtete Haus der Freundschaft.

Bild 393

Blühender — aber wirklich und im gewissen Sinne bewundernswert blühender — Unsinn ist seine Fantasterei, die Alpen mit einer ungeheuren Glasarchitektur zu überbauen. Sie wäre wahrhaft babylonisch (und uns sehr lieb) gewesen und hätte dem nächtlich besternten Himmel gefährlichen Wettbewerb gemacht, wenn wir nicht doch lieber die immer mehr vor den Schritten der Zivilisation in Europa und gar in der Welt zurückweichende Natur soviel als noch möglich ist unangetastet sähen, denn sie ist doch noch schöner und reiner als das was die Menschen machen. Darum schlossen wir solche (im Letzten ja rein zivilisatorischen und technischen und darum niemandem mehr als Taut im Grunde abscheulichen) Fantastereien trotz aller bekundeten Vorliebe für Fantastik und babylonische Größe aus diesem Buche aus, auch schon deswegen, weil sie ja (Gottseidank noch) technisch unausführbar wären. Aber andere Ideen von ihm begrüßen wir warm, und ob auch sie nur reine Träume bleiben werden, so verdienen sie zum mindesten, in Zeichnung und Wort denen, die das Gebaute lieben, vorgestellt zu werden.

Eisenbeton und Glas — nicht das ebene langweilige, von den Quarzkörnchen im Staube der Luft so schnell erblindende »Spiegelglas«, sondern das funkelnde bunte Kristallglas — sind die Elemente, in denen er architektonisch denkt. Auf der letzten großen Ausstellung in Köln vor dem Kriege war von ihm ein »Glashaus« zu sehen von Bild 398 durchaus eigenem, aus sich selbst fließenden Stile, das den drolligen ironischen Vers von Scheerbart im gesimsähnlichen Kuppelkranze trug: »Ohne einen Glaspalast ist das Leben eine Last.« Es wird nicht recht ersichtlich, wozu ein solches Glashaus im »seriösen« Leben dienen könnte, in einem irgendwie praktischen Gebrauche als Wohn- oder Aufenthaltsraum wäre es eine abscheuliche Erfindung und ein grauenhafter Schritt (wenn das Glas irgendwie durchsichtig wäre) im Sinne einer Veräußerlichung des Menschen, und ganz bestimmt eine Nervenqual, da die Scheiben doch sicher lichtdurchlässig sind und es kein Dunkel in ihm gäbe. Die Nacht aber ist noch immer unsere Freundin, der dunkle Winkel und die finstere Stunde Ort und Zeit, wo wir einmal »in uns gehen« können, sicher das Beste und gerade von den revolutionären Idealisten immer Geforderte, was wir tun können. Darum ist auch seine Idee eines »drehbaren Hauses«, das auf einem Zapfen gleich einer Windmühle drehbar von ihm Bild 397 für »die Kurische Nehrung« skizziert wird, damit es mit dem Sonnenlaufe kreisen könne, ungeheuerlich. Das würde ja heißen, daß gerade *ein* Zimmer immer Licht erhielte, während die einfachste Gesundheitsregel fordert, daß möglichst alle Zimmer Licht bekommen. Und das großartige Wandern des Alls durch unser Zimmer auf den Strahlenbalken der Sonne, das wir jeden Tag immer wieder schauernd erleben, gäb's nicht mehr, wenn sich unser Zimmer von seinen Festen löste. Vielleicht ist es übrigens gar nicht im Sinne des ausgezeichneten Architekten, wenn wir solche skizzierten Spielereien so ernst nehmen, und wir wollen sie auch verlassen; aber bezeichnend für den nutzlosen Schaum, den solche erfrischenden und starken Wellen oft von sich spritzen, ist es immerhin. Nein, jede Revolution, die veräußerlicht, ist der Teufel, gerade *gegen* die veräußerlichende Zivilisation imperatorischer Gestenzeit wendet sich unsere heiligste innerste Revolution! Weg darum mit Vorschlägen solcher »öffentlichen« Häuser, Feinden unserer inneren heiligen Einsamkeit, Einkehr und Sammlung!

Anders ist es mit den öffentlichen Bauten unserer Gemeinschaft. Ein im Lichterglanze seines Innern durch die bunten Scheiben seiner Wände in der Nacht nach außen gleich einem Sterne leuchtendes Konzerthaus! Seht Tauts großartigen (leider nur dürftig skizzierten) Gedanken eines »Hauses des Himmels«! Irgendwo im freien Bild 395 Lande liegt der heilige Bezirk. Man kommt im Bahnhofe oder auch davor im Flug- Bild 394 hafen an. Hotels, Kaffees und Speisehäuser für den leiblichen Menschen liegen an einem großen Platze, der auch noch weltlichen Vergnügungen dient. Dann trittst du durch eine wie von Pylonen vom Theater rechts und Volksversammlungshaus links gebildete Gasse in den inneren Kreis. Zwischen diesem inneren und dem äußeren Kreise liegt ein Ring von Gärten, für die im heiligen Bezirk dieses Hauses des Himmels Wohnenden bestimmt. In diesem finden sich bei *K* die Wohnungen der »Künstler Künder Kinder« (so werden des schönen Reimklangs wegen die Architekten, Maler und Bildhauer aufgeführt). Vor diesen Kolonien liegen bei *A* die Werkstätten der »Künstler Künder Kinder«, zwischen diesen schon im inneren Ringe bei *Sp* Spielplätze und bei *S* Seen zum Schwimmen. Als Abschluß gegen den innersten Bezirk gibt es da bei *M* und *D* Wohnungen für die Musiker und die Dichter (Taut ist der erste, der bei öffentlichen Bauten auch einmal an die Dichter denkt, die sonst übergangen zu werden pflegen, wenn von Staatswegen für die Musiker und die bildenden Künstler in Konservatorien und Akademien, mit Staatsateliers, Staatsstipendien, Staatslehrstellen öffentlich gesorgt wird). Und nun erhebt sich, ein strahliger Turm, im Ganzen geformt nach den Fassetten eines Kristalls, das Haus. Aber der Erfinder habe selbst das Wort, um auszudrücken, was ihm mit der Schöpfung vorschwebte:

Bild 395

»Ein Haus, das nichts als schön sein soll. Keinen andern Zweck soll es erfüllen, es soll leer sein nach dem Spruche von Meister Eckhardt: Ich will Gott niemals bitten, daß er sich mir hingeben soll, ich will ihn bitten, daß er mich leer und rein mache. — Das Glück der Baukunst wird den Besucher erfüllen, seine Seele leer machen vom Menschlichen und zu einem Gefäß für das Göttliche. Der Bau ist Abbild und Gruß der Sterne. Sternförmig ist sein Grundriß, die heiligen Zahlen 7 und 3 verbinden sich in ihm zur Einheit, die 7 für den großen Raum, die 3 in den Nebenräumen, welche kapellenartig herumgelegt menschliches Getriebe aufnehmen, Unterricht, Vorträge, Beziehungen zum Leben der Menschen. Die drei großen Kapellen sind in der Höhe ihrer Decke in sich geteilt, in ihnen führen die Treppen hinauf. Am Eingang eine breite Freitreppe zwischen den Säulen des Leids und des Gebets zur Terrasse, auf der das Haus steht. Emporen in 6 Dreiecken der Zacken des Siebensterns, in ihren Ecken stehen Teile der großen Orgel, und Öffnungen lassen die Töne nach außen klingen. Das siebte Dreieck des Sterns bleibt ohne Anbau und Emporen, damit der Blick frei zur Höhe steigt. Vor ihm stehen frei im Raume zwei 15 Meter hohe plastische Pfeiler, die bis in die von der Decke hangenden Kristalle hineinragen. Alle Wände, Decken und Böden sind aus Glas; Eisenbeton ist das Traggerüst und ein Zwischenraum von 1 Meter Breite zwischen der innern und äußern Glashaut sorgt für Wärmeausgleich. Hier sitzt auch die Beleuchtung, kann nach innen und außen eingeschaltet werden und leuchtet durch farbige Glaswände. Fährt man nachts im Flugzeug zum Hause hin, so leuchtet es von weitem wie ein Stern und klingt wie eine Glocke. — Zum Aufbau dienen Prismen aus farbigen Gläsern, zum Aufbau der Wände gegossene Prismen. Fenster wie bunte Teppiche. Die Säulen des Leids und des Gebets beginnen am Boden mit düsterm Schwarz, gehen über in leuchtendes Blau und klingen oben aus in strahlendes Gold!«

Bild 394
Bild 396

Ein Gedicht, gewiß! Aber obgleich der Dichter-Architekt — hier mit Recht — dem Gebäude den zwecklosen Zweck setzt, aus sich zu sein, für sich zu wirken, als eine mystische Gottesschau, so wäre dem Hause auch (schon die vorgesehene Orgel deutet es an) ein praktischer Zweck, etwa als Konzerthaus für die erhabenste Musik zu dienen, zu setzen. Wie würde Bach, wie Beethoven und Reger in dieser feierlich erleuchteten Halle klingen! Man erwog vor nicht langer Zeit ernsthaft den Gedanken eines deutschen Simfonie-Festspielhauses, die bedeutendsten Dirigenten Deutschlands traten dafür ein, man ließ auch Entwürfe machen — hier wäre ein ausgezeichneter!

Bei aller Fantastik bleibt Taut, der Stadtbaumeister, doch der Mathematiker, der Konstruierer, der Architekt. Das wird vermißt bei den kleinen Skizzen, die Paul Gösch in der »Stadtbaukunst« veröffentlichte. Allen Revolutionen ist immer das Urige eigen, etwas Rousseauhaftes, ein Ruf nach Rückkehr zum verlassenen Urgrund — nun, Gösch ruft die Architektur in diesen Skizzen zu einer Naturform zurück, wie wir sie aus Gegenden kennen, in denen günstige Gesteinslage und klimatische Verhältnisse eine ausgeprägte Morfologie der Erdplastik werden ließen. Vor seinen Skizzen entstehen einem sogleich Erinnerungsbilder von plastischen Küsten wie den Italiens und Helgolands, von Tropfsteinhöhlen des Karstes, von Bozener Erdpyramiden, von Terrassenlandschaften im Löß Chinas und Turkestans. Seine »Küstenstadt« will die Menschen Bild 400 sogar wieder zum Troglodytendasein zurückführen. Das heißt die Architektur ins Malerische, das Klassische, das *jedem* Steinbau (auch dem romantischsten), entsprechend seinem konstruktiven Ernste, anhaftet, ins absolut Romantische, d. i. ins Formlose auflösen. Doch dann, wenn man nicht einstimmen kann, ist es der Gerechtigkeit wegen besser, dem Erfinder selbst das Wort zu geben und ihm die ganze Verantwortung zuzuschieben. Er sagt zu seiner Idee »Küstenstadt«: ... »zeigt keine getrennten Häuser, die Räume sind in den Terrassen untergebracht, deren Dächer nach hinten abfallen und Terrassen tragen. Die Gemeinschaft, als vielfach doch einheitlich gegliedertes Ganzes, um eine Zentrale (kugelartig gegliederter Aufbau) gruppiert, ist stark ausgeprägt.« »Gemeinschaft«, das ist ein Zielgedanke aller aus dieser Revolution hervorgegangenen, Architekturform suchenden Kräfte.

Zum »Kugelgliederturm«: »Ungefähr gleich hohe Glieder, unten die Wand stärker Bild 407 und die Lichtöffnungen kleiner, oben umgekehrt. Material: Eisen, Beton oder Fliesen, Glas. Seitlich davon ähnliche kleinere Gebilde, nicht besteigbar, nur als künstlerische Begleitmotive zum Hauptbau, um zwischen ihm und der Horizontalfläche der Landschaft zu vermitteln. Aufzug oder Wendeltreppe.«

Zum »Leuchtglobus«: »Den Schiffen zu Rat. Lichtschwangere Form aus Glaszellen, Bild 399 die reichlich langen Strahlen der Lampen im Innern. Unten am Meer Depots für Rettungsboote: auf Schienen rasch zum Meere und zum Land geschafft. Auch hier schwächer leuchtende Glasknospen von Mauerkelch, schützend gegen Wogen- und Trümmeranprall umlagert. Bindende Brücke mit einem tragenden Mittelgrad. Gasthäuser auf der Felsenhöhe.«

Zur »Friedhofanlage, Aufstieg des Lebens«: »Für solche, die sich um eine Gegend Bild 405 (Land) verdient gemacht haben, in irgendeinem Gebiet; die 4 Pfeiler des Bekrönungsbaues sind nach den Weltgegenden gerichtet, und an sie anschließend scharen sich die Gräber (oder nur Standbilder, Büsten, Reliefs) der Geehrten je nach der Gegend, in der sie gewirkt.«

Zu bemerken ist zum rechten Verständnis dieser Skizzen, daß wir uns ihre angenommene Wirklichkeit sehr groß und monumental vorzustellen haben, wie die Annahme eines Aufzuges im Kugelgliederturm deutlich werden läßt.

Scharf abzulehnen ist Hermann Finsterlin, und es hieße der abgebildeten Skizze Bild 406 seines »Hauses der Künste« mit der Wiedergabe und überhaupt der Erwähnung zuviel Ehre antun, wenn sie nicht stehen sollte als Beispiel für eine »Architektur, die Gottseidank nie gebaut werden wird« und auch nicht gebaut werden kann. Zwar hat er sich für seine Entwurfsskizze, wie die Unterschrift und der (unbedingt notwendig Bild 404 mitabzubildende) Grundriß beweisen, eine Zweckbestimmung seiner nicht mehr fantastisch zu nennenden Erfindung gedacht, aber diese formlose Wurstelei seines »Gebäudes« entbehrt aller Haltung, welcher von den Künsten die Architektur am wenigsten entraten kann. Schon das in ihr zu beachtende Gesetz der Statik, soll nicht alles beim ersten Windstoße oder auch durch die eigene Last über einen Haufen fallen, schließt solche Albernheiten aus. Die Statik fordert schon »Haltung« und damit ein Element, das Hauptelement des »Stiles« — dies aber ist nichts als Anarchie. Für ihn ist Bauen »der Schöpfung siebenten Tag weitertragen um eine Welle in der Brandungskette, die liebend tändelt mit der Unendlichkeit (?), des Heiligsten heiligstes Symbol ... Solch ein Gefäß muß tönen wie des Memnon granitner Leib« — die Memnonssäulen bestehen aber aus Nummilitenkalkstein, was mindestens ein Architekt wissen sollte —, »wenn der Sonne wecker Leib ihn streichelt, solch ein Gefäß muß Düfte haben, die es zeichnen dem Organe der Gottheit aus der Similien Unzahl, und das Echo des Weltgesanges muß haften an dem anmutigen Relief der Luftatmenden neuer Leiber, die wie Spätgeburten der alten Erde entblühen«. Solche »Literatur« darf ein moderner Dichter nicht aussprechen, ohne seinen Ruf zu gefährden, wieviel weniger ein Architekt, der statt mit Luftblasen mit Steinen reden sollte. Und wir wollen uns gern den Vorwurf zuziehen, nach dem Verfasser zum »alten Lager« zu gehören, wenn er sagt: »Ein Hauptvorwurf aus dem alten Lager, der das neue Haus und vor allem meine Architektur trifft, ist der der Naturnachahmung. Aus Schnecken, Pilzen, Korallen usw. soll sich mein Modellmarkt rekrutieren.« Die Pilze soll er essen, die Schnecken kochen, mit den Korallen seine Geliebte schmücken, aber nicht seine erfindungsarme Fantasie bei ihnen leihen lassen ... Genug!

Sehr warm aber nehmen wir Wassili Luckhardts Ideenskizze eines Volkstheaters Bild 403 auf. Der weiße Modellgips mag für viele noch etwas Befremdendes haben, weil er in den Materialien gar nichts und in den Formen wenig unterscheiden läßt; aber wenn Bild 401, 402 man den genau durchdachten und sehr eigenartigen Grundriß daneben betrachtet, leuchtet die außerordentliche Einfachheit, Übersichtlichkeit und Brauchbarkeit einer Idee ein, die wohl noch lange leider Idee bleiben wird, denn noch immer ist die historisch-konservative Auffassung, wenn es Bauaufgaben zu vergeben gilt, mächtig.

Von demselben Architekten stammt auch ein Entwurf für ein Hygienemuseum, das in Dresden errichtet werden sollte und das auch ein Opfer des Krieges geworden ist. Bild 408 Hinter den Zwingergarten, dessen in der heutigen Nierenform daliegender Teich in Bild 141 ein Architekturbecken verwandelt ist, in der Längsachse des Zwingers auf dem Gelände des abzubrechenden Marstalls ist das Gebäude gedacht, aus zwei Gebäuderingen bestehend, der mittlere geschlossene auf der Portalseite eingedrückt, inmitten ein besonderes drittes Gebäude — ein bedeutendes Architekturbild! Radikaler geht Hans Luckhardt vor, der für dieselbe Stelle und den gleichen Zweck eine riesige kreisförmige Bild 409 Halle vorsieht, aus der nach vorn ein Segment herausgeschnitten ist. In dieses leere Segment eintretend trifft man auf das Portal, das in einem über dem Kreiszentrum errichteten Turme, dem Hauptturme der Anlage, liegt. Vier weitere kleinere Türme derselben Formgebung finden sich auf den Austrittspunkten der Kreuzradien. Ob die an sich eigenartige, der Welt der Kristalle entlehnte Formgebung glücklich ist, ob sie architektonisch ernst, »seriös« genug und nicht spielerisch wirken würde, soll hier einmal mehr als Frage denn als Aussage ausgesprochen werden.

Von diesem selben Hans Luckhardt sei die Ideenskizze eines in der Suche nach un- Bild 384 bedingt neuen Formen des Bauens erfundenen Kleinwohnungshauses wiedergegeben. Aber er findet auch nichts weiter als die durch keine erkennbare Notwendigkeit diktierte Form des Zeltes, er reiht einige Zelte zu einer Gruppe zusammen. Daß es in einem solchen Häuschen bei dem außerordentlichen Wärmeverlust der vielen Außenflächen sehr kalt sein wird, da die Räume sich nicht aneinander drängen, sich gegenseitig nicht wärmen und der Außenwelt nicht, wie es schon eine Herde von Tieren im Winter tut, möglichst nur eine gemeinsame Außenfläche darbieten, das stört den Architekten nicht, der in warmer Zeichenwerkstatt seinen Entwurf klaubt. Auch daß die Wände jede für sich besonders angemalt, die eine blau, die andere rot usw. sein sollen, ist nicht originell. Solche Erfindungen sind ein Anfang, ja, aber zugleich auch, da ihnen das organische Gesetz fehlt, bereits ein Ende. Nicht gebaute, nicht zu erbauende Architektur, über die wir nicht trauern werden...

Revolutionär, aber vernünftig, allenfalls möglich und jedenfalls in hohem Sinne sozial sind die Ideen einer »Raumstadt« des jungen Architekten Schwagenscheidt. *Raum* ist für ihn die Zelle alles Architektonischen, mehr der Naturraum als der umbaute Raum. Immer sieht er ihn nach oben offen. Seine Räume sind von Architektur weniger ummauert als umwallt, in die Architektur zieht er auch den Baum, die Hecke, die Wiese, den Wald ein. Namentlich *weiten* Raum verlangt er, besonders für seine Siedlungen, die Stadt oder doch die Wohnstadt löst er auf in Gebilde, die halb freies Land sind. Eine »Kirche« z. B. gibt er in Gestalt eines ummauerten Riesenhofes, Bild 412 Gottes Himmel ist für die Kirche das schönste Gewölbe. Ein Rathaus öffnet seine Bild 410 Fenster auch im Hofinnern in einen so großen Hofraum, daß Licht und Luft unbehindert bleiben und niemand auf den Sesseln das Gefühl von Enge und Weltentlegenheit des Amtshauses haben kann; durch eine mächtige Eiche im Hofe bringt sich Gottes Freinatur den Beamten in heilsame Erinnerung. Ein Heldenfriedhof ist ganz Bild 411 und gar ohne jede Architektur, die umgrenzenden Hecken und der Zylinder von hohen

Nadelbäumen erwecken die Vorstellung von Gehegtsein in einem übersehbaren formklaren Raumgebilde. Zurück zur Natur! ruft es auch hier — ach, bleibt das in unserem lärmigen Zeitalter, das seinen Geist aus engen Zivilisationsstädten bezieht, nicht Traum? Wir wollen es nicht wünschen, alles tun und überall mithelfen, damit der Ruf nach Natur, Weite, Freiheit und Raum in unseren und den kommenden Tagen nicht ungehört verhallt...

STÄDTE DER ZUKUNFT

Ungebaut werden auch noch die Städte in Australien und Amerika sein, deren Pläne wir hier zeigen, sicher wird man an sie Hand legen, wahrscheinlich werden auch diese Pläne nicht so, d.i. nicht so groß und rein ausgeführt werden wie man sie plante. Uns aber schien es recht, diese Überschau über ungebaute Architektur mit dieser weiten Perspektive in die Zukunft zu schließen.

Zwei sich in Rom begegnende Künstler, der Bildhauer Hendrick Andersen und der Architekt Ernest Hébrard, entwarfen zusammen einen Plan für eine ideale Weltstadt der Zukunft. Man dachte sich als Ort Belgien, die Schweiz, die Riviera oder andere. An eine ausgesprochen internationale Stadt ist gedacht, die keinem einzelnen Volke gehören soll. In der Mitte, an einer das Skelett des Stadtbildes bildenden Straße, »Avenue des Nations«, liegen die Bauwerke für die internationalen Beziehungen. Die Stadt gruppiert sich im übrigen um drei Mittelpunkte, die der physischen Kultur, der Wissenschaft und der Kunst eingeräumt sind. Beim ersten, der nahe am Wasser liegt und ein architektonisch eingeschlossenes Wasserbecken im Bereiche hat, liegen Stadion und Sportplätze. Mit ihm durch Gärten verbunden nahe dem Architekturbecken das Zentrum der Wissenschaft und Kunst. Daran schließt sich jene »Avenue des Nations«, eingefaßt von den Gebäuden der Vertretungen der verschiedenen Länder, auslaufend in einen Platz mit internationalen Banken, Kongreßbauten und Weltbüchereien, den ein 320 Meter hoher »Turm des Fortschritts« kennzeichnen soll. An dieses Herz der Stadt schließen sich die Wohnviertel dieser internationalen Völkerschaft an. — Wir finden nach dem, was uns von deutschen Architekten an Großstadtplänen bekannt ist, diese Idee nicht besonders originell, namentlich will uns die von Ausstellungsbauten her bekannte Architektur, über welche die romanischen Länder noch immer nicht hinausgekommen zu sein scheinen, nicht gefallen; aber daß überhaupt einmal der Gedanke einer internationalen Stadt, die gewiß einmal gebaut werden wird, gedacht wurde, noch dazu von einem Architekten des nationalistischsten Volkes der Welt, des französischen, ist so bemerkenswert, daß es verzeichnet zu werden verdient.

Realer und großartiger aber ist der Gedanke, für die Staaten Australiens eine gemeinsame Bundeshauptstadt neu zu erbauen. Es ist uns nicht bekannt, wie weit diese Idee der Verwirklichung sich schon genähert hat; sicher ist, da ein erst 1913 ausgeschriebener Wettbewerb Baupläne dazu lieferte und bald darauf der Krieg ausbrach, der auch in den Ländern der Sieger Not zur Folge hatte, daß nur sehr wenig davon gestaltet sein kann und daß wir noch ungebaute Architektur vor uns haben.

In einem vollkommen freien Gelände um Seen zwischen Hügeln scheint die Bild 415 Stadt erstehen zu sollen, auf verschiedenen Achsen angelegt, die sich in einem Punkte schneiden, auf dem natürlich »das Kapitol« steht. Um es herum das Regierungsviertel. Jenseits des Sees das Viertel der Stadtverwaltung (in dessen Nähe das »lateinische Viertel« der Universitäten und Heilanstalten, diese letzten liegen auf einer in den See sich erstreckenden Halbinsel), entsprechend gegenüber das Handelsviertel, in dessen Nähe die Militärstadt liegt. Weit draußen nach Norden raucht die Fabrikstadt, und weit im Südosten liegt ein Wohngebiet mit ländlicher Bauweise. Jedes dieser Zentren hat einen geschlossenen Grundriß in Sternform für sich, in zwangloser Weise wachsen die Sterne ineinander. Keine Frage, dieser Entwurf des Amerikaners Griffin, der mit dem ersten Preise bedacht wurde, ist groß erfunden. — Wir bilden noch den mit dem zweiten Preise bedachten Entwurf des Finnländers Saarinen ab, um eine Vorstellung Bild 416 davon zu geben, wie großartig sich das Bild einer solchen zwischen Hügeln, Wäldern und Seen planmäßig und sinnvoll sich ausbreitenden Stadt ausmachen würde. Saarinen geht mehr architektonisch vor als der, natürliche Geländeart sehr berücksichtigende Amerikaner, er fängt sogar die großen Seenbecken in feste architektonisch-geometrische Formen ein. — In der Art, wie diese beiden Architekten sich die Betätigungsbezirke der Geistigkeit in die Natur verlegt denken, haben wir uns auch die entsprechenden Pläne für Berlin vorzustellen, von denen wir keine Abbildungen zeigen konnten (vgl. Seite 122).

Und zum Schlusse die große Fantasie des Bebauungsplanes für die Stätte eines neuen Chicagos. Denn auch in Amerika wird diese großartige Stadt wohl fürs erste noch Traum bleiben. Mit großer Unerschrockenheit faßten Männer unter der Führung von Daniel Burnham den Gedanken, einen Plan im vornherein für die Entwicklung einer Stadt von nicht weniger als 13 Millionen Einwohnern (also die doppelte Zahl der Einwohner der Republik Österreich) zu schaffen und zugleich die zu erbauende Stadt zur schönsten der Welt zu machen. Auf dem Dache eines 20-stöckigen Gebäudes wurde ein eigenes Observatorium errichtet, damit die Männer aus turmhoher Überschau die besten Pläne erdenken konnten.

Um die unteren zwei Drittel des großen Binnenmeeres des Michigansees wird Bild 417, 418 eine große Uferstraße geplant. Mit einem Radius von 90 Kilometer wird ein Halbkreis geschlagen und als Stadtgebiet, nach außen mit einem tiefen Gürtel von Parkanlagen, abgegrenzt. Am Seeufer soll ein Wasserpark entstehen. 100 bis 300 Meter breite, 10 Kilometer lange Landzungen sollen durch Erd- und Müllaufschüttung dem Lande vorgelegt werden, zwischen ihnen und diesem eine Lagune stiller Wasser für ungefährlichen Wassersport einschließend. Vor der Achse der Stadt entsteht, durch zwei Viertelkreisbuhnen draußen im See geschützt, ein riesiger Jachthafen, an langen Molen Industriehäfen. Die Flußuferstraße soll zweistockig sein, eine untere für den Lastverkehr, während auf dem oberen Stockwerk die elegante Uferpromenade laufen soll. In einem Parke am Ufer wird das Zentrum des Stadtteils der geistigen Kulturarbeit, Gebäude für Künste und Wissenschaften, liegen. Von ihm aus senkrecht zum Ufer strebt die große Repräsentationsstraße fort, die im großen Forum der Stadt endet. Dort liegen um das ungeheure Rathaus, dessen Höhe alle Wolkenkratzer der Stadt zu überragen hat, die übrigen öffentlichen Gebäude geschart. Auf der Verbindungsstraße zwischen See und Forum bezeichnet ein kleinerer runder, mit einer Säule geschmückter Platz das Zentrum der Geschäftswelt.

    Im einzelnen wird uns die Architektur mit ihren palladianischen Säulenstellungen, Tempelgiebeln und St. Peterkuppeln wenig befriedigen, wir, die wir z. B. bei Pölzig schon Gebäude gewohnt sind, die nicht eine einzige der ewigen Säulen in den Fassaden aufweisen; in bezug auf das Ganze aber, seine Abmessungen, die Weiträumigkeit und die Unbekümmertheit gegen geschichtliche Gegebenheiten, an denen wir uns in Europa an allen Ecken und Enden stoßen, kann ein solcher Plan ein uns Europäern unerhörtes Beispiel sein, das wir füglich mit nicht kleinen Augen bestaunen werden.

    Und damit nehmen wir Abschied von Amerika, von Europa und von den Lesern, die uns durch diese von der Gotik durch alle Zeitalter der Stile reichende, unter dem Gesichtspunkte der Auswahl dessen, was nicht gebaut wurde, was gegenwärtig nicht gebaut wird und was voraussichtlich nie oder nicht so bald gebaut werden wird, abgefaßte pathetische Geschichte der Architektur bis zu diesem Endpunkte gefolgt sind. Lebt wohl und denkt bisweilen daran, daß himmelhoch groß und staunenswert schön Gebautes das Deutlichste und Sinnlichste ist, das wir von uns selbst, wenn wir es gut haben sollen, dankbaren Nachfahren hinterlassen dürfen. Und ihr, die ihr durch Macht und Geld in der Welt hervorragt, ihr Namentlichen, ihr Eigentlichen, ihr, deren diese Kunst wie keine andere bedarf, ihr, nach denen diese strengste und stolzeste der Musen abwartend ausschauen muß, ob ihr ihr ein Freund werden wollt — bedenkt, auch heute hat das von Filarete mitgeteilte Wort noch seine Gültigkeit: daß nämlich »niemals ein Land durch Bauten verarmt oder zugrundegangen« ist, wohl aber durch irrsinnige Kriege.

NACHTRAG

DER DOM VON REGENSBURG

Während der Drucklegung des Buches schien es mir erforderlich, dem Regensburger Kapitel eine größere Aufmerksamkeit zuzuwenden, namentlich die im Regensburger Domschatz aufbewahrten großen Entwürfe für die westliche Seite des Domes mit diesem Buche vor die Augen der Bewunderer zu bringen. Der zweitürmige Entwurf ist meines Wissens noch nicht, der eintürmige nur in kleiner Wiedergabe, welche die Fülle der daran gewandten Fantasie nicht erkennen läßt, veröffentlicht worden. Für den im Buch-Text erwähnten »Eintürmigen Entwurf« war zuerst die kleine Wiedergabe bei Dehio vorgesehen. Ich entschloß mich, diese zu verwerfen, sie durch eine große zu ersetzen und den zweitürmigen Entwurf in gleicher Maßstabgröße mit aufzunehmen. Ich schickte daher meinen Mitarbeiter Rosemann nach Regensburg, der mit hingebender Liebe zu den Wundern dieser Bilder geformter Steine die fast fünf und drei Meter hohen Originale in langer Arbeit pauste. Der nicht minder begeisterte Verleger wandte ein kostspieliges Doppelblatt für die Wiedergabe daran, der nicht minder begeisterte Verfasser einen neuen Text — und so hofft das Triumvirat der Begeisterten die in zerstreuter Volksversammlung tagenden Komitien der Leser zu ebenso Begeisterten zu machen:

(Man merke: Die Fassade schaut nach Westen, rechts auf den Bildern ist Süden, links Norden.)

Hinsichtlich der Schönheit verhalten sich die beiden Entwürfe so, daß der ältere zweitürmige der als Ganzes, der jüngere eintürmige der in den Einzelheiten schönere ist. Gegeben war in beiden Fällen der untere Stumpf des Südturmes (im Lichtbilde nach der Wirklichkeit durch die dunklere Färbung kenntlich), der schon von fremder Hand entstanden war, als die Entwürfe angefertigt wurden. Das mag den größten Einwand gegen den zweitürmigen Entwurf (der zweite südliche Turm ist in der Wiedergabe fortgelassen worden — er ist spiegelbildlich nach dem nördlichen zu ergänzen) erklären: das Untergeschoß erscheint ein wenig gedrückt, namentlich dadurch, daß der Fensterzwischenstock bedeutend höher ist als der Sockelstock mit den Seitentoren, selbst das Haupttor will als zu klein erscheinen. Der untere Gesamtstock bis zum ersten Hauptgesims ist eine gediegene und geschlossene, wenig gegliederte Mauermasse. Der Architekt belebt sie durch einen wahren Wald von Figuren-Nischen: nicht weniger als 51 große Standfiguren, und wenn die Figuren in den Türlaibungen mitgerechnet werden, 99, hätten diesen unteren Stock der Schauseite bevölkert, ein ganzer Himmel von steinernen Heiligen!

Ein mächtiges und fast ungotisches, von wasserspeienden Fabeltieren belebtes erstes Hauptgesims trennt den Unterstock vom Oberstock. Überhaupt sind die starken Teilungen in der Wagerechten für den Entwurf wie auch für die Ausführung bezeichnend: man sieht darin in Süddeutschland wirksam gewesenen romanischen Geist, man will im ganzen Dome von Troyes und Dijon herkommende Einflüsse sehen. Der zweite, der Oberstock, ist der schönste: die Teilung ist eine rhythmische, die edelschlanken Turmfenster sind von breiten Streben in energischer Bauplastik eingefaßt, die breite Sonne inmitten scheint zu rotieren. Freilich steht dieses in herrlichstem Stabwerk ausstrahlende Sonnen- oder Rosenfenster etwas isoliert im Ganzen, was noch verstärkt wird durch die dahinter sichtbar werdende gequaderte Mauer. Wieviel schöner und

Bild 25 organischer schwebt die Straßburger Sonne in ihrem Zierkosmos!

Bild 30 Sehr schön sind die Türme. Das untere Viereckgeschoß hat ein Schleierfenster in der von Straßburg und Ulm her geläufigen doppelten Form, kräftig abgesetzt ist es gegen das obere das Achteckgeschoß, das von einer Maßwerkgalerie — mit diesem Motiv arbeitet der Architekt gern — abgeschlossen wird.

Schön ist auch das Giebelfeld vor dem Kirchendache, die konstruktiven Streben sind hier Ziermotiv, ein elegantes Türmchen, in dem man wie auch im Rosenfenster Nürnberger Einfluß erkennt, ragt im Giebelfelde auf und schießt über die Giebelspitzen hinaus.

Die Türme enden stumpf. Obgleich namentlich in Frankreich die gotischen Türme so endend uns überkommen sind, so bedeutet das weder für Frankreich noch für Deutschland, daß sie so hätten enden sollen. In unserem Fall ist vielleicht anzunehmen, daß der Architekt einen Holzhelm vorsah, den zu zeichnen nicht Sache des Steinmetzen, des Dombaumeisters, sondern des Zimmermanns war.

In glücklicher Ausgewogenheit steht diese prachtvolle Schauseite auf dem Papier vor uns, sehr bewußt in ihren Abmessungen und Entsprechungen erfunden. Denn auch die gotische Baukunst ist nicht rein vegetativ, auch sie arbeitet mit Zirkel und Richtscheit, auch sie kennt »Modul« und »Triangulation«. Einer der Architekten an dieser Fassade, Konrad Roritzer, ist der Verfasser des berühmten Buches »Von der Fialen Gerechtigkeit« (Richtigkeit).

Bild 29 Den Hauptfehler des zweiten jüngeren Entwurfes erwähnte ich schon im Buchtexte: Mangel an Gliederung. Die Geschosse gehen fast unvermerkt ineinander über, an sich in genialer Weise, wie wir sehen werden. Aber der Turm bekommt dadurch etwas Glattes, allzu jäh Hinaufreißendes. Gewiß ist das des Architekten volle Absicht.

Bild 34 Aber das klassische Beispiel von Ulm zeigt, daß hinanreißendes Höhenstreben des Architektonischen und die dem Betrachter zu gebende notwendige Gelegenheit zum aussetzenden Verweilen und ästhetischen Verschnaufen wohl zu vereinen sind. Deswegen ist der Ulmer Domturm ein reines Wunderwerk.

Die Einzelheiten sind überwältigend schön: der untere Stock gehört zum Genialsten, Bild 29
was gotischer Architektengeist erdacht hat. Wie glücklich ist die Gegebenheit des
südlichen rechten Stumpfes verarbeitet: durch die kapellenartige Doppelform des
Fensters über dem Seitentore ist diesem Teile alle Schwere genommen, er drückt
nicht mehr auf das niedere Tor. Das Wunderbarste aber ist die Vorhalle vor dem Hauptportal. Es ist dasselbe Motiv wie das vor den Fenstern: ein Säulenrundstab steht vor
der Licht- und Eintrittsöffnung, sodaß die Vorhalle im Grundriß dreieckig wird. Zwei
schiefgestellte Außentore münden in das in der Frontfläche liegende Haupttor. Es ist,
als ob die Innenkirche dem Besucher nach außen freundlich und eilig entgegenträte,
um ihn zu sich in ihren Raum zu ziehen. Die Lösung darüber: die hohen Wimperge,
die mit fabelhaft knospendem Werk eine niedliche Balkonhalle wie Pflanzen eine
Laube verkleiden, vor ihr mächtig und selbstherrlich aufschießen, aber mit den
Hälsen in die niedliche Gesimsgalerie eingefangen, eingebunden werden und sie
wieder in den schönen Schlußblumen überflammen — es gibt keine Worte!

Der eine Turm steht vor dem Kirchengiebel, den er deckt. Da gibt es in der Höhe
der Hauptschwibbögen einen Zwischenstock von einem Reichtum der Erfindung,
den zu beschreiben schwer ist. Es ist eine Art Grotte. Im Hintergrunde stehen drei
Fenster (die beiden seitlichen können nur blind sein), das äußere Stabgebilde ist zweigeschossig, unten zeigt es zwei durchschnittene, mit reichem Randnasenwerk geschmückte Halbkreise, oben eine innige Konstruktion kräftig durcheinander schneidender und doch in sich liebend verhafteter Spitzbögen. Das Mittelstück des Unterstockes und dieser Zwischenstock sind die Perlen des Ganzen.

Schön ist auch der nächste Turmstock im Viereck: Ein hohes Fenster zwischen
zwei kleinen, gleichsam eine ältere Schwester zwischen jüngeren, die noch Kinder
sind, alle drei wie von der starken Sittlichkeit einer Familie behütet: gestellt zwischen
die festen Eckstreben.

Schön namentlich ist die Überleitung dieses (Viereck)stockes in den nächsten (Achteck)stock. Das Hauptfenster (nischenförmig doppelt auch es) reicht mit seinem Kopfe
da hinauf, auf die Köpfe der kleineren treten die Fialentürmchen (auf die frei werdende
Dreieckplattform). Das Achteck bekommt eine Art Sockelstock, darauf erhebt sich der
Achteckbau in zwei Abteilungen, je eine lichte in acht Fenstern geöffnete himmelnahe Halle. Es ist der Baugedanke, den Ulrich für seinen Ulmer Turm gefaßt hatte.

Nun kommt die Steinpyramide des Helmes. Sie setzt sich entgegen dem Ulmer Beispiel und entsprechend den Absichten des Regensburger Architekten kaum gegen
das Achteckprisma ab, ein Kranzgesims fehlt beinahe. Im Pyramidenhelme selbst,
einer kühnen Erfindung lichten Stab- und Maßwerks, treten aber Ulrichs Ulmer Ge- Bild 27, 33
danken deutlich auf: er ist in drei Geschossen mit kräftigen Gesimsen und Galerien
energischer gegliedert als der von Ulrichs Entwurf in zwei. Die in diesem auftretenden Bild 29
nur gleich Kerzen getragenen Zierfialen erscheinen in glücklicher und organischer
Weiterbildung verwandelt in stützende Streben, die Zier wird Konstruktion und unser
Auge ist dankbar für diese sichtbare Versicherung statischer Sicherungen. Im letzten
Geschoß verschwinden fast die Schrägen der Pyramide hinter den acht Stämmen der

Strebenstäbe, die im höchsten zusammengefaßt in einer kleinen krabbengeschmückten Pyramide und einer Kreuzblume ins Nichts sich auflösen. Man beachte auch, daß die Helmstocke mit der Höhe des Turmes an eigener Höhe wachsen. Ein solcher Helm wäre einzig in deutschen Landen gewesen (nie wurde diese besondere Architekturidee ausgeführt) —, er blieb Papier. Denn so schön auch die Helme der Ausführung Denzingers sind, sie erinnern gar zu sehr an Freiburg.

Bild 35 Nun halte man gegen die beiden Entwürfe die Wirklichkeit: das Schönste an der Fassade ist ihre senkrechte und wagerechte Aufteilung. Im Massenteil drei fast gleiche, durch stark vorspringende Strebepfeiler gegliederte Abteilungen nach der Höhe und zwei durch die kräftigen Querbänder entstandene Abteilungen nach der Breite. Durch die Kreuzung beider Richtungen entstehen sechs schöne Baufelder. Die Türme sind dreigeschossig: ein starkes verschleiertes Viereck, ein deutlich abgesetztes, elegantes, nicht überschlankes Achteck, und die schönen klaren Helme. Im einzelnen sind die sechs Felder des Massenteils an Wert aber sehr ungleich. Schön ist das obere Mittelstück, drei Fenster, zwei aufrechte, mit Eselsrücken gekrönte und ein über und zwischen ihnen glücklich und organisch ruhendes kleines Rundfenster. Vom Mangel des Hauptportalfeldes war im Buchtext die Rede. Schön ist das untere rechte Feld, das Motiv der drei Fenster des oberen Mittelstücks kehrt verändert wieder, die Fenstergruppe geht mit dem niederen Stock des rechten Seitenportals gut zusammen. Weniger glücklich ist das entsprechende Feld auf der linken Seite, am wenigsten die über beiden liegenden massiven Felder unter den Türmen. Die Zierverblendung des rechten mit der abgeschnittenen Spitze des wimpergartigen Ziergesimses ist geradezu schlecht. Gern stellt man das im Stil nicht ganz hierher gehörende Eicheltürmchen von Nürnberger Formung vor dem Dachgiebel fest. Im Ganzen: wie weit bleibt Wirklichkeit hinter Erfindung zurück!

Und nun die Geschichte der Fassade, die dieses Zurückbleiben erklärt. Warum kam es nicht zur Ausführung solcher stolzen Erfindung? Man weiß nichts Genaues. Der untere Teil des Südturmes gehört noch dem 14. Jahrhundert an, dann kam die Familie der Roritzer in die Dombaumeisterschaft — der Vater Wenzel war der erste, der Sohn Konrad, jener Buchverfasser, der zweite, der Enkel Wolfgang der dritte — die durch hundert Jahre die Dombaumeister stellte, bis der letzte, Wolfgang Roritzer, ein stürmischer Geselle, in den Stadtkämpfen des 16. Jahrhunderts enthauptet wurde. Heinz Rosemann, der die Entwürfe unter sich und mit der Wirklichkeit im Werdenssinne vergleicht, baut eine sympathische Hypothese auf. Ich gebe ihm das Wort:

»Von wem die Entwürfe stammen, ist unbekannt, wahrscheinlich von den Roritzern, die in verschiedenen Generationen als Dombaumeister gewirkt haben. Vielleicht könnte man den zweitürmigen Entwurf dem Konrad Roritzer, dem Sohne Wenzels zuschreiben und den eintürmigen dem Enkel Wolfgang. Auf diese Weise ließen sich manche Übereinstimmungen in der Zeichnung erklären. Sicher aber ist der eintürmige jünger als der zweitürmige. Man könnte folgende Fabel zusammendichten: Es wird ein zweitürmiger Westbau geplant. Als Konrad Roritzer die Werkleitung übernahm, steht bereits der Stumpf des südlichen Turmes. Konrad entwirft den zweitürmigen Plan. Vielleicht entwarf er ihn für sich, um sich mit ihm um die Dombaumeisterstelle zu bewerben. Der Bau geht schleppend voran, man arbeitet noch an anderen Stellen des Domes, so daß am Westbau kaum Wesentliches gefördert wird, womöglich waren noch Platzschwierigkeiten zu lösen. Es stimmt lediglich am Nordturm das Sockelgeschoß mit dem zweitürmigen Plan überein. Konrad Roritzer starb, man ruft seinen Sohn, der vom Vater die Lust am Hochbau geerbt hat. Die Bürger unterstützen sein Bestreben, einen Turmbau zu Babylon aufzuführen. Die benachbarten Landshuter türmten gerade mit Eifer ihren Wolkenkratzer, damit sie den Ruhm des höchsten Turmes besäßen. Also muß man die Landshuter schlagen, der Stolz der Regensburger verdichtet sich in dem Plan des Wolfgang Roritzer zu einem Entwurf von einer zügigen Großartigkeit, die Doppeltürme werden aufgegeben zugunsten des einen Riesenturmes. Man geht mit heißem Eifer an die Arbeit, die köstliche Vorhalle entsteht, das erste Fenster im Nordturm wird ähnlich dem eintürmigen Entwurf, nur etwas vereinfacht ausgeführt. Vielleicht baute man schon am Mittelteil, als man irre im Plan wurde: sollte man wirklich auf die zwei Türme verzichten? Jetzt hatte man sich zu entscheiden! Doch das nahe München baute eine zweitürmige Westfassade zur gleichen Zeit aus. Sollte Regensburg zurückstehen? Nein, niemals! Man sucht den alten zweitürmigen Entwurf des älteren Roritzer hervor und hielt aus ihm die Richtlinien fest. Zwar wird der reiche Schmuck spätgotischer Formen beschränkt. Das liebe Geld sprach eine gebietende Sprache, man mußte die strahlende Mittelrose ausschalten, bei dem ersten Turmgeschoß wurde der Bau überhaupt eingestellt, die Turmstümpfe wurden mit einem Notdach abgeschlossen, das erst 1859 dem Ausbau durch Denzinger gewichen ist.«

GROSSE KLOSTERBAUTEN

Wer statt der schnellen gradlinigen Eisenbahnfahrt von Linz nach Wien die gemächlichere und längere Schiffsreise auf der Donau durch die alte Landschaft der Nibelungen wählt, kommt an drei großen rechts auf dem hohen Donauufer aufragenden Klosterbauten vorbei, von denen das bedeutendste, und ein Wunderwerk der Architektur, das Kloster Melk ist. Es wurde, ein seltener Fall, in voller Großartigkeit des Planes vollendet. Nicht so die beiden andern.

Der Volksmund hat für die Barockstifte Melk, Göttweig und Kloster Neuburg merkwürdige Namen erfunden, er nennt sie die Stifte: »Vom klingenden Pfennig«, »Vom goldenen Metzen«, »Vom rinnenden Zapfen«. Melk, das vielen deutschen Wienfahrern bekannte, die Grabstätte der ersten Babenberger, liegt in der Nähe des Zusammenflusses von Pielach und Donau, seine architektonische Großartigkeit wird in idealer Weise unterstützt durch die landschaftliche Tektonik und Plastik. Der Architekt ist Prandauer.

Auf das stolzeste, Melk, folgt das bescheidenste, Göttweig. Es liegt etwas stromabwärts und ein wenig stromabseits minder eindrucksam und günstig auf einem bewaldeten Kiefernhügel. Nicht weniger als sechsmal wurde im Laufe des Mittelalters auf dem Hügel gebaut, bis im Anfang des 18. Jahrhunderts unter dem Abte Bessel der große Hildebrandt aus Wien seinen Prachtbau errichtete. Der Architekt sah ein weites Rechteck vor, in dessen Mitte, durch Querstücke mit dem Rechteckbau verbunden, der Hauptbau, die Kirche, liegt. Auf der Westseite hätte ein schöner Vorbau und eine große Zierbastion erstehen sollen.

Nur ein Teil, wenn auch der größte, dieses majestätischen Planes wurde ausgeführt: Nord- und Osttrakt vollständig, Quer- und Südtrakt aber nur teilweise. Auch von den westlichen Vorbauten nur ein Teil. Von den beiden geplanten Hauptstiegen erstand die eine Prachtstiege auf der Nordwestseite. Auch als Bruchstück erscheint Göttweig bedeutend genug, würdig der Bauherren und des Baukünstlers.

Bild 173 Nahe bei Wien, in der Großartigkeit und Milde vereinenden Wiener Landschaft, einer der schönsten deutschen Landschaften, liegt Klosterneuburg. Auch die gewaltige Anlage des 18. Jahrhunderts erstand unter Karl VI. nur zu etwas mehr als der
Bild 174 Hälfte des Planes. Man blickt auf dem Bilde nach der heutigen Wirklichkeit auf die Ostseite und sieht von dieser nur die rechte Hälfte, glücklicherweise das bedeutende zierkuppelgekrönte Mittelstück enthaltend, ausgeführt. Die mächtige Front des Klosterpalastes der Augustiner auf der Nordseite wurde aufgerichtet, die ganze Baumasse der Südseite ist ausgefallen. Auch die Türme der Kirche auf der Westseite wurden nicht im einheitlichen Barockplane errichtet, sondern stehen stilwidrig und fremd in dem auch in seiner Verstümmelung wunderbaren Ganzen.

Hier sei das Benediktinerkloster Weingarten im Schwäbischen, das reichste der schwäbischen Stifte, die Grablege des Welfengeschlechtes, angeschlossen. Der Plan
Bild 171 des Architekten sieht eine Musteranlage der Art vor, wie man sich im 18. Jahrhundert ideale Klosterbauten dachte. Mit der Größe der Kirche wollte der Baukünstler alle bisherigen Barockbauten Süddeutschlands in den Schatten stellen. In der Tat werden ihre Ausmaße auch nur von der von Ottobeuren erreicht. Die Kirche wurde gebaut.
Bild 172 Von dem Klostergebäude aber entstand wie in Klosterneuburg nur die auf der Nordseite liegende Prälatur, im Ganzen mit der Kirche etwas mehr als die Hälfte des Planes. Man sehe die Bilder der Pläne an und empfinde das Unzulängliche und Bedingte des menschlichen Wirkens.

DRESDEN

Das während der Drucklegung dieses Buches erscheinende monumentale, auf fleißigster Lokal- und Sonderforschung beruhende Werk von Sponsel »Der Zwinger, die Hoffeste und die Schloßbaupläne zu Dresden« (Verlag Stengel, Dresden 1924), diese zum ersten Male aus zahlreichen Dresdener Sammlungen zusammengetragene

Auswahl und Schau der Überfülle Pöppelmannischer Entwürfe erlaubt, die Großartigkeit des Zutagegekommenen erfordert ein genaueres und ausführlicheres Eingehen auf die Architekturgedanken dieses großen, in der ersten Reihe der deutschen Architekten aller Zeiten stehenden Mannes. Wenn auch hier naturgemäß Auswahl und Abkürzung geboten ist, so wird doch das Wesentliche gezeigt. Im Texte auf Seite 66 war die Rede von den alten Plänen, das Schloß auszubauen oder gar neu zu erbauen. Auf diese zuerst gehen wir etwas näher ein.

Der Bauaufgaben, die August der Starke stellte, waren drei: es war zu errichten ein Wohnschloß, ein Festschloß sowie Tierkampfplätze mit Gärten. Der Vorgänger Pöppelmanns, Dietze, hatte alle drei Aufgaben im Entwurfe eines umfassenden Baues zu lösen versucht. Pöppelmann trennte grundsätzlich in seinen Entwürfen (bis auf eine kleine Ausnahme) die dritte Bauaufgabe von den beiden ersten ab, die im »Jägerhofe« drüben in der Neustadt ihre Erfüllung finden sollte. Die Vereinigung der beiden anderen versucht sein erster Entwurf. (Grundriß und Aufriß darüber entsprechen sich und sind zusammenzuhalten.) Das alte Schloß ist verschwunden. An seiner Stelle entlang der Elbe in der Richtung von West nach Ost soll ein dreihöfiges Schloß entstehen. Der erste Hof ist der Vorhof, von Arkadenhallen umgeben, die — Vorwegnahme des im Zwinger verwirklichten Gedankens — Plattformen haben als Terrassen für die Zuschauer der im barocken Dresden beliebten Aufzüge und Festspiele. Eine Ausbiegung in Segmentform nach dem Stallhofe hin ist mit einem Portalturm geschmückt, der auch im Zwinger wiederkehrt. (Südhalle gegenüber dem Museumsbau.) Nach Westen erhebt sich die Schauseite des Schlosses, im Mittel von einem zweiten höheren Turme überragt, dessen Planung, sonst in Schloßbauten dieser Zeit ungebräuchlich, durch den im alten Schlosse vorhandenen alten »Hausmannsturm« veranlaßt wurde. Die Schauseite ist gedacht in den einfachen und wuchtigen Formen des römischen Barocks, gegliedert in der dort durch Bernini aufgekommenen Weise (es springen drei Teile in der Mitte und auf den Ecken als Vorlagen heraus — in der Mitte mit einer, auf den Ecken mit drei Fensterachsen —, die zwei Rücklagen mit je sieben Fensterachsen treten dahinter zurück). Die Spitze des Turmes ist eine Königskrone, ein in Pöppelmanns Königsbauten immer wiederkehrendes Motiv. Der zweite quadratische Hof wird von den vier in gleichem Stil und Maß gedachten Fluchten des Wohnschlosses gebildet. Der dritte Hof zeigt nur zwei geschlossene Fronten, die rückwärtige des Wohnschlosses und diesem gegenüber die des Reithauses oder Marstalls (dessen Ansicht ganz links aufrechtstehend). Die Seitenflügel zeigen durchbrochene Fronten. Rechts steht als Einzelbau, mit eingeschossigen Hallenbauten an das Ganze gebunden, die Kirche, links das Theater. Bezeichnend für den bei der ganzen Erfindung mächtigen Zwang des Symmetriegedankens ist, daß der Zweck dieser Gebäude im Äußeren nicht kenntlich wird und daß die Eingänge zu ihnen, die Portale, zweckwidrig angebracht sind. Eine Pferdetränke hinter dem Marstall schließt das Ganze.

Dieser sehr radikale Entwurf mußte platonisch bleiben, weil er vom alten Schlosse nichts benutzte. Bald erscheint dann auch in vielen Varianten ein neuer Gedanke (von denen der vorzüglichste erläutert werden soll), der mit dem Gegebenen und Vorhan-

Bild 163, 164
Bild 144

Bild 142
Bild 145
Bild 142

denen rechnet. In dem neben dem »Hausmannsturm« liegenden Hofe des alten
Bild 142 Schlosses auf dem Bilde der Wirklichkeit erkennt man in einer Ecke einen der vier
vorhandenen Treppentürme. Und man erkennt auch, daß dieser Hof schiefwinklig ist.
Diese vier Türme erhält Pöppelmann in seinem neuen Entwurf, nur die für den
Barockbau unerträgliche Grundrißschiefe der Wirklichkeit hebt er auf, indem er eine
Front des alten Schlosses, die östliche, niederlegt und dort die neue Hauptschauseite
errichtet.

Bild 146 Diese ist ein dieses großen Künstlers würdiges Werk; sie wäre, ausgeführt, wohl die
stolzeste Fassade in deutschen Landen. Sie zeigt eine gewaltige Längenerstreckung in
35 Achsen, drei Geschosse, die oberen in palladianischer Weise durch eine Säulen-
ordnung zusammengefaßt, die Säulen im dreiachsigen vorliegenden Portalbau und in
den dreiachsigen vorliegenden, um ein Geschoß pavillonartig erhöhten Flügelbauten
verdoppelt. Das Dach ist eine Plattform, eine Balustrade mit Figuren und Trophäen
schließt sie nach vorn ab. Wohl erinnert der Entwurf ein wenig an den Louvre. Aber
zu bedauern bleibt, daß eine solche kolossalische Fassade uns vom Geschick vorenthalten wurde.

An der heute engen Schloßstraße würde die Fassade natürlich nicht zu ihrer Wirkung gekommen sein; der Künstler denkt sich die Gebäude dem Schlosse gegenüber
niedergelegt, die Straße segmentartig zu einem Platze ausgebogen und erweitert und
nach dieser Seite mit Säulengängen geschlossen, die mit den vorhandenen des hier
liegenden alten Stallgebäudes zu einem organischen Ganzen zu vereinigen gewesen
wären.

Aber August wollte andere Entwürfe sehen. Der Künstler wandelt sich von strenger
Auffassung zu heiterer, ohne doch die Monumentalität aufzugeben. So kommen
zwei großartige Entwürfe heraus. (Die schwierige Frage der genauen zeitlichen Reihen-
folge, da manche der Gedanken unter beständigem Einspruch, Wunschäußern und
Mitarbeiten des Königs sich kreuzen, soll uns nicht kümmern.) Da steht eine neue
Bild 150 39-achsige Fassade, jetzt zwei Ordnungen übereinander zeigend, reicher aufgeteilt
durch jetzt fünf Vorlagen als Portalbauten. Die Eckbauten sind reine Pavillone geworden, mit Kuppeldächern versehen, die geschmückt sind mit monumentalen polnischen Adlern und der Krone auf einem Sockelbau. Der Hauptportalbau hat jetzt
drei Geschosse, die einachsigen Nebenportalbauten in den Mitten der mehr neutralen
Rücklagen haben im Gegensatz zum Hauptportalbau und den beiden auf den Ecken
außer Trophäenschmuck keine Auszeichnung, ja sie sind mit einer Plattform gedeckt
(im Gegensatz zu den Kuppeldächern der Eckbauten und den niedrigen Langzelt-
dächern der Rücklagen), weil die daneben aufragenden Türme übergenug Betonung
der Senkrechten in die Fassade bringen. Das für den Barockbau fremde Motiv eines
Turmes wird dadurch wenigstens angepaßt, daß der eine Turm des früheren Entwurfes verdoppelt wird.

Bild 151 Doch nun wird dieses Motiv ganz fallen gelassen. Der prächtigste und reichste Entwurf sieht von den Türmen ab, erhöht dafür den prunkhaften Mittelportalbau um ein
weiteres Geschoß und setzt diesem ein alles beherrschendes Kuppeldach auf. Die

Kuppeldächer über den Eckvorlagen sind mit diesen entfallen. Die niedrigen Langzeltdächer der Rücklagen sind zu bedeutenden Mansarddächern erhöht, wodurch die nunmehr auf drei Achsen angewachsenen Portalbauten in der Mitte der Flügel mit ihren Plattformen majestätisch heraustreten. Auch dieser Bau zeigt die zweigeschossige, je ein Doppelgeschoß zusammenfassende Ordnung: unten stehen vor den Schäften, den Mauerteilen zwischen den Fenstern, Säulen, oben Pilaster. Auch dieser Entwurf erinnert ein wenig, namentlich in seinem Dachumriß, an den Louvre, und zwar an dessen ältere Teile. Er läßt auch an Schlüters Lustgartenseite des Berliner Schlosses denken. Aber er ist doch so pöppelmannisch eigen, so reich und festlich, so prunkvoll und majestätisch und zugleich so durchsichtig klar, so überzeugend in rhythmischer Gliederung eingeteilt, daß wir dem Geschick fast dankbar sein können, weil es uns, indem es nichts auszuführen gestattete, der Qual der Wahl zwischen diesem und jenem früheren oder doch des Bedauerns über die Nichtausführung des einen von diesen beiden schönsten überhoben hat.

Wenn man die große Zahl der platonisch gebliebenen Entwürfe Pöppelmanns durchsieht, möchte man fast glauben, sie hätten platonisch bleiben sollen; sie seien nur vom Künstler als schöne Wünsche dem Könige entworfen worden, damit er sich mit seinem Architekten an Glanz und Größe solcher Erfindungen »delectieren« könne. Nichts von alledem verließ das Papier. Solche Pläne überstiegen selbst des prunk- und baulustigen Königs reiche Mittel. Es soll aber noch ein Teilentwurf erwähnt werden, wie sich solche vielfach als »Tekturen«, als Deckzeichnungen auf den großen Planzeichnungen finden. Namentlich den Portalbau als steinernen Ausdruck der Königsmacht und des ungemessenen Lebensgefühls von des Königs Person suchte der Künstler zu gestalten. Wir sehen den »Ohngefehren Gedanken«, nach Pöppelmanns Ausdruck, einer großartigen Portalbaulösung. Aus der Flucht der nur mit reichen Fensterumfas- Bild 153 sungen gezierten Schauseite springt der Portalbau heraus, mit drei Durchlässen, einem fast die ganze Höhe der Schauseite durchragenden Haupttor und zwei niedrigeren Seitentoren, über denen Ochsenaugenfenster stehen. Zehn mächtige Säulen tragen das verkröpfte Gebälk. Über dem Haupttor lagert ein Wappen mit den Initialen A R (Augustus Rex), der Krone, den polnischen Adlern und den sächsischen Kurschwertern. Über die figurengeschmückte Balustrade des flachen Daches schwingt sich mit seitlichen Anläufen ein hoher Aufbau in der Art einer Gloriette hinaus. Zwei Geniengruppen heben über dem Gesims Kronen in die Luft, und auf einem Sockel springt ein ehernes Roß mit dem königlichen Reiter in den Himmel. Oft kehrt dieses Motiv des Reiterdenkmals als Architekturglied in den für Dresden geträumten Plänen wieder — aber zuletzt und erst nach des großen Königs Tode, fand das Denkmal doch drüben in der Neustadt vor dem Wachtgebäude nur unten an der gemeinen Erde seinen Platz. Es sieht wie ein sinnbildliches Geschehen aus!

Pöppelmann hat im Verhältnis zur Dauer und äußeren Gunst seines Lebens — er war »Landbaumeister« (oberster Architekt des Landes, des damals viel größeren Sachsens und von Polen), die Zeit war baufreudig, sein König war baubesessen und ziemlich viel Geld war für Bauzwecke in den Kassen — sehr wenig gebaut. Seine Architekturen in Stein sind zahlarm und klein im Vergleich zu seinen Architekturen auf dem Papier: wenn er trotzdem mit Recht als einer der großen, der größten deutschen Baumeister und aller Baumeister der Welt gilt, so verdankt er diesen Ruhm dem Wunderwerk seiner Zwingerbauten. Aber ach, auch dieses bestaunte Werk ist nur Stück und Stumpf eines um sehr vieles größeren Baugedankens.

Wie der Zwinger heute dasteht, ohne Zusammenhang mit dem Schlosse, der äußeren starken Architekturschale von Festungsgräben und Bastionen entkleidet und erdrückt fast von dem allzu wuchtigen, wenn auch an sich schönen Bau des Museums (ein Versehen Sempers), ist es halbtot ohne die lebendige Architekturseele eines ersichtlichen Bauzweckes. Und selbst nachdem der ursprüngliche Bauzweck, der eines königlichen Spielhofes, durch die Entwicklung der Zeit hinfällig wurde, so würde das Werk auch heute noch als Gartenbau des Schlosses in ein größeres Architekturganzes eingespannt sein und nicht in einem architektonischen Vakuum schwimmen, wenn die beabsichtigte Verbindung mit dem Schlosse zustande gekommen wäre. Auf dem Grundriß sehen wir, wie diese Verbindung gedacht war. Wir sehen einen Grundriß ungefähr des Schlosses von Bild 146. (Verwendung des alten Hofes mit seinen vier Türmen, Paradeplatz mit Segmentbau davor; uns unbekannt ist noch der herrliche Architekturgedanke, die Augustusbrücke in einen runden Zierhof mit vier Brunnen münden zu lassen, über den weg man auf den Paradeplatz gelangt wäre.) Dieses Schloß würde mit seiner Achse im Winkel von 45 Grad in eine Ecke der geplanten großen Zwingeranlage gestoßen sein, wodurch ein neuer symmetrischer fünfeckiger Hof oder Garten entstanden wäre. Im Hauptwinkel hätte ein Prunktor ähnlich dem berühmten ausgeführten der Südseite, stehen sollen, oder möglicherweise auch eine jener Anlagen von fabelhafter Schöne wie die des Bildes 149: rechts und links sehen wir die Arkaden des Zwingers, zu denen zwei krummläufige Treppen hinaufsteigen, auf den Arkaden steht ein Pavillon, ein zweigeschossiger Turm, gekrönt mit einem Sockel und einem Standbilde des Wassergottes. Denn der architektonische Gedanke ist der eines Kaskadenpavillons: von der Höhe des ersten Stockes aus einem Muschelmunde wäre über eine dreizehnstufige Treppe eine Kaskade niedergerauscht, aus zwei Becken hätten Wasserstrahlen aufsteigen und in sie niederfallen sollen. Im zweiten Turmgeschoß hätte ein Glockenspiel gehangen, das vielleicht bewegt durch die Fallkraft des Wassers, zum Wasserrauschen vielstimmig geläutet hätte. (Welche Pumpanlagen freilich nötig gewesen wären, das Wasser auf die Höhe hinaufzubringen, darüber schweigt der Entwurf. Vielleicht wäre es damit gegangen wie mit den ähnlichen Absichten Friedrichs des Großen für Sanssouci, über die wir an anderer Stelle berichteten.) Der Gedanke kehrt übrigens in Sempers Bauabsichten wieder.

Nun treten wir in den Zwinger. Sein Name ist der in der Festungsbaukunst geläufige für den Raum zwischen innerer und äußerer Festungsmauer. Wir sehen auf den Bildern 147 und 156 und auf dem Grundriß Bild 148 den Festungsgraben, der in der Tiefe der Schaubilder sich rechtwinklig umbiegt und in den Fluß fällt. Hinter der Zierarchitektur erkennt man das höher gelegene Gelände einer Bastion. Es kommen die beiden Bauideen vor: Zwingerhof als Gartenanlage zur Aufstellung der Orangenbäume, die winters in den Arkaden unterzubringen gewesen wären (Orangeriehof), und höfischer Spielhof. Er hat zu beiden Zwecken gedient (Bild 156 und 147). Betrachten wir auf Bild 156 die Westseite. Wir sehen die zwei herrlichen Pavillonbauten wie sie auch ausgeführt wurden. Der halbrunde Halbhof inmitten ist von Arkaden umschlossen. Zwischen ihnen findet sich in dieser früheren Idee eine zweiarmige doppelgeschossige Treppe, Wasserkünste zwischen den Armen, welche auf die Höhe der Bastion hinaufführen sollten. Die Arkaden und die Pavillons haben also den Zweck, die Futtermauer der Bastion zu verdecken. Die Treppe wurde nicht in dieser Weise gebaut sondern sie erscheint in der Wirklichkeit aufgenommen von dem wundervollen Bild 147 Treppenpavillon. Nach der Südseite hin, wo später die Hallenbauten mit dem Pavillonturm erstanden, ist eine Terrasse mit doppelarmiger Treppe und Wasserkünsten Bild 156 zwischen den Armen als Zugang gedacht. Ihr entsprechend gegenüber auf der anderen, der Nordseite, dasselbe. Dort tritt man auf den Treppen (heute auf einer Schräge durch Portaldurchlässe des Museums) auf das höhere Gelände eines Hofes hinaus (den heutigen Theaterplatz), der durch die ringtragenden Pyramiden für das Ringstechen als Spielhof ausgezeichnet ist. Doppelgeschossige Arkadenbauten als Verkleidung der Futtermauer der Bastion mit monumentalen Treppen als Aufgängen zu dieser begrenzen ihn nach der Westseite. Nach Norden, nach der Elbe hin, erscheint schon die Idee eines abschließenden Schloßbaus. Dieser Spielhof wurde nicht gebaut. Nach vorn im Bilde (geographisch also nach der Ostseite hin) erscheint ein anderer Abschluß als der Wirklichkeit gewordene. Wir sehen ganz vorn die geplanten Gärten des Schlosses; zwischen den Arkadenbauten, die mit vier rechteckigen Pavillons gekrönt sind, ist in der Breite des in der jetzigen Wirklichkeit halbrunden, jenem anderen Halbhofe entsprechenden Halbhofes der Zugang zum inneren Zwingergarten offen gehalten.

Bald erscheint der Gedanke (Grundriß Bild 148), diese Ostseite anders zu gestalten, und zwar den Hof architektonisch-monumental abzuschließen, durch Errichtung eines Schlößchens, eines Märchenbaus (vielleicht als Kronprinzenbau), mit runden Arkaden an den Hof angeschlossen wie im Grundriß Bild 148, mit gradlinigem Abschluß wie im Schaubilde. Neben dem zweiflügligen Schlößchen, das ein erhobenes Bild 152 dreistöckiges Mittelteil und einen erhobenen offenen kleinen Hof hätte haben sollen, erscheinen zwei viereckige Höfchen, auf dem Schaubilde in zwei Varianten zum gefälligen Aussuchen des Bauherrn dargestellt. Der Plan schwankt, schließlich wurde der Zwingerhof nach dieser Ostseite der Westseite entsprechend mit drei Pavillon- Bild 142 bauten und einem halbrunden Halbhofe in der Mitte abgeschlossen.

Heute befremdet den aufmerksamen Betrachter, daß der innere viereckige Zwingerhof in seiner heutigen Achsenerstreckung um 10 Meter mehr breit als lang ist. Das erklärt sich, wenn man bedenkt, daß nach den ersten Plänen die Achse nicht westöstlich wie heute, sondern südnördlich gerichtet sein sollte: er war architektonisch gedacht als Auftakt zu dem daneben geplanten Hofe auf dem heutigen Theaterplatze (Grundriß Bild 148), der hier als Gartenhof, sonst auch als Spielhof erscheint. Die Bestimmungen wechseln: auf den Bildern 140 und 147 erscheint der heutige Zwingerhof als Spielhof, auf dem letzten ist jenes Ringstechreiten dargestellt, das als eine der Veranstaltungen der vierwöchigen phantasievollen Feste abgehalten wurde, die zur Feier der Vermählung des Kronprinzen mit der Tochter des deutschen Kaisers Bild 147 1719 in Dresden stattfanden. Auf dem dieses »Karoussel« berichtenden Bilde ist Zwingerplatz und Festhof nach dem damals noch offenen Gelände im Norden des heutigen Theaterplatzes durch einen hölzernen Interims- und Notbau, Sitzreihen, Säulengänge und Loge enthaltend, abgeschlossen. Man erkennt auch die Bestimmung der mit Plattformen gedeckten Arkaden des Hofes als Zuschauerplatz. Auf dem Bild 140 anderen Bilde erscheint eine dekorative Futtermauer mit Treppen, die in einen neuen, jetzt anders gestalteten Hof hinauftritt. Auf den beiden West- und Ostflanken stehen in Anlehnung an, auch Unterordnung unter die Architektur des Zwingers zwei Flügelbauten, die zur Aufnahme von Sammlungen dienen sollten. Nach der Elbe hin gibt es eine weitere niedrigere Futtermauer gegen einen kleineren letzten Hof hin, den gegen den Fluß eine geschweifte Arkadenmauer abschließt. In der Mitte erhebt sich ein gloriettenartiger Turm. (Schon in dem Grundriß des Bildes 148, der noch keine Palastbauten auf den Langflügeln des Hofes vorsieht, erscheint der Gedanke einer Gloriette.) Dieser Zierturm soll stehen an Stelle eines »Lustortes«, eines besonderen Schlößchens (auch einmal in Verbindung mit diesem Plane gedacht), das uns schon Bild 152 in anderer Verbindung und monumentalerer Formung bekannt ist. Auf diesem Bilde 140 ist das alte Schloß mit seinem »Hausmannsturm« erhalten gedacht. Denn mittlerweile hat der Künstler einsehen müssen, daß der Traum eines Schloßneubaus an Stelle des alten Schlosses Traum bleiben würde. So endgültig aufgegeben war dieser Gedanke, daß sogar ein Teil des alten Schlosses, der heutige Georgenbau, unter dem die Schloßstraße gegen die Elbe hin ausmündete (Bild 141), nach einem Brande wieder aufgerichtet wurde. In Anpassung an diese Notwendigkeit und in Abänderung eines früheren Gedankens, hier einen monumentalen Ausmündungshof der Elbbrücke zu Bild 148 schaffen, entwarf Pöppelmann für diesen Bau und Ort den Plan eines monumentalen, Bild 158 die Straße überwölbenden Schloßflügels, der durch Galerien über flachen und breiten Straßenbögen mit kleineren Platzflügelbauten verbunden gewesen wäre. Heute steht Bild 142 der Mittelbau als Georgenbau in anderer Formgebung da. Rechts erhebt sich die Hofkirche, links das Ständehaus. Die Brücke hätte nach Pöppelmanns Plan auf einen ganz einheitlich gestalteten Platz gemündet — es bleibt bei dem Plan. Dieser monumentale Brückenkopf wäre ein bedeutendes Gegenstück geworden zu dem, zuerst auch schon von Pöppelmann geplanten und unter seinen Nachfolgern zu stückhafter Bild 162 Gestaltung gediehenen auf dem anderen Elbufer. Sponsel macht mit Recht darauf aufmerksam, wie ähnlich dieser Brückenkopf-Platzgedanke mit den Flügelbauten, namentlich aber dem gegen den Fluß hin durch Ausbauchung zu vergrößernden Platze dem ist, den Schlüter für die Ausmündung der Schloßbrücke auf den Schloß- Bild 277 platz in Berlin gehegt hatte. (Schlüter hatte seine Entwürfe für Berlin auf Augusts Ansuchen schon 1703 nach Dresden gesandt.)

Der Plan, das alte Schloß niederzureißen, war also endgültig aufgegeben. Wo hätte auch der Fürst wohnen und hofhalten sollen, während das alte Schloß abgerissen und das neue an seiner Stelle erbaut worden wäre? (Doch solche kleinlichen Bedenken kann man natürlicherweise nur heutzutage hegen!) Noch einmal taucht in August und Pöppelmann der Gedanke eines, aber an anderer Stelle zu errichtenden Neubaus auf Bild 157 — es ist der aufwendigste und größte.

Der gegebene und beschränkte Raum gestattete nur ein Ausweichen nach Westen. Auf Bild 147 und Grundriß Bild 148 läuft der Festungsgraben ziemlich knapp hinter dem Pavillon des Zwingers hin, in dem die Treppe zur Bastion liegt. Diesen Graben erhält der Künstler in seinem Grundriß Bild 157, aber nur als Architekturgedanken, als Ziergraben für seine Anlage. Über diesen Graben hinaus verlegt er die Bastion nach Westen hin um mehr als die ganze Tiefe des Zwingers in die Gärten hinaus, die schon früher der Entwurf des Bildes 156 mit in die Anlage hinein gedacht hatte. Hinter der neuzuerrichtenden Bastion erscheint auf dem Grundrisse der neue, zum Bild 157 Flusse fallende Graben. Da auch noch auf der linken südlichen Seite des Zwingers ein Graben lag, so zielt der neue Plan auf eine Halbinsel und eine dahinter liegende Insel als Bauplatz. Und was wurde für dieses Gelände erdacht! Man erkennt auf dem Grundriß des Bildes 157 das alte Schloß an dem Hofe mit den vier in die Ecke gesetzten Treppentürmchen, man erkennt auch den Zwingerhof, dessen östliche, die Stadt-Seite, ist noch nicht in der Weise der Ausführung sondern als spitzer Ziergarten angelegt, in dessen Grundrißspitze ein »Volière« zu errichten geplant war. An ihm vorbei führt schräg von oben herab eine Straße aus der Stadt, von unten schräg herauf eine von der Brücke her. Beide münden zusammen auf einem im Halbrund geschlossenen riesigen Hof, wo im Kreuzpunkte der Straßen neben einer Sonnenuhr eine Brunnensäule steht. Der zu errichtende und den Hof architektonisch dekorativ schließende Halbrundbau hätte die Schloßwache beherbergt. (Ungefähr an dieser Stelle steht heute die Wache Schinkels.)

Wir stehen nun in diesem großen Hof und haben vor uns den Blick in die Tiefe. (Bild 155, Grundriß Bild 157.) Rechts steht das »Reithaus«, an dieses schließt ein in antiker Weise gedachter »Tierkampfplatz«. Links begrenzen den Hof blinde Architekturen, welche die Mauer des (damals schon im Bau begriffenen) Zwingerhofes verkleiden sollen, der links liegen bleibt. Die Architektur ist einheitlich, wuchtig und geschlossen. Ihre Steigerung nach dem Mittelpunkte hin ist offensichtlich. In der Tiefe schneidet den Hof eben jener alte, jetzt zierhaft umgebaute Festungsgraben und schneidet von ihm einen kleineren Hof als ausgezeichneten Ehrenhof ab. Eine breite Brücke führt über den Graben. Flügelbauten des Schlosses heben sich über die Hofarchitektur hinaus. In den abgerundeten Ecken schmiegt sich die doppelläufige schräge Auffahrt ein, die in den Mittelbau führt. Diese ist in zwei, durch Ordnungen zusammengefaßten Stockwerken erdacht, das Architekturprunkstück der Anlage. Auf der Höhe der Auffahrt steht auf halbkreisförmigem Ausbau der Hausherr, der König, ein Erzbild auf springendem Rosse. Im Hauptgesims eine große Uhr. Über dem Hauptgesims, wie über allen Hauptgesimsen dieser Hofgebäude ein Wald von Figuren und Trophäen. Die Dächer der Hofgebäude sind flach — umsomehr springt das doppelgeschossige Hochdach des Mittelgebäudes hervor: ein Hermelin in Kupfer überschneidet das Stufengesims im Dache, zuhöchst auf Sockel und Kissen liegt die Königskrone. Der Hof ist gedacht als Schauplatz für repräsentative Auffahrten bei hohen Besuchen, Fürsten- und Gesandtenempfängen.

Hinter diesem Gebäude liegt ein weiterer Hof, rechts von einem Flügel eingefaßt, der die »Gallerie vor Schildereyen«, also das Gemäldemuseum, links ein Gebäudeblock, der weitere Sammlungen, die Hofkirche und die Bibliothek aufgenommen haben würde. An diesem vorbei sind wir nun vor einen zweiten Hof gekommen, der in der Verlängerung des Zwingerhofes, jenseits des Grabens, gedacht war. Auf der für den von außen Hereintretenden rechten Seite hätte dieser Hof in weiteren, in der äußeren Architektur natürlich symmetrisch zu dem anderen Flankenbau der ganzen Anlage gedachten Gebäuden, das »Redoutenhaus«, den Ballsaal und das Theater enthalten. Auch die Hinterfront des Schloßbaus wäre also ein bedeutendes großes und einheitliches Ganzes geworden. Das Schloß war, da das alte Schloß als Wohnschloß stehen blieb, als Paradeschloß und Festhaus gedacht. Den besonderen in ihm gestalteten Zeitgedanken mögen Sponsels treffliche Ausführungen hier schildern:

»Durch diese Abschließung der ganzen Anlage und durch ihre eigenartige Lage auf einem vorgeschobenen und durch Gräben isolierten Teile der Festung ist die einen ganzen Stadtteil beanspruchende Anlage ähnlich der von orientalischen Palästen in sich geschlossen und abgesondert. Das deutet schon auf einen Wandel in den Anschauungen und Sitten der Hofgesellschaft des autokratischen Fürstentums des 18. Jahrhunderts gegenüber den patriarchalischen Gewohnheiten des vorangegangenen Jahrhunderts, denen die Gegenwart und Anteilnahme des Volkes bei höfischen Festen und Ereignissen ein Bedürfnis war... Hier in der Hauptstadt des Landes wird der gesamte höfische Verkehr des Volkes durch diese Anlage ferngehalten, doch aber liegt sie durch ihre beiden Zugangsstraßen den beiden Hälften der Stadt nahe genug... Die neuen Teile aber bilden in ihrer Weiträumigkeit und Pracht den symbolischen Ausdruck der Macht und Größe eines Herrschersitzes über zwei Länder, der alle Kräfte seiner Untertanen sich dienstbar macht und an sich zieht und der mit seinen in wohlgeordneten Museen aufgestellten Schätzen der Künste und Wissenschaften, der Technik und der Naturalien das Sammelbecken bildet für die gesamte Kultur der Länder, die zentrale Kraft, die mit ihren Aufträgen alle geistigen Kräfte an sich zieht und von sich aussendet, die mit ihren Festbauten die Pflegestätte des Theaters und der Oper, der ritterlichen Übungen und der geselligen Vergnügungen einer bevorzugten Klasse der Bevölkerung, der Hof- und Staatsdiener und der Gäste aus den benachbarten Residenzen ist, die der Herrscher um sich vereinigt, der für Alles und Alle den strahlenden Mittelpunkt bildet. Wenn Pöppelmann mit August dem Starken den Wunsch hegte, daß der Zwinger eine Vereinigung alles dessen sein solle, was die altrömischen Kaiser in ihrer Hauptstadt an Prachtbauten zu den verschiedensten Zwecken errichtet hätten, so enthüllt er damit nur das Ideal, das August dem Starken als Symbol seines autokratischen Herrscherberufes vor Augen stand, und dem er in diesem seinem Entwurfe den vollendetsten Ausdruck zu geben suchte.«

Nichts wurde gebaut!

Nach der Belagerung Dresdens im Siebenjährigen Kriege 1759 kam unter des starken August Nachfolger der Gedanke auf, die Festung überhaupt zu schleifen. Damals machte Cuvilliés jenen Entwurf, der die Ausfüllung des Grabens und Bepflanzung des gewonnenen Geländes mit Baumstraßen vorsieht. »Trotz der unglücklichen Bild 143 Finanzlage« des Landes wurde jener von Cuvilliés entworfene Plan eines Schloßneubaus an dieser Stelle erwogen, der deutlich den von Pöppelmann vorgedachten Gedanken verrät. Er unterscheidet sich zunächst von dem Pöppelmanns durch eben jene Grabenausfüllung, aber die Erfahrung der Belagerung durch Friedrich den Großen schuf dafür bei König und Bürgerschaft eine ungünstige Stimmung. Namentlich aber unterscheidet er sich dadurch, daß er die mittlerweile entstandene Hofkirche, nicht eben organisch, in das Bauganze aufnimmt und das alte Schloß als rasiert annimmt, dafür in den Gedanken des von Pöppelmann nur als Paradeschloß gedachten Neubaus den des Wohnschlosses mit aufnimmt. Ungefähr aus dieser Zeit stammt auch der auf Chiaveri, den Erbauer der Hofkirche zurückgehende Gedanke Bild 141 eines neuen Schlosses auf dem heutigen Theaterplatz neben der Hofkirche, der die Bastion entsprechend der Zeitstimmung erhalten zeigt und prachtvolle römische Treppenanlagen nach der Elbe hin vorsieht.

So sehen die großartigsten, jemals in deutschen Landen geträumten Schloßbaupläne aus. Das selbstsüchtige und, im Hinblick auf das möglicherweise zu einer deutschen Kolonie werdende Polen, kurzsichtige Verhalten des Preußens Friedrichs des Großen veranlaßte den Niederstieg Sachsens von seiner Stellung einer europäischen Weltmacht zu einer Landesmacht und entzog solchen Plänen auch den vegetativen und moralischen Boden. Alles, alles blieb Papier. Ein Traum der Zeitgenossen, ein Bedauern der Nachlebenden! Noch in Sempers Plänen, den Theaterplatz zu gestalten, Bild 159, 160 erkennen wir Pöppelmannische Gedanken wieder. Selbst des trockenen Longuelune trockner Bauentwurf einer Gemäldegalerie für die Stelle, wo die Sempersche ent- Bild 154 stand, und mit dem deutlichen Zwecke, den Zwingerhof im Anschluß an dessen Gebäude zu schließen, will uns glücklicher bedünken als der allzu wuchtige Bau Sempers. Bedauern, überall Bedauern ...

AUSLEITUNG

Dieses Buch will kein wissenschaftliches sein. Ein wissenschaftliches sieht anders aus. Ein wissenschaftliches ist mehr als dieses. Wissenschaft ist: Richtung im Richtungslosen aufweisen, Tag aufmachen in der Finsternis. Umschichten eines wissenschaftlichen Stoffes, selbst einiges Beitragen zur Wissenschaft (das der Kenner vielleicht einmal bemerken wird) ist noch lange keine Wissenschaft. Es werden auch im wissenschaftlichen Zeitalter nicht allzu viele wissenschaftliche Bücher geschrieben.

Es ist eher ein künstlerisches Werk. Denn es geht aus von einem leidenschaftlichen Erlebnis und ist gebildet von der Kraft einer formenden Idee. Sie betätigt sich an einem wissenschaftlichen Stoffe. Das Buch erhebt nur Anspruch auf schriftstellerische Geltung.

Das mag nun mehr als einen rein genießerischen Wert haben. Nicht das Wissen unserer Zeit ist zu groß, nur der Wissensstoff. Stoff ist Last. Es ist aber nötig, daß der Stoff entstofflicht, entlastet, entkörperlicht werde. Das tut die formende Idee. (Die »schauende« Idee dagegen ist höchste Wissenschaft.) Die normale Wissenschaft häuft Wissensstoff als Gold in Barren in ihren Kellern an, aber das Gold kommt nicht genug in den Umlauf, es wird zu wenig ausgeprägt, es bleibt kostbare Eigenlast, teurer Besitz — im Keller. Durch eine Formidee kann es gemünzt, rund und handbar werden und in den geistigen Verkehr bluten. (Nicht gemeint im Sinne »populärer Wissenschaft«, die leicht verdünnte und verwässerte Wissenschaft ist.) Und mag auch in die Münze zurückkehren, eingeschmolzen, umgeprägt werden und unter einem anderen Adler in den Verkehr zurückkehren. Mit dem Adler einer leidenschaftlich erfaßten lyrischen Idee habe ich alten Wissensstoff beprägt — in aller Bescheidenheit.

Ich — das ist der Erstunterzeichnete. Für das Ganze und seine Teile, für Idee und Ausführung, namentlich für den ganzen Text bin ich verantwortlich. Meine beiden Mitarbeiter, die mir Professor Heinrich Wölfflin aus seinen Schülern zuwies und die mir im Laufe langer gemeinsamer und nicht müheloser Arbeit lieb wurden, arbeiteten nach meinen Anweisungen in der Hauptsache am Karren des Stoffes. Ohne meine lieben Handlanger wäre ich, von einem anderen Berufe verzehrt, nie dazu gekommen, diese an Aufwand große, an Bedeutung kleine Nebenarbeit zu leisten.

Wir haben natürlich auch Fehler gemacht, aber nicht mehr, als man anständigerweise machen darf. Und wenn wir auch ernstlich bestrebt waren, in den vielen Tatsächlichkeiten keine zu machen und doch der eine oder andere unterlaufen sein wird, so ist auch das nicht verderblich, denn den Wert des besonderen Ideellen — wenn es einen hat — wird es nicht töten. Und es kommt bei einem Werke nicht auf die Summe seiner Fehler, sondern auf die Summe seiner Vorzüge an.

Auf den schwächsten Punkt des Werkes will ich selbst aufmerksam machen (ich tat es schon im Texte): die Behandlung der modernen Zeit. Es wäre vielleicht besser gewesen, sie überhaupt auszuschließen. In der engen Gasse der Zeit stehend, kann niemand einen Überblick über diesen noch im Bau begriffenen Palast der Zeit, der dazu noch berüstet ist, gewinnen.

Und da wäre noch die Forderung nach Vollständigkeit. Ein schwacher Punkt. An sich ist sie fast unendlich, aber selbst bei allem bekundeten Opfer- und Unternehmungsmute des Verlegers muß ein Werk praktisch sich eine Grenze setzen. Sie ist schon gegeben dadurch, daß nur gezeigt werden sollte, was *gezeigt*, d. i. in Bildern anschaulich gemacht werden konnte. Nicht alle Zeiten aber haben uns Architekturpläne hinterlassen, namentlich die älteren nicht, und nicht zu allen Werken besitzen wir sie. Es wurde also von dem nur in historischen Notizen Überlieferten abgesehen. Und im Übrigen wurde gezeugt von der edlen Lust, die es bereitet, zwei behauene Steine aufeinanderzulegen.

Dr. Josef Ponten. Dr. Heinz Rosemann. Dr. Hedwig Schmelz.

INHALTSVERZEICHNIS UND LITERATURANGABE

Über die Künste im Allgemeinen und die Architektur im Besonderen 9
Athos 15
    Johann Bernhard Fischer von Erlach: Entwurf einer historischen Architektur. Wien, 1721.
Der Tempel des heiligen Grales 16
    Sulpiz Boisserée: Beschreibung des Tempels des heiligen Grales, in Abhandlungen der philos.-philol. Klasse der königl. Bayr. Akad. der Wissenschaften Bd. I. München, 1835.
    Ernst Droysen: Der Tempel des heiligen Gral. Bromberg, 1872.
    F. Zarncke: Der Graltempel.
    Blanka Röthlisberger: Die Architektur des Graltempels im jüngeren Titurel.
Capellas Imparfeitas, »Die unvollendeten Kapellen« der Kloster- und Grabkirche von Batalha 19
    A. Haupt: Portugiesische Frührenaissance. Berlin-Stuttgart, o. J.
Der Dom von Siena 20
    G. Dehio und G. v. Bezold: Die kirchliche Baukunst des Abendlandes. Stuttgart, 1882—1902.
    Luise M. Richter: Siena. Berühmte Kunststätten Bd. 9. 2. Aufl. Leipzig, 1915.
San Petronio in Bologna 22
    G. Dehio und G. v. Bezold: Die kirchliche Baukunst des Abendlandes. Stuttgart, 1882—1902.
    Ludwig Weber: Bologna. Berühmte Kunststätten Bd. 17. Leipzig, 1902.
    Hans Willich: Giacomo Barozzi da Vignola. Straßburg, 1906.
    Jakob Burckhardt: Geschichte der Renaissance in Italien. 6. Aufl. Eßlingen, 1920.
    Cornelius Gurlitt: Geschichte des Barockstils in Italien. Stuttgart, 1887.
    C. v. Stegmann und H. v. Geymüller: Die Architektur der Renaissance in Toskana, München.
Der Dom von Utrecht 24
    C. H. de Jonge: Der Dom zu Utrecht. Wien, o. J.
Die Westseite des Münsters von Straßburg 26
    Georg Dehio: Das Straßburger Münster. München, 1922.
    A. W. Fr. Carstanjen: Ulrich von Ensingen. Dissertation Universität Zürich. München, 1893.
    Straßburg und seine Bauten. Herausgegeben vom Architekten- und Ingenieur-Verein für Elsaß-Lothringen. Straßburg, 1894.
Der Ulmer Münsterturm 29
    A. W. Fr. Carstanjen: Ulrich von Ensingen. Dissertation Universität Zürich. München, 1893.
    Georg Dehio: Geschichte der deutschen Kunst. Bd. II. Berlin-Leipzig, 1921.
    Süddeutsche Bauzeitung, 1906.
Der Domturm von Regensburg 31
    (Siehe auch S. 145)
    Originalbauzeichnungen im Domschatz zu Regensburg.
    Hans Hildebrandt: Regensburg. Berühmte Kunststätten Bd. 52. Leipzig, 1910.
    Georg Dehio: Geschichte der deutschen Kunst. II. Bd. Berlin-Leipzig, 1921.
    Abb. 36 aus Bergner: Grundriß der Kunstgeschichte. Alfred Kröner Verlag, Leipzig.

Der Dom von Mailand 32
    G. Dehio und G. v. Bezold: Die kirchliche Baukunst des Abendlandes. Stuttgart, 1882—1902.
    A. W. Fr. Carstanjen: Ulrich von Ensingen. Dissertation Universität Zürich. München, 1893.
    Kunst- und Kunsthandwerk. Monatsschrift. 1919.
Die Stadt Sforzinda des Filarete 32
    Michele Lazzaroni-Antonio Munoz: Filarete. Scultore e architetto del secolo XV. Rom, 1908.
    Antonio Averlino Filarete's Traktat über die Baukunst. Herausgegeben von Wolfgang
        v. Öttingen. Wien, 1896.
Rabelais' Abtei Thélême nach Questels Wiederherstellung 38
    Heinrich v. Geymüller: Die Baukunst der Renaissance in Frankreich. Handbuch der Architektur. 1898.
Idealbauten du Cerceaus 39
    H. v. Geymüller: Les du Cerceaux. Leur vie et leur œuvre. Paris, 1887.
    H. v. Geymüller: Die Baukunst der Renaissance in Frankreich. Handbuch der Architektur. 1898.
Das hohe Haus von Perret 41
    Deutsche Bauzeitung, 1901.
Der Marktturm Dürers 41
    Skizzenbuch von Albrecht Dürer in der königl. öffentl. Bibliothek zu Dresden. Herausgegeben
        von Robert Bruck. Straßburg, 1905.
Die Kirche der »Schönen Maria« in Regensburg 42
    Hans Hildebrandt: Regensburg. Berühmte Kunststätten Bd. 52. Leipzig, 1910.
    Abb. 74. Phot. Franz Ludwig Habbel, Regensburg.
Villa Madama bei Rom 44
    Theobald Hofmann: Raffael in seiner Bedeutung als Architekt. Zittau, 1911.
    Enrico di Geymüller: Raffaello Sancio, studiato come architetto. Mailand, 1884.
Lionardo da Vinci. Battista Montano. Francesco di Giorgio 46
    Lionardo: H. v. Geymüller, Die ursprünglichen Entwürfe für Sankt Peter in Rom. Wien-Paris, 1875.
    Giov. Batta. Montano: Varii tempietti antichi con le piante et azette. Rom, 1624.
    Francesco di Giorgio: C. v. Stegmann und H. v. Geymüller, Die Architektur der Renaissance
        in Toskana. München.
Sankt Peter in Rom 47
    Heinrich v. Geymüller: Die ursprünglichen Entwürfe für Sankt Peter in Rom von Bramante,
        Raphael Santi, Fra Giocondo, den Sangallos u. a. m. Wien-Paris, 1875.
    Paul Letarouilly: Le Vatican et la Basilique de Saint-Pierre de Rome. Paris, 1882.
    Alois Riegl: Vita del cavaliere Gio. Lorenzo Bernino, scritta da Filippo Baldinucci Fiorentino.
        Übersetzung mit Kommentar. Wien, 1912.
    Stanislao Fraschetti: Il Bernini. Mailand, 1900.
    Cornelius Gurlitt: Geschichte des Barockstils in Italien. Stuttgart, 1887.
    Paul Frankl: Die Entwicklungsphasen der neueren Baukunst. Leipzig-Berlin, 1914.
    Fritz Knapp: Michelangelo, Klassiker der Kunst VII. Stuttgart, Fünfte Auflage. 1924.
    A. E. Brinckmann: Platz und Monument. Berlin, 1912.
Michelangelo 55
    C. Stegmann und H. v. Geymüller: Die Architektur der Renaissance in Toskana. München.
    A. E. Popp: Die Medici-Kapelle Michelangelos. München, 1922.
    Fritz Knapp: Michelangelo, Klassiker der Kunst VII. Stuttgart, Fünfte Auflage. 1924.
    Adolf Philippi: Florenz. Berühmte Kunststätten Bd. 20. Leipzig, 1915.
Pozzo 59
    Cornelius Gurlitt: Geschichte des Barockstiles in Italien. Stuttgart, 1887.
Die Gnadenkirche in Altötting 59
    Max Hauttmann: Geschichte der kirchlichen Baukunst in Bayern, Schwaben und Franken.
        1550 bis 1780. München-Berlin-Leipzig, 1921.
    Hans Karlinger: Alt-Bayern und Bayerisch-Schwaben.
    Abb. 118. Phot. Otto Bramm, Erfurt.

»Louis le Grand«, Entwürfe von Gobert 60
  Handschriftliches Original in der Bayerischen Staatsbibliothek München.
Das architektonische Alphabet von Johann David Steingruber 61
  Johann David Steingruber: Architektonisches Alphabeth, bestehend in 30 Grund- und Aufrissen. Schwabach, 1773.
Das Jesuitenkollegium von Anton Glonner 63
  Die christliche Kunst, Monatsschrift für alle Gebiete der christlichen Kunst. XI. Jahrgang 1915. Heft 10. München.
Whitehall und Sankt Paul in London 63
  Sir Walter Armstrong: Geschichte der Kunst in Großbritannien und Irland. Stuttgart, 1909.
  Reginald Blomfield: A history of renaissance architecture in England 1500—1800. London, 1897.
Dresden 65
  (Siehe auch S. 150)
  Matthäus Daniel Pöppelmann: Vorstellung und Beschreibung des von Sr. Königl. Majestät in Polen und Churfürstl. Durchlaucht zu Sachsen erbauten sogenannten Zwinger-Gartens-Gebäuden oder der Königl. Orangerie zu Dresden. 1729.
  Hermann Hettner: Der Zwinger in Dresden, Leipzig, 1874.
  Sponsel: Der Zwinger, die Hoffeste und die Schloßbaupläne zu Dresden. Dresden, 1924.
  Die Bauten, technischen und industriellen Anlagen von Dresden. Herausgegeben vom Sächs. Ingenieur- und Architektenverein und vom Dresdner Architektenverein. Dresden, 1878.
  Paul Schumann: Dresden. Berühmte Kunststätten Bd. 46. Leipzig, 1909.
  Alfred Döring: Die Neue Königsstadt, Alten-Dresdens Aufbau nach dem Brande von 1685. Dresden 1920.
  Max Georg Mütterlein: Gottfried Semper und dessen Monumentalbauten am Dresdner Theaterplatz. Dissertation Dresden Technische Hochschule. Dresden, 1913.
Schloß Wilhelmshöhe bei Cassel 70
  Die Bau- und Kunstdenkmäler im Regierungsbezirk Cassel. Bd. IV. Marburg, 1910.
  Marie Luise Gothein: Geschichte der Gartenkunst II. Bd.: Von der Renaissance in Frankreich bis zur Gegenwart. Jena, 1914.
  W. Strieders Wilhelmshöhe, mit einer Einleitung von A. Holtmeyer. Marburg, 1913.
Cuvilliés 72
  Sammelband von Stichen nach Entwürfen des Franciscus Seraphicus d'Cuvilliés. Gewidmet Maximilian Joseph. Bayerische Staatsbibliothek München.
Schönbrunn 72
  Johann Bernhard Fischer von Erlach: Entwurf einer historischen Architektur. Wien, 1721.
  Betty Kurth: Das Lustschloß Schönbrunn. Wien, o. J.
Der Schloßentwurf für Düsseldorf 73
  Richard Klapheck: Die Baukunst am Niederrhein. II. Bd. Berlin, 1919.
Der »Fürstliche Baumeister« 74
  Paulus Decker: Fürstlicher Baumeister oder architectura civilis. Augsburg, 1711, 1713, 1716.
Das Schloß in Schleißheim 77
  W. A. Luz: Lustschloß Schleißheim bei München, Wien, o. J.
  Max Hauttmann, in Münchner Jahrbuch für bildende Kunst. 1911. Bd. VI.
  Rich. Paulus: Der Baumeister Henrico Zuccalli 1642—1724. Dissertation. München Universität.
  Johannes Mayerhofer: Schleißheim. Bamberg, 1890.
  Richard Streiter: Die Schlösser zu Schleißheim und Nymphenburg. Berlin-Stuttgart, o. J.
Meissonnier 78
  Heinrich v. Geymüller: Die Baukunst der Renaissance in Frankreich.
  Handbuch der Architektur. 1898.
Piranesi 78
  Giambattista Piranesi: Opere varie di architettura, prospettiva, grotteschi, antichità. Rom, 1750.
  Giambattista Piranesi: Invenzioni caprici di carceri all' acqua forte. Rom.
  Albert Giesecke: Giovanni Battista Piranesi. Leipzig, o. J.
  Peter Jessen: Der Klassizismus im Ornamentstich. Berlin, o. J.
  Wasmuths Monatshefte für Baukunst 1920/21.

Das Smolnystift in Petersburg 80
    Alexander Eliasberg: Russische Baukunst. München, 1922.
Das Denkmal Friedrich des Großen in Berlin 80
    Hermann Schmitz: Berliner Baumeister vom Ausgang des 18. Jahrhunderts. Berlin, 1914.
    Siegfried Giedion: Spätbarocker und romantischer Klassizismus. München, 1922
Ungebautes von Schinkel 82
    Hermann Ziller: Schinkel. Künstler-Monographien XXVIII. Bielefeld und Leipzig, 1897.
Ungebautes von Weinbrenner 89
    Arthur Valdenaire: Friedrich Weinbrenner. Karlsruhe, 1919.
    Siegfried Giedion: Spätbarocker und romantischer Klassizismus. München, 1922.
    Wasmuths Monatshefte für Baukunst. 1914/15.
    Der Baumeister. Monatshefte für Architektur und Baupraxis. 1913.
Friedrich Wilhelms des IV. unausgeführte Baupläne 92
    Albrecht Geyer: König Wilhelm IV. von Preußen als Architekt.
    Deutsche Bauzeitung. Jahrgang 5/6, 1922, Nr. 95—103/4.
    Hans Kania: Potsdamer Baukunst. Potsdam, 1915.
    Zentralblatt der Bauverwaltung. 1910 (Museumsbauten).
    Deutsche Bauzeitung. 1907 (Museumsbauten).
    Abb. 240. Aufnahme der Staatlichen Bildstelle, Berlin.
Pläne für Riesenbauten in Eisen 110
    Eiffeltürme für London: Zentralblatt der Bauverwaltung. 1890.
    Eisenbahnbrücke über den Kanal: Zentralblatt der Bauverwaltung. 1889.
    Schnellbahnsystem von August Scherl: Deutsche Bauzeitung. 1909.
Pläne nationaler Denkmäler am Rheine 112
    Berliner Architekturwelt, Zeitschrift. 1912 (Ausbau des Niederwalddenkmals).
    Zentralblatt der Bauverwaltung. 1890 (Kaiser-Wilhelm-Denkmal der Rheinprovinz)
    Deutsche Bauzeitung. 1911, 1912.
    Denkschrift Thiersch, München, noch nicht erschienen.
Idealentwürfe aus der letzten Vorkriegszeit 114
    Protestantische Kirche: Stadtbaukunst alter und neuer Zeit. Berlin. Jahrgang 1921.
    Düsseldorfer Ausstellung: Wasmuths Monatshefte für Baukunst 1915/16.
    Wagner-Schule: Der Architekt 1908, 1913, 1914/15.
Großberlin und Berliner Hochhäuser 117
    Großberlin: Der Baumeister, Monatshefte für Architektur und Baupraxis. 1910, 1913.
      Berliner Architekturwelt, Zeitschrift. 1911.
      Städtebau, Zeitschrift. 1910, 1913.
      Deutsche Bauzeitung. 1912.
      Architektonische Rundschau. 1913.
    Hochhäuser: Bruno Möhring: Über die Vorzüge der Turmhäuser und die Voraussetzungen,
        unter denen sie in Berlin gebaut werden können, in: Stadtbaukunst alter und neuer Zeit.
      Alfred Langöhring: Zur Lösung der Wohnungsfrage, in: Stadtbaukunst alter und neuer Zeit.
        1920.
      Stadtbaukunst alter und neuer Zeit. 1920, 1921.
Hochhäuser in anderen deutschen Städten 130
    Breslau: Berg: Der Bau von Geschäftshochhäusern in Breslau zur Linderung der Wohnungsnot.
      Stadtbaukunst alter und neuer Zeit. 1920.
      Wasmuths Monatshefte für Baukunst. 1921/22.
    Danzig: Der Industriebau, Monatsschrift. Leipzig, 11. Jahrgang. 1920.
    Duisburg: Stadtbaukunst alter und neuer Zeit. 1922.
    Ludwigshafen: Stadtbaukunst alter und neuer Zeit. 1920.
    München: Wasmuths Monatshefte für Baukunst. 1921/22.
      Denkschrift Thiersch. München, noch nicht erschienen.
      Süddeutsche Bauzeitung. 1915.
    Stuttgart: Moderne Bauformen. Zeitschrift. 1922.
      Wasmuths Monatshefte für Baukunst. 1921/22.

Unausgeführte Pläne von Pölzig 133
    Wasmuths Monatshefte für Baukunst. 1919/20, 1920/21.
    Süddeutsche Bauzeitung. 1913.
    Das Haus der Freundschaft in Konstantinopel. Ein Wettbewerb deutscher Architekten. Mit
        einer Einführung von Theodor Heuß. München, 1918.
Pläne der Revolutionsarchitektur 136
    Stadtbaukunst alter und neuer Zeit. 1920, 1921.
    Wasmuths Monatshefte für Baukunst. 1914/15.
Städte der Zukunft 142
    Ideale Weltstadt: Deutsche Bauzeitung. 1914.
    Bundeshauptstadt von Australien: Städtebau, Zeitschrift. 1913.
    Chicago: Deutsche Bauzeitung. 1910.
Nachtrag
    Der Dom von Regensburg 145
    Große Klosterbauten 149
        Wilhelm Kick: Barock, Rokoko und Louis XVI. aus Schwaben und der Schweiz. 2. Auflage.
           Leipzig, 1907.
        Wilhelm Pinder: Deutscher Barock, Königstein im Taunus-Leipzig, o. J.
        Arthur Schlegel. Die Benediktinerkirche zu Weingarten. Weingarten 1924.
        Drechsler: Stift Klosterneuburg. 1894.
    Dresden 150
Ausleitung 161

JOSEF PONTEN

ARCHITEKTVR DIE NICHT GEBAVT WVRDE

MIT AM WERKE

HEINZ ROSEMANN

HEDWIG SCHMELZ

ZWEITER BAND
TAFELN

1925

DEVTSCHE VERLAGS-ANSTALT / STVTTGART

BERLIN LEIPZIG

ALLE RECHTE VORBEHALTEN
COPYRIGHT 1924 BY DEUTSCHE VERLAGS-ANSTALT, STUTTGART
DRUCK DER DEUTSCHEN VERLAGS-ANSTALT IN STUTTGART

2. Der Tempel des Grals (nach Boisserée)

3. Querschnitt von einem der Eingänge zum Chore

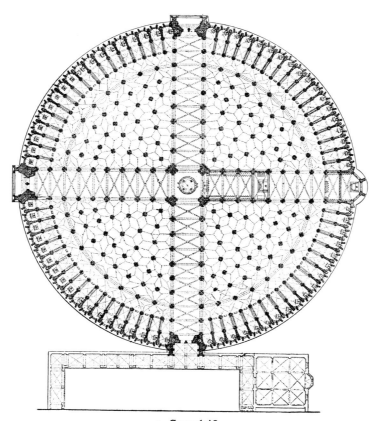

4. Grundriß

5. Capellas imparfeitas. Blick von außen

6. Blick ins Innere

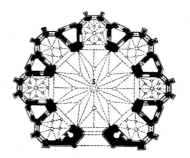

7. Grundriß

8. Dom von Siena. Schaubild

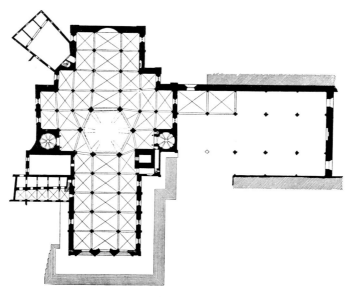

9. Grundriß

11. Inneres. Blick durchs Langhaus nach dem Chore

10. Stirnmauer des Neubaus von Innen gesehen

12. Blick aus dem Chore zurück

13. Taufkirche San Giovanni, im oberen Stock Rückwand des Domchors.
Links Maueransatz des Neubaus

14. Tür im Neubau über der Treppe
neben San Giovanni

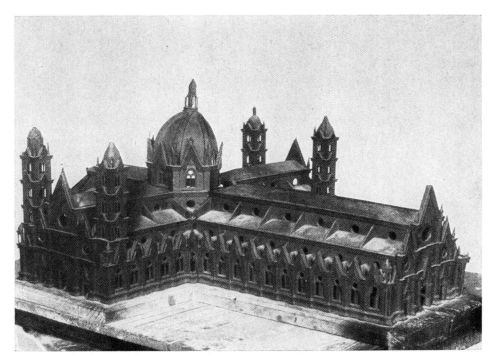

15. San Petronio in Bologna. Modell von Ariguzzi

16. Schaubild

17. Inneres gegen das Chor gesehen

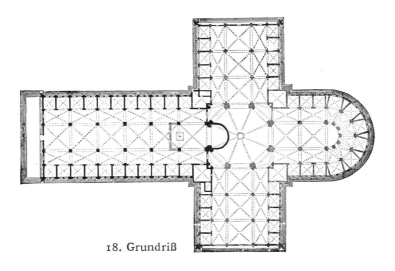

18. Grundriß

20. Fassadenentwurf von Vignola

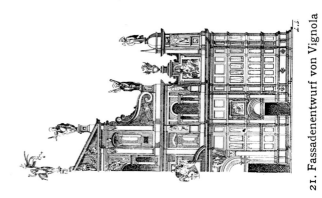

21. Fassadenentwurf von Vignola

19. Fassadenentwurf von Peruzzi

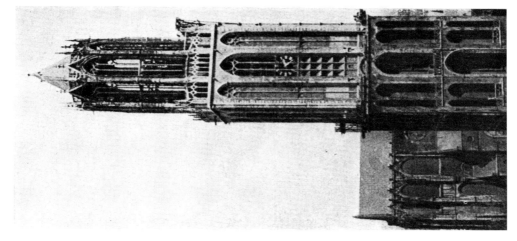

23. Westturm von Westen. Zwischen Turm und Querschiff liegt der freie Platz des anderen Bildes

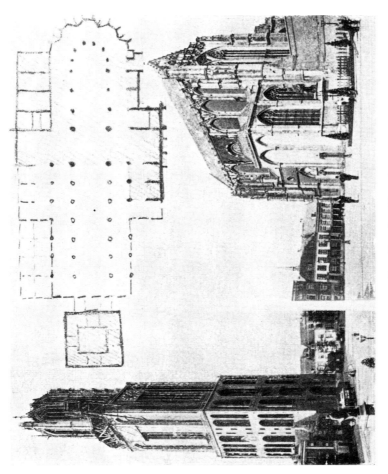

22. Der Dom zu Utrecht

24. Münsterfassade von Straßburg

25. Fassade, Unterer Teil

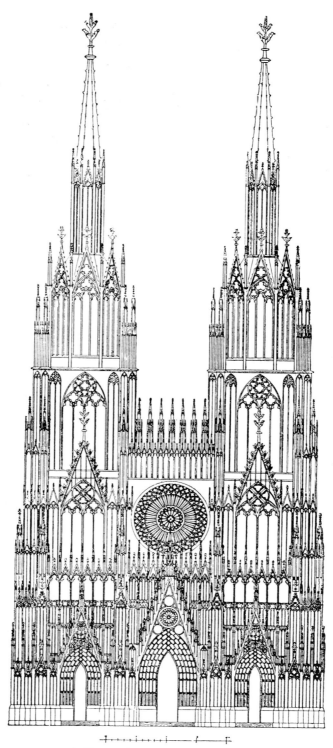

26. Entwurf Erwins für die Fassade

27. Entwurf zum Helm des
Straßburger Münsterturms
von Ulrich von Ensingen

28. Straßburger Münster
Turm-Achteck von Ensingen und
Helm von Hültz

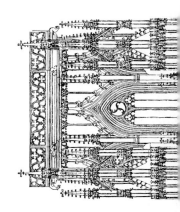
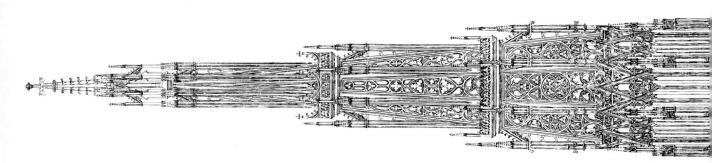

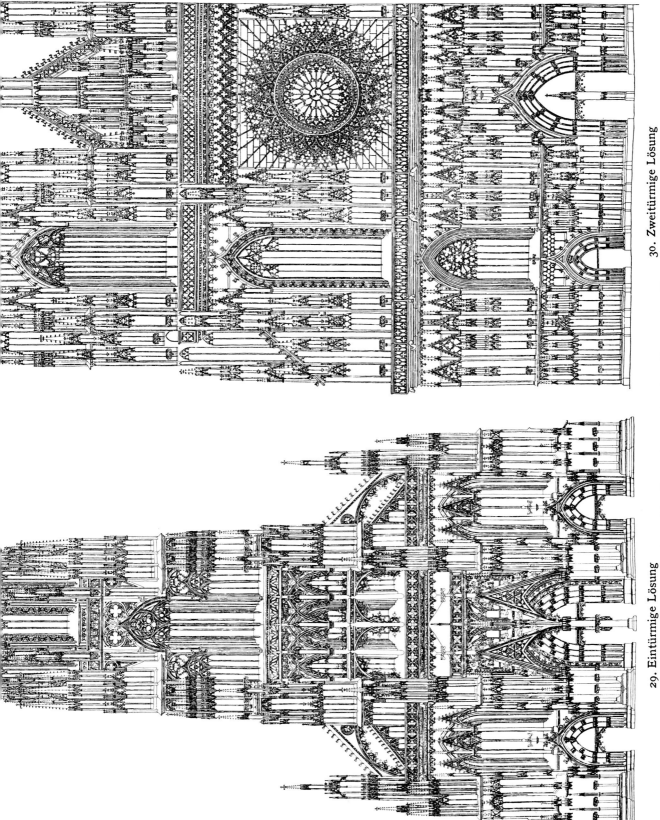

29. Eintürmige Lösung 30. Zweitürmige Lösung
Entwürfe für die Westfassade des Doms in Regensburg

32. Ulmer Münsterplatz. Entwurf für die Bebauung von Theod. Fauser und R. Wörnle, Stuttgart

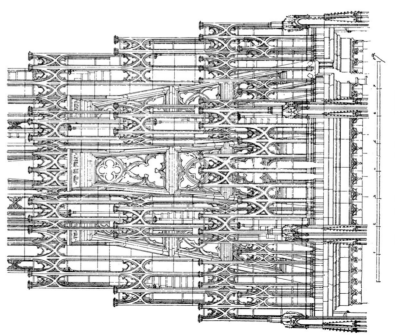

31. Turmhelm von Johann Hültz
Ausführung ohne Helmchen

33. Oberer Teil des Entwurfs zum Ulmer Münsterturm von Ulrich von Ensingen

34. Turm des Ulmer Münsters

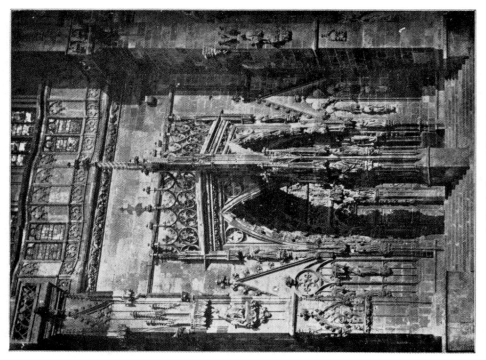

36. Vorhalle und Portal

35. Westfassade des Domes in Regensburg

37. Entwurf von Berlage für den Ausbau der Schauseite des Mailänder Doms

38. Filarete: Lage der Stadt Sforzinda im Gelände

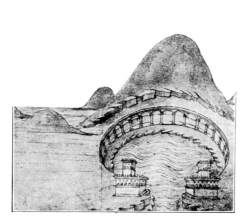
39. Kriegshafen

40. Hafenstadt

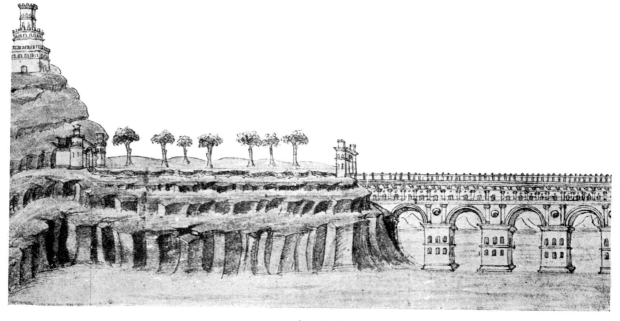
41. Aquädukt

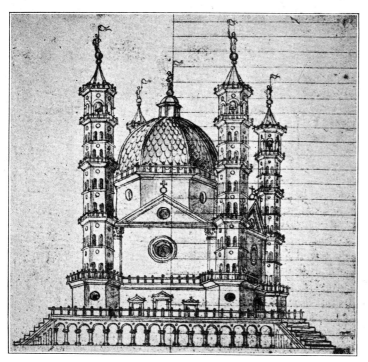

42. Tempel

43. Denkmal (Verkündigung)

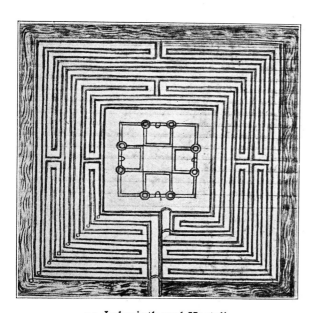

44. Labyrinth und Kastell

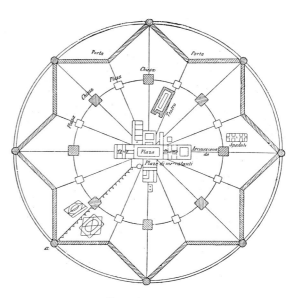

45. Grundriß der Stadt

46. Palast des Fürsten

47. Bischofsresidenz

48. Edelmannshaus

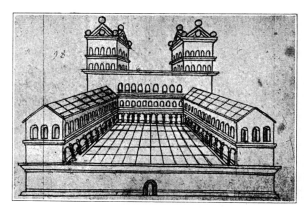
49. Kaufmannshaus

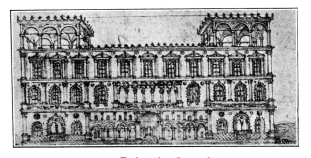
50. Palast im Sumpf

51. Architektenhaus

52. Ospedale

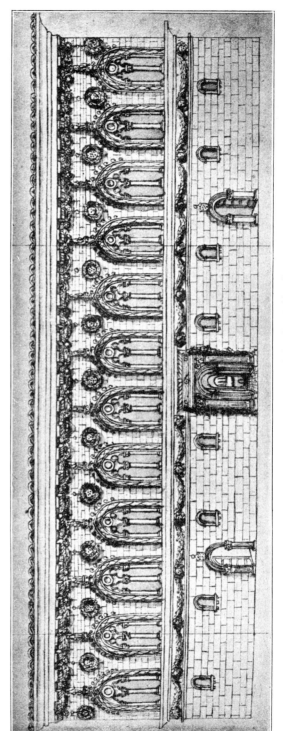

53. Ospedale (ausgeführt in Mailand)

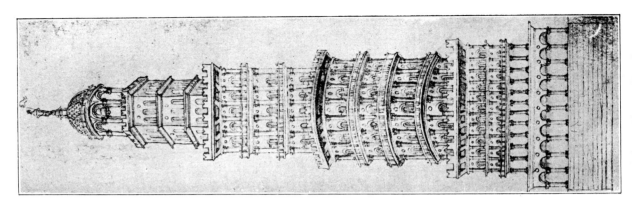

56. Kastellturm Zogalias

55. Hafenkastell

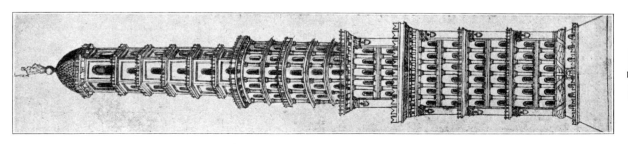

54. Turm

57. Große Brücke

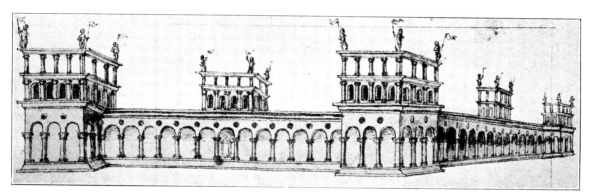

58. Naumachia

59. Terrassenbau

60. Haus der Tugend, innen

61. Haus der Tugend, außen

62. Allegorie der Tugend

63. Karyatiden auf dem Dache

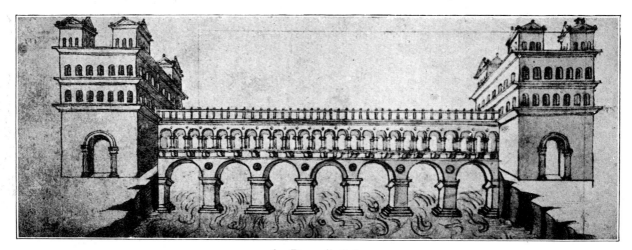

64. Doppelbrücke

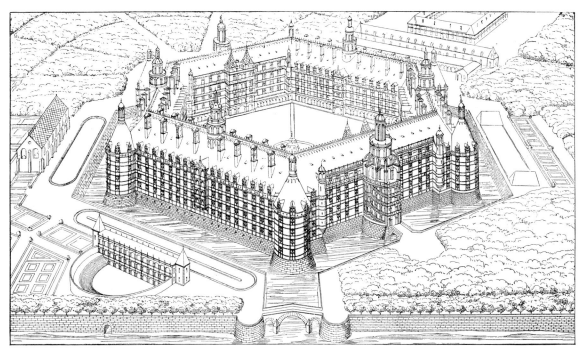

65. Rabelais' Abtei Thélême (nach Questel)

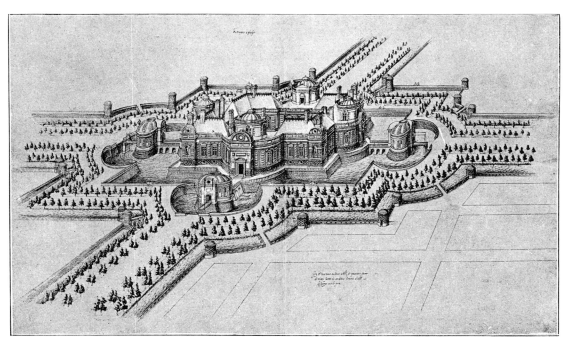

66. Entwurf du Cerceaus für ein Lustschloß

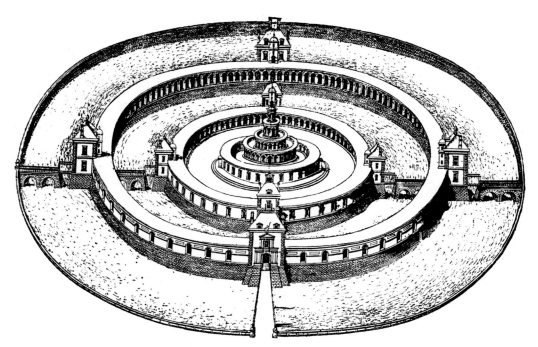

67. du Cerceau: Château idéal

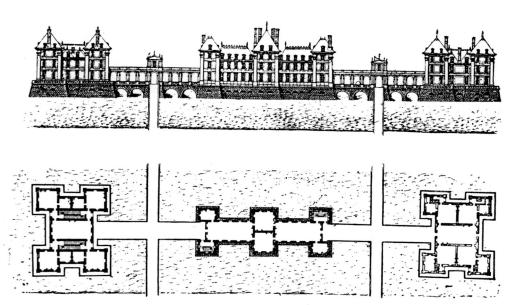

68. du Cerceau: Projet d'un château

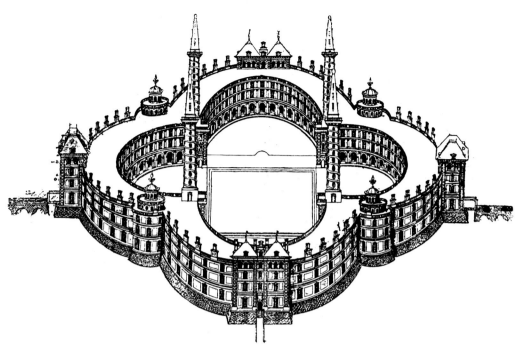

69. du Cerceau : Fragment d'un château idéal

70. du Cerceau : Ville idéale

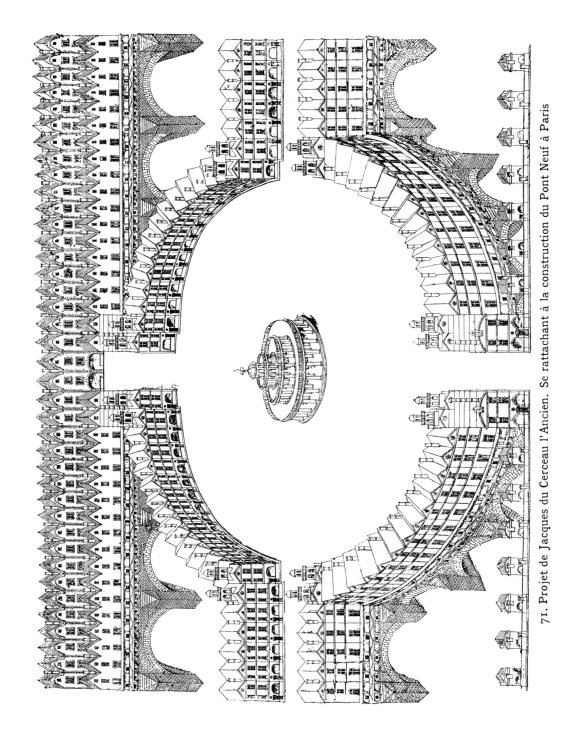

71. Projet de Jacques du Cerceau l'Ancien. Se rattachant à la construction du Pont Neuf à Paris

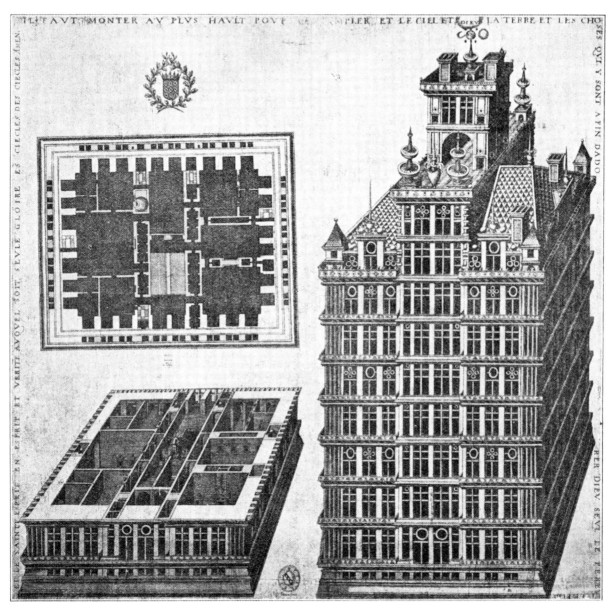

72. »Wolkenkratzer« von Perret

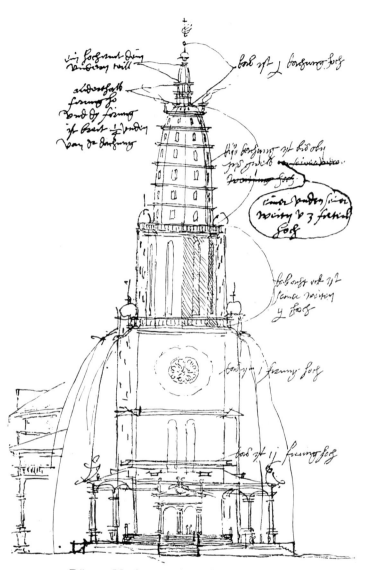

73. Dürer: Marktturm (aus dem Skizzenbuche)

74. Die »Schöne Maria« in Regensburg, wie die Kirche heute ist, vom Domturme aus aufgenommen
75. Oben das nichtausgeführte Modell dazu von Hans Huber

76. Villa Madama. Heutiger Zustand, links Aufgang von der Stadt her, hinten Monte Mario.
Nördlicher erhaltener Flügel mit der (vermauerten) Gartenloggia, erhaltene Gartenterrassen.
Umgekehrte Blickrichtung von Bild 78

77. Heutiger Zustand der Nordterrasse. Links Monte Mario.
Von innen sichtbare Gartenmauer, die auf Bild 76 von außen sichtbar ist

78. Heutiger Zustand auf der Stadtseite, Reste des inneren Rundhofes. Blick gegen Osten: Tiberebene, Tiber und Ponte Molle

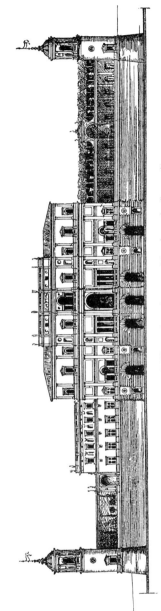

79. Entwurf des Villengebäudes von Battista da Sangallo

80. Gärten wiederhergestellt nach Raffael

82. Heutiger Zustand des inneren Rundhofes auf der Stadtseite (Bild 78 um 45° nördlich gedreht), rechts der Ort der fortgesprengten Hauptloggia nach dem Tiber hin des Bildes 79

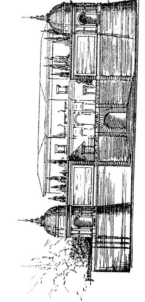

81. Wiederherstellung des Aufganges von der Stadtseite her (vergleiche Bild 79)

83. Gärten wiederhergestellt nach Francesco da Sangallo

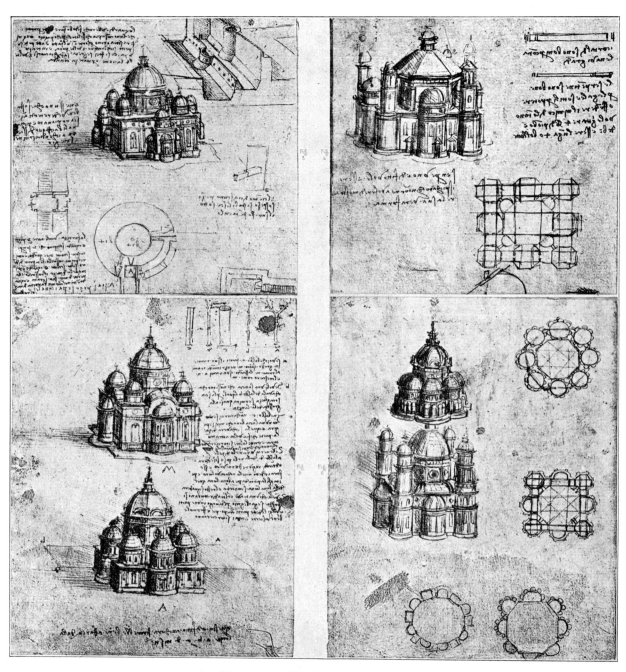

84. Lionardo da Vinci. Zentralbaustudien

A
85.

B
86.

C
87.

D
88.

Montano. Varii tempietti antichi

89. Francesco di Giorgio

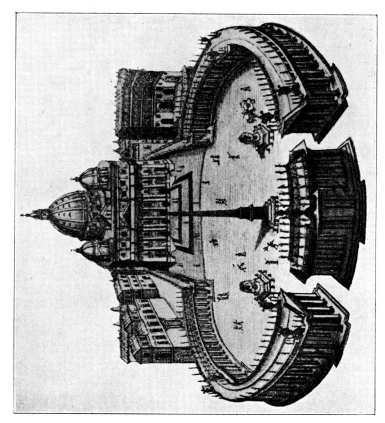

91. Zeichnung Berninis, Plan eines geschlossenen Kolonnadenhofes

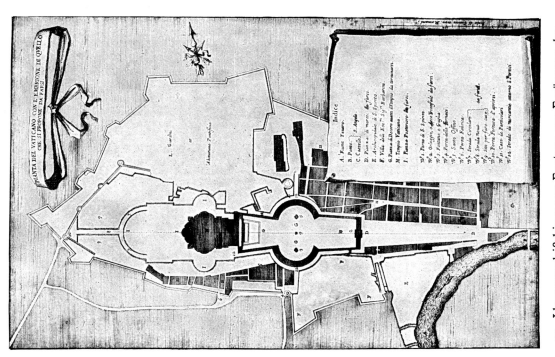

90. Ideengrundrißskizze von Fontana zur Ergänzung des Kolonnadenhofes, Schaffung eines Platzes hinter St. Peter und einer Platzstraße anstelle der Borghi

92. St. Peter, Petersplatz und Vatikan

93. Bramante. St. Peter

94. Giuliano da Sangallo. St. Peter

95. Raffael. St. Peter

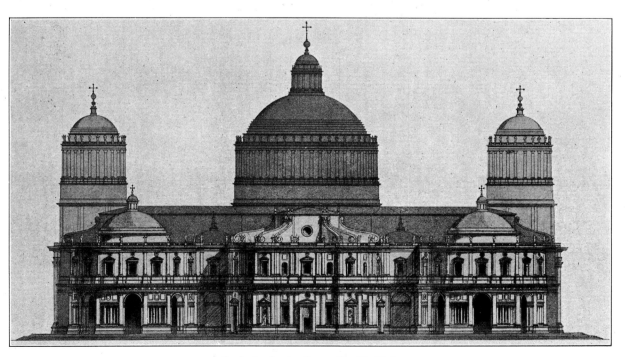

96. Antonio da Sangallo. St. Peter

97. Antonio da Sangallo. Holzmodell für St. Peter

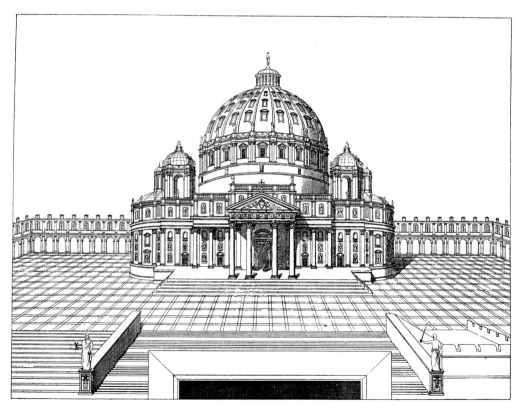
98. Michelangelo. St. Peter

99. St. Peter, Kuppel

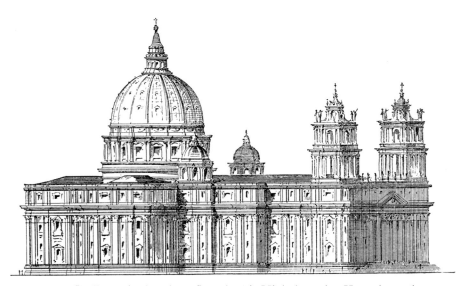

100. St. Peter in heutiger Gestalt mit Michelangelos Hauptkuppel, Vignolas Nebenkuppeln, Madernas Langhaus und den (in Wirklichkeit fehlenden) Türmen Berninis

101. Fassade Madernas mit den Türmen Berninis

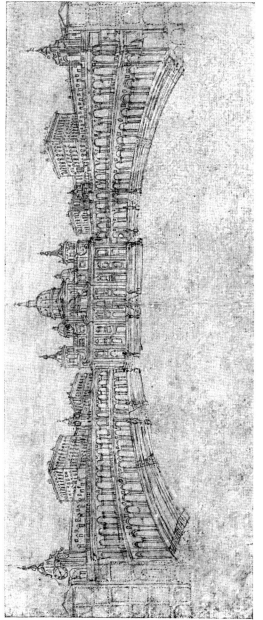

102. Zeichnung Berninis für die Gestaltung des Platzes vor St. Peter

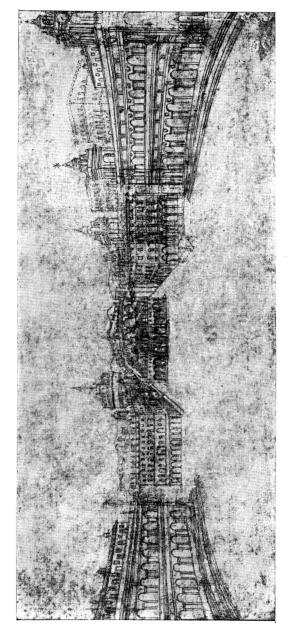

103. Umgekehrte Blickrichtung des vorigen Bildes

104. Michelangelos Entwurf zum Grabmal Julius' II.

105. Michelangelo. Rekonstruktion des Juliusgrabes (nach dem Kunstwart)

106. San Nicolo in Catania

107. Heutige Ansicht der Fassade von San Lorenzo in Florenz

108. Pozzos Entwurf für eine Kirche in Rom

109. Heutige Form des Juliusgrabes in St. Pietro in Vincoli

110. Medicikapelle. Rekonstruktion von Michelangelos erstem Gräberentwurf

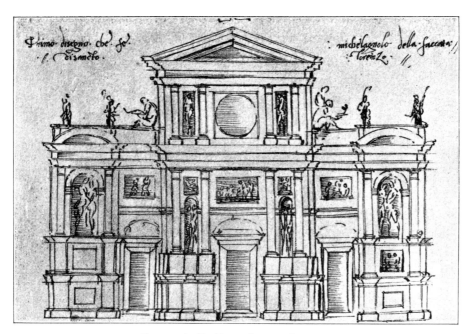

111. Entwurf, die Fassade von San Lorenzo,
gezeichnet von fremder Hand nach Michelangelo

112. Michelangelos Holzmodell für die Fassade

113. Das heutige Innere der Capella (Sagrestia nuova) in San Lorenzo zu Florenz.
Links Grab des jüngeren Giuliano, rechts Doppelgrab der beiden älteren Lorenzo und Giuliano

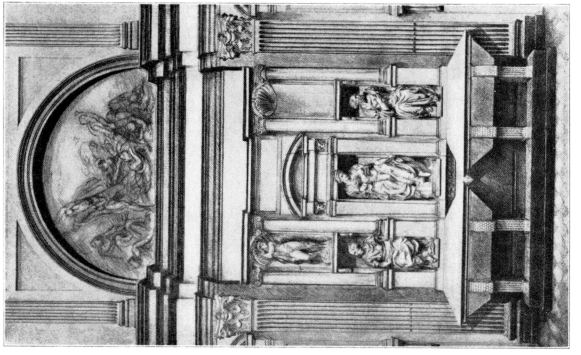

115. Rekonstruierter Entwurf für die Gräber der älteren Medici

114. Rekonstruierter Entwurf für das Lorenzograb

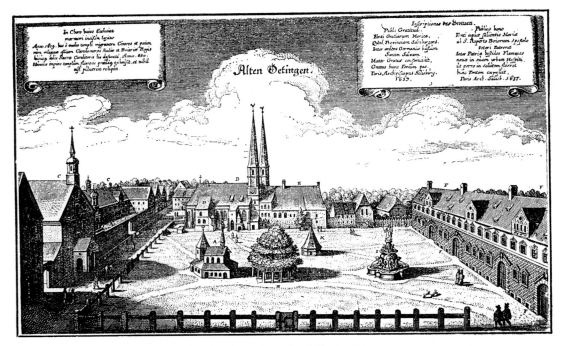

116. Altötting. Alte Ansicht des Platzes

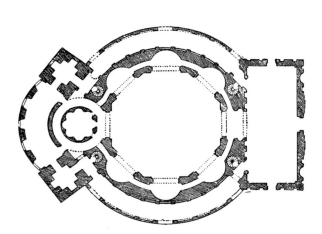

117. Grundriß des geplanten Neubaus

118. Heutige Ansicht

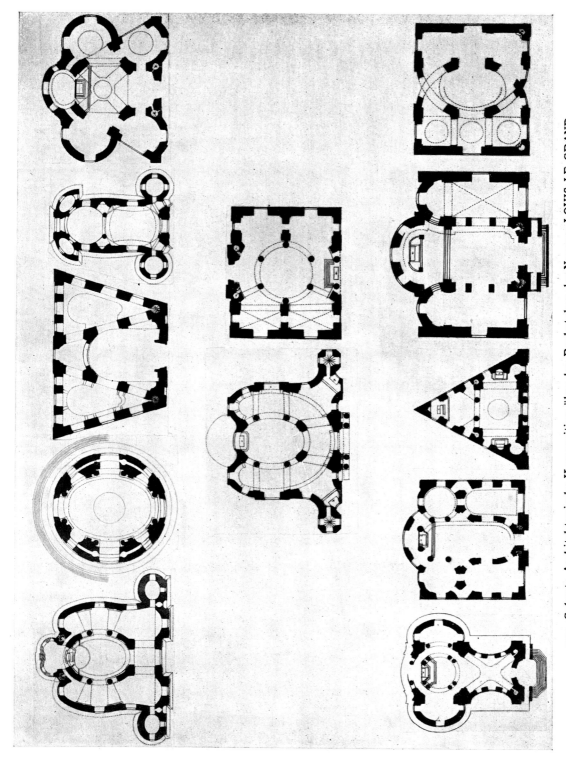

119. Gobert: Architektonische Komposition über den Buchstaben des Namens LOVIS LE GRAND

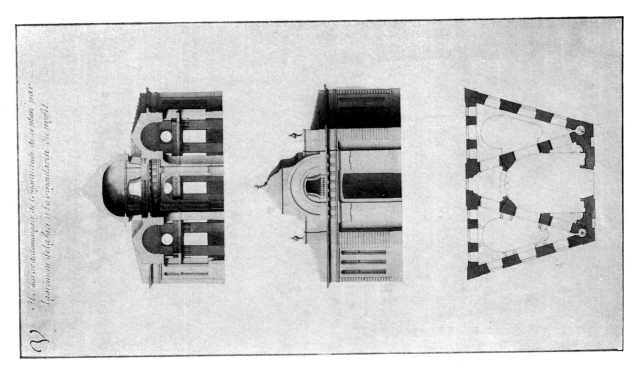

121. Buchstabe V

120. Buchstabe L

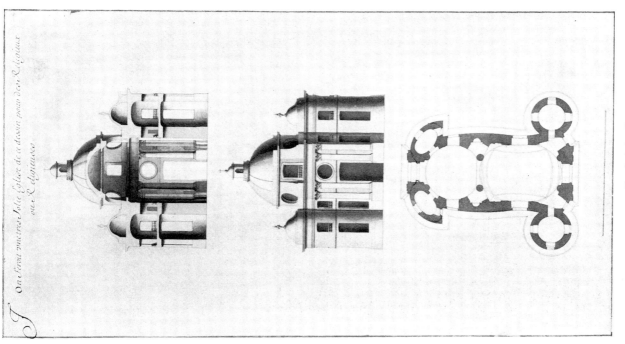

122. Buchstabe J

123. Buchstabe S

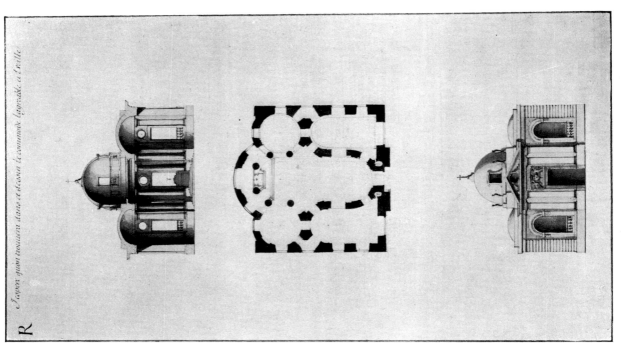

125. Buchstabe R

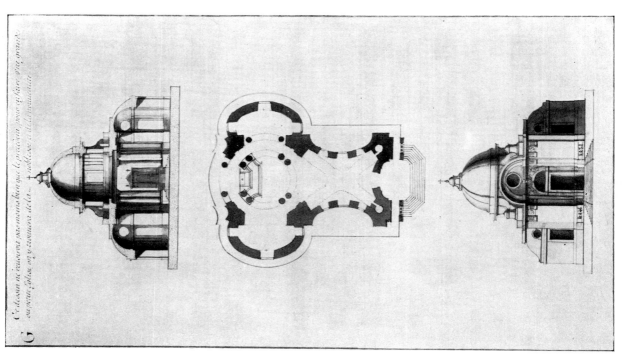

124. Buchstabe G

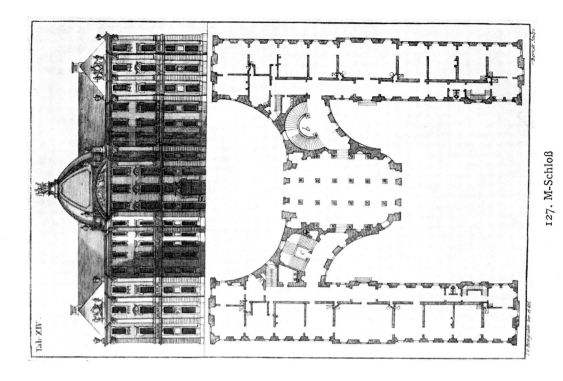

127. M-Schloß

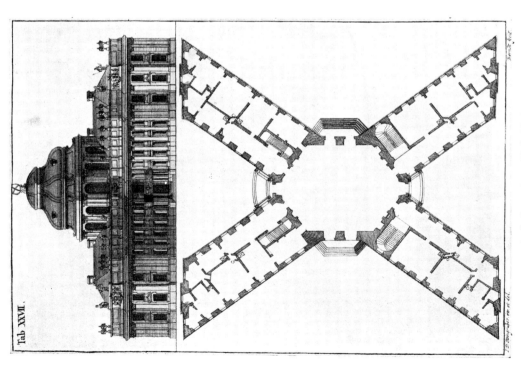

126. Steingruber: X-Schloß

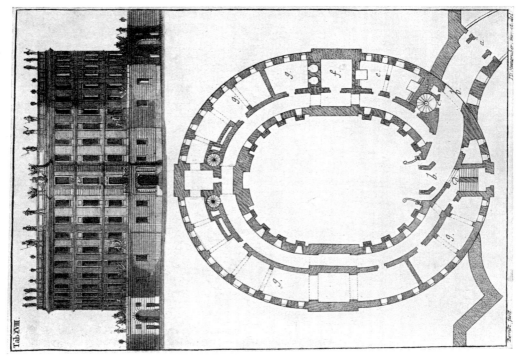

129. Q-Schloß

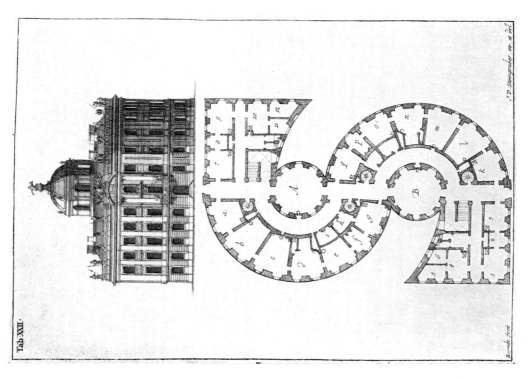

128. S-Schloß

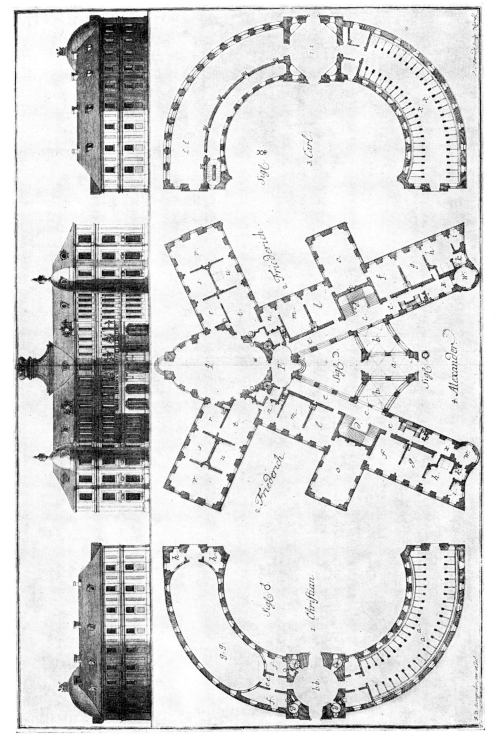

130. Schloß über den Initialen des Fürstennamens: Christian Carl Friedrich Alexander

131. Schloß über den Initialen des Fürstennamens: Friderica Carolina

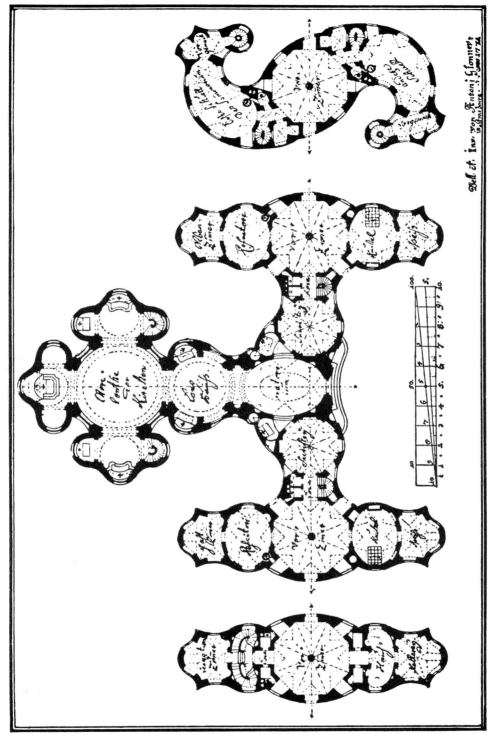

132. Glonner: Entwurf für ein Jesuitenkollegium

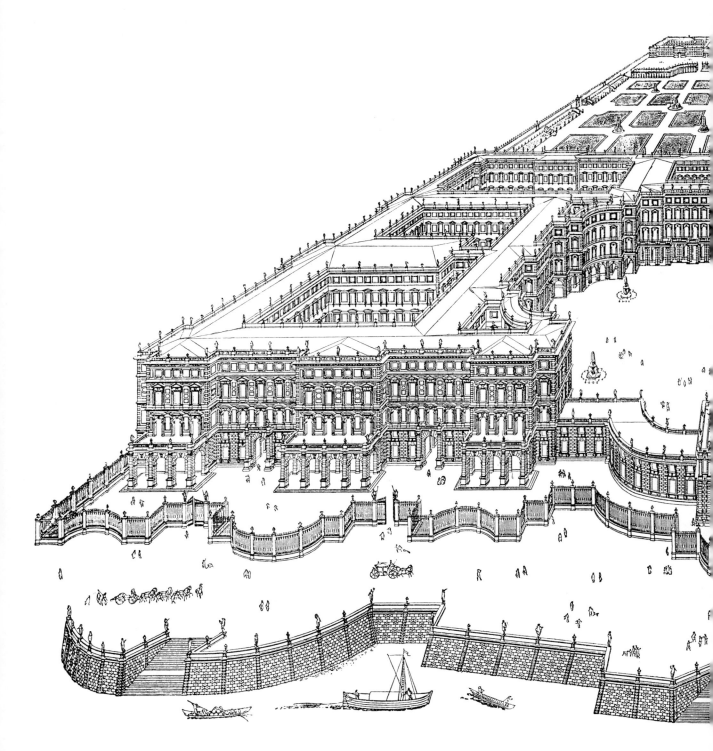

133. Graf Alberti: S

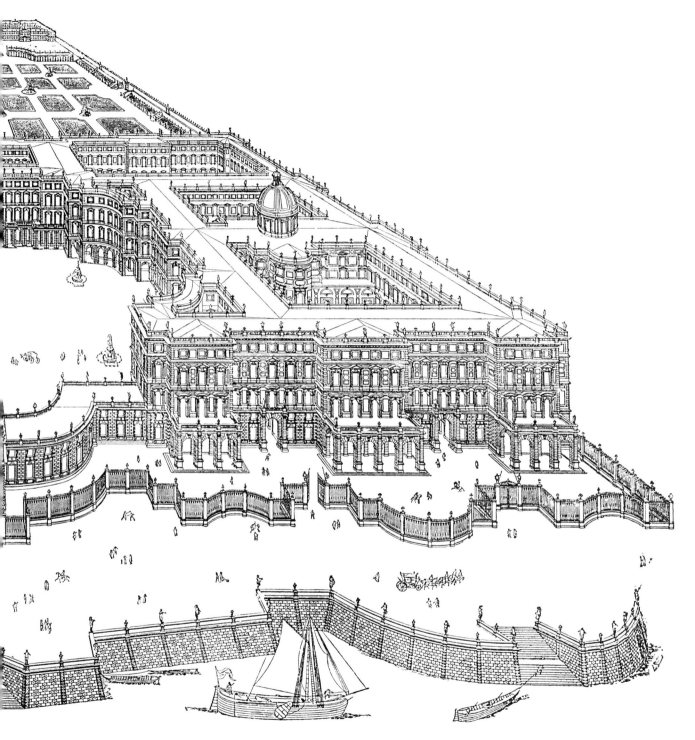

wurf für Düsseldorf

134. Inigo Jones: The Banqueting House, Whitehall, London. Heutiger Zustand

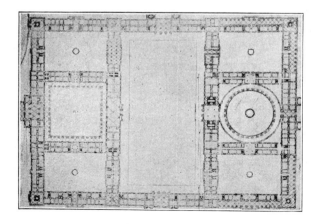

135. Geplanter Grundriß

136. Gedachte Ansicht aus der Vogelschau

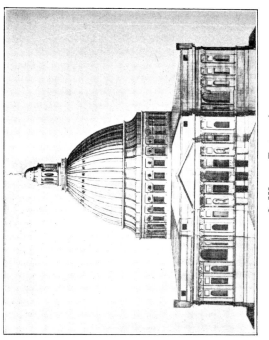
138. Wren: Entwurf

139. St. Paul, London, heute

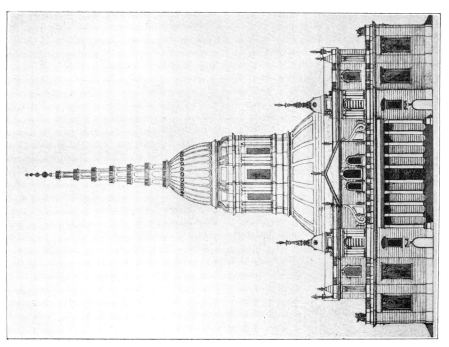
137. Christopher Wren: Entwurf für St. Paul, London

140. Der Zwinger in Dresden und seine Erweiterung nach der Elbe hin durch den beabsichtigten Schloßbau. Gemälde von Thiele nach Pöppelmanns Baugedanken

141. Ansicht des Entwurfes eines Schloßneubaues an der Elbe auf dem heutigen Theaterplatze

142. Fliegeraufnahme der Zwingergegend in Dresden.

Oben: Elbbrücke, Hofkirche, Schloß (mit dem Turm), Platz mit dem Wettinobelisken, Taschenbergpalais. Ganz oben wird vom Bildrande das »Alte Stallgebäude« durchgeschnitten. Mitte: Hotel Bellevue und »italienisches Dörfchen« (beide am Flusse), Opernhaus und Theaterplatz, Sempers Museumsbau, Schinkels Wache (vom Museumsdache durchgeschnitten), der Zwingerhof. Unten: Marstall, Zwingergarten mit Zwingerteich, die Ostraallee.

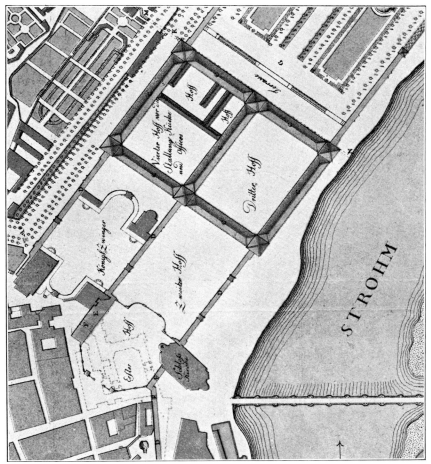

143. Cuvilliés: Plan für einen Schloßneubau in Dresden
(mit Rasierung des alten Schlosses)

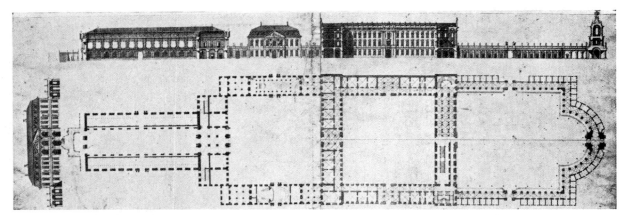
144. Pöppelmann: Erster Entwurf für einen Schloßneubau in Dresden (nach Sponsel)

145. Hauptschauseite des Schloßneubaus

146. Pöppelmann: Zweiter Entwurf

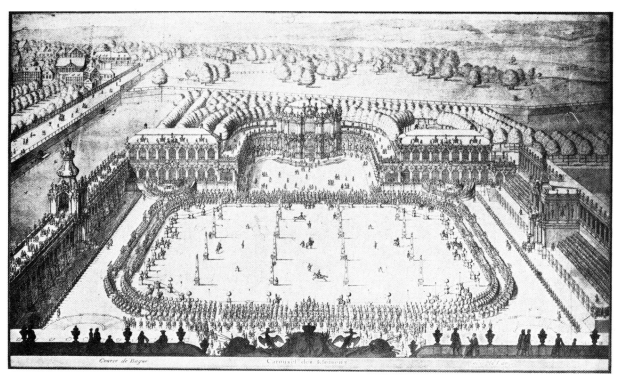

147. Der Zwinger mit dem Festspiel von 1719 (nach Sponsel)

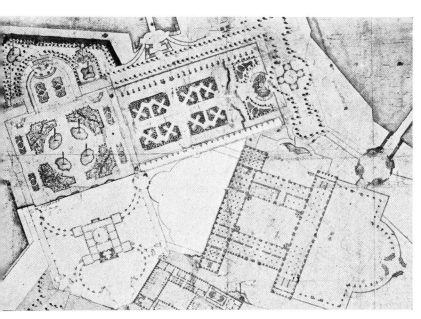

148. Pöppelmann: Grundriß für Schloßneubau und Zwingeranlagen

149. Pöppelmann: Kaskadenpavillon

150. Pöppelmann: Entwurf für den Schloßneubau in Dresden (nach Sponsel)

151. Pöppelmann: Entwurf für den Schloßneubau in Dresden

152. Pöppelmann: Entwurf für das Schlößchen im Zwingerhofe (nach Sponsel)

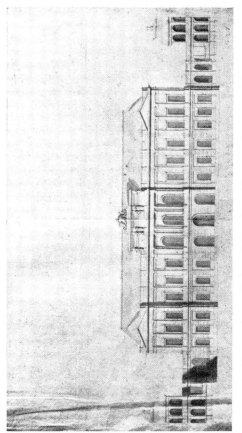

154. Longuelune: Entwurf für einen Museumsbau am Zwinger

153. Pöppelmann: Ideenskizze für den Portalbau des Schlosses

155. Pöppelmann: Der große Hof im großen Palastbau (nach Sponsel)

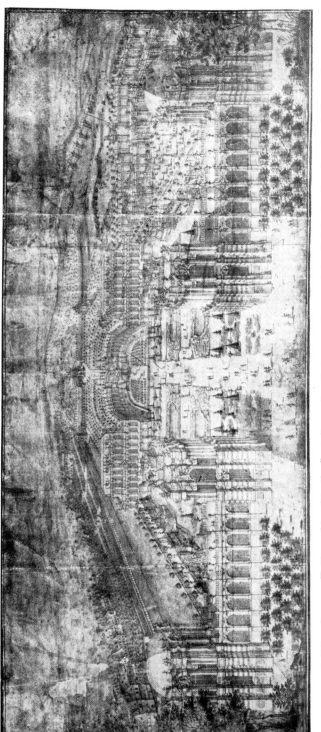

156. Pöppelmann: Frühere Idee für die Gestaltung des Zwingergartens und des Spielhofes daneben (nach Sponsel)

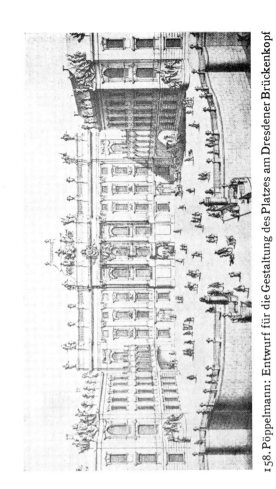

158. Pöppelmann: Entwurf für die Gestaltung des Platzes am Dresdener Brückenkopf

157. Pöppelmann: Grundriß für den großen Palastbau

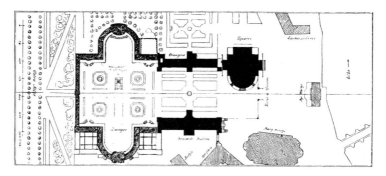

159. Semper: Plan, ein Forum zu schaffen auf dem heutigen Theaterplatz mit Einbeziehung des Zwingers

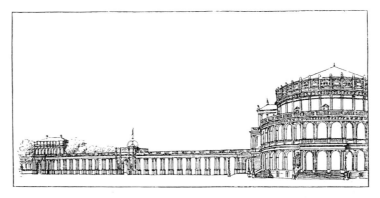

160. Semper: Geplante Verbindung des Theaters mit dem Zwinger durch eine Galerie

161. Künstlicher »Vulkan« für die Gärten von Wilhelmshöhe bei Kassel

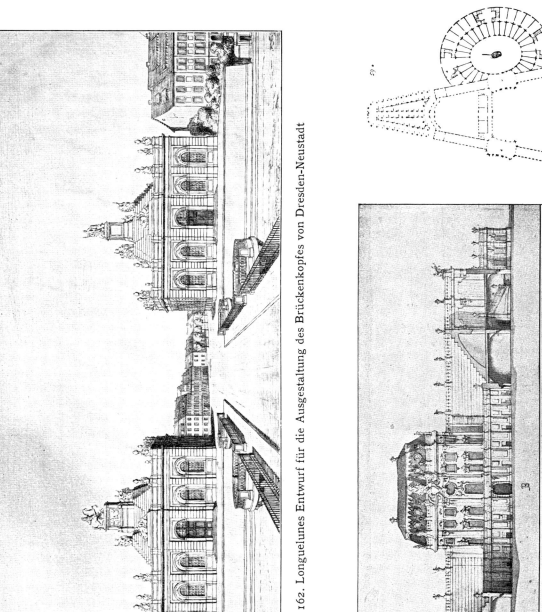

162. Longuelunes Entwurf für die Ausgestaltung des Brückenkopfes von Dresden-Neustadt

163. Pöppelmann: Entwurf für eine Tierkampfarena im Jägerhof in Dresden-Neustadt. Durchschnitt

164. Grundriß

165. Wilhelmshöhe bei Cassel. Heutiger Zustand

167. Entwurf für die Gärten von Guerniero

168. Entwurf für Schloß und Gärten vor und hinter dem Schlosse von Nikola

169. Cuvilliés: Brunnenhaus der vier Erdteile

170. Decker: »P

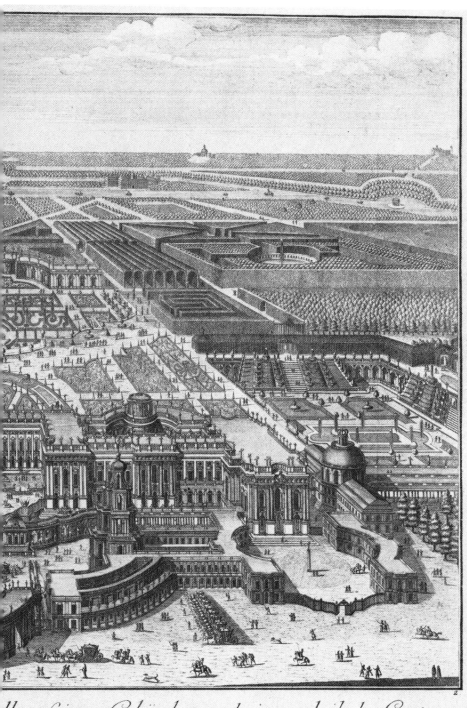

llen seiten Gebäuden, und einem theil des Gartens.

r Baumeister«

173. Stift Klosterneuburg, Plan

174. Klosterneuburg, Ausführung

171. Kloster Weingarten, Plan

172. Weingarten, Ausführung

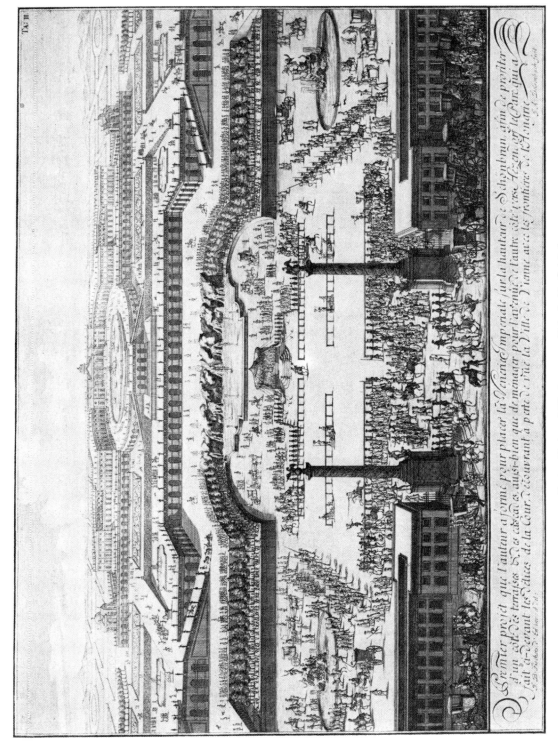

175. Erster Entwurf Fischers von Erlach für Schönbrunn

176. Ehrenpforte

177. Glocken- und Uhrturm

178. Lustbronnen

179. Lustbronnen

180. Lustbronnen

181. Speisesaal

182. Schlafkammer

183. Audienzsaal

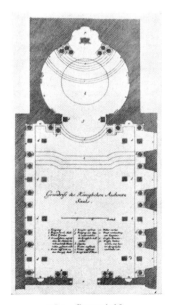

184. Grundriß

185. Lustgarten

186. Lustwasser

187. Lustwasser

188. Lustsaal

189. Grottenhaus

190. Schnitt durch die Grotte

191. Übersichtsbild über das heutige Schleißheim, Fliegeraufnahme

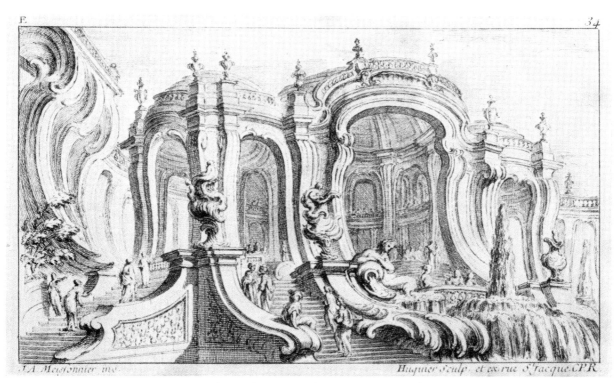
192. Meissonnier: Fantasie für ein Brunnenhaus

193. Piranesi: Fantastisches Gefängnis

194. Piranesi: Fantastisches Gefängnis

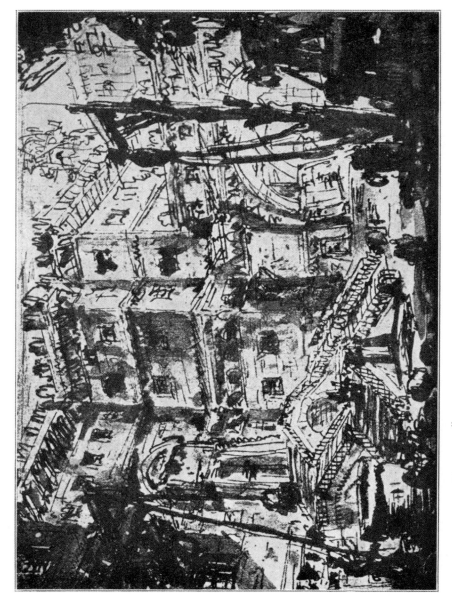

195. Piranesi: Äußeres eines Gefängnis- oder Festungsbaues. Handzeichnung

196. Piranesi: Antikes Bad

197. Piranesi: Vision der Via Appia

198. Piranesi: Rennbahn

199. Piranesi: Fantastischer Landungsplatz

200. Rastrelli: Modell zum Smolnystift

201. Friedrich Gilly: Entwurf für das Friedrichdenkmal auf dem Leipziger Platz

202. C. G. Langhans: Entwurf zum Denkmal Friedrichs des Großen

203. Friedrich Gilly: Potsdamer Tor aus dem Entwurf zum Denkmal Friedrichs des Großen

204. Friedrich Gilly: Ecke Leipziger Platz und Leipziger Straße aus dem Entwurf zum Denkmal Friedrichs des Großen

205. Friedrich Gentz: Entwurf zum Denkmal Friedrichs des Großen auf dem Opernhausplatz

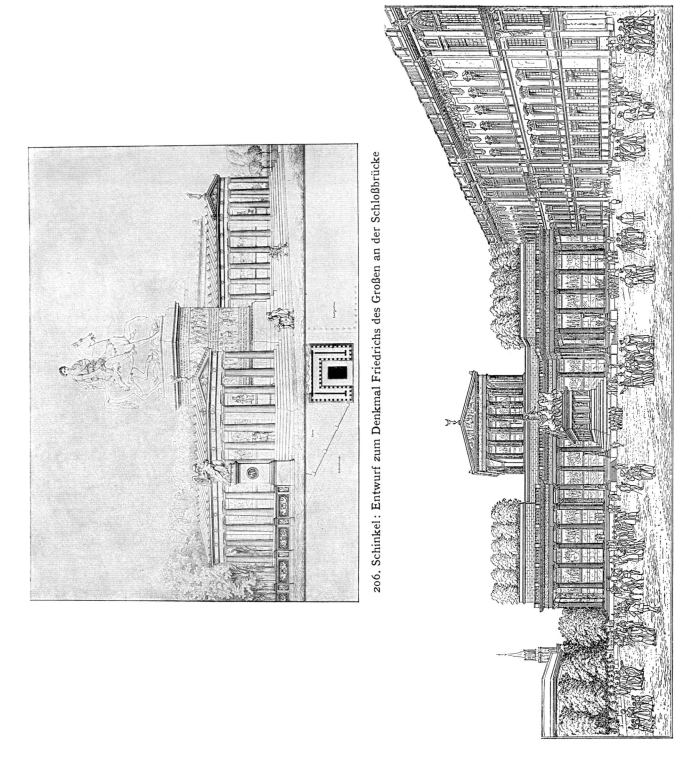

206. Schinkel: Entwurf zum Denkmal Friedrichs des Großen an der Schloßbrücke

208. Schinkels Entwurf für das Palais des Prinzen Wilhelm von Preußen am Opernplatz

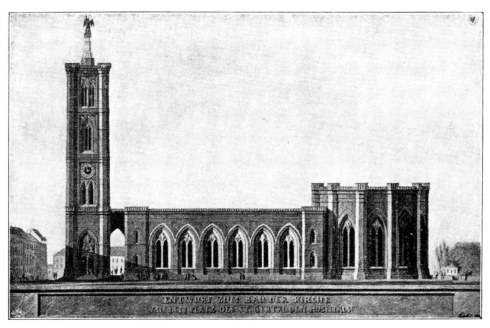

209. Schinkels Entwurf für eine Kirche auf dem Spittelmarkt

210/211. Schinkel: Palast für König Otto von Griechenland auf der Akropolis in Athen

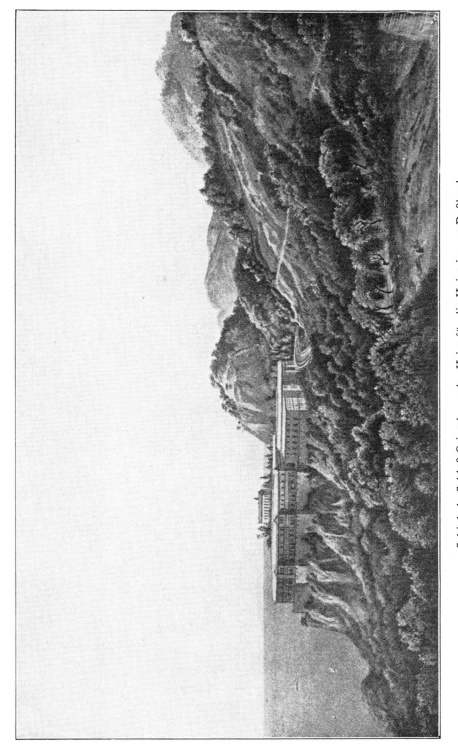

212. Schinkel: Schloß Orianda an der Krim für die Kaiserin von Rußland. Ansicht des Schlosses mit Umgebung

213. Schloß Orianda. Das große Atrium

214. Schloß Orianda. Innerer Hof

215. Schloß Orianda. Unterbau

216. Schloß Orianda. Terrasse gegen das Meer

121

218. Schinkel: Bekrönung der Domkuppel

217. Schinkels Entwurf eines Mausoleums für die Königin von Preußen

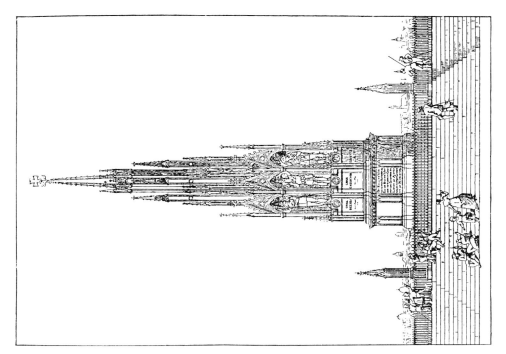

220. Denkmal auf dem Kreuzberg (ausgeführt)

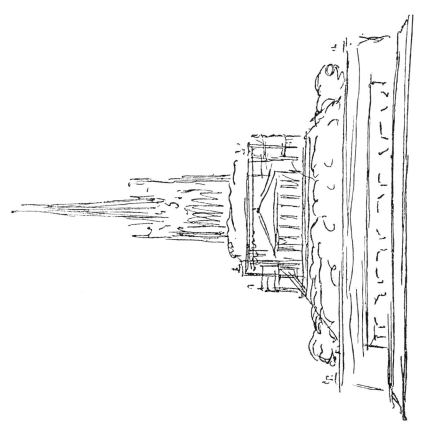

219. Schinkels Entwurf für ein Siegesdenkmal auf dem Kreuzberg bei Berlin

221. Schinkels Entwurf für den Nationaldom auf dem Leipziger Platz in Berlin

222. Schinkel: Mittelalterliche Stadt am Wasser

223. Weinbrenners Entwurf für ein Denkmal auf die Schlacht bei Roßbach

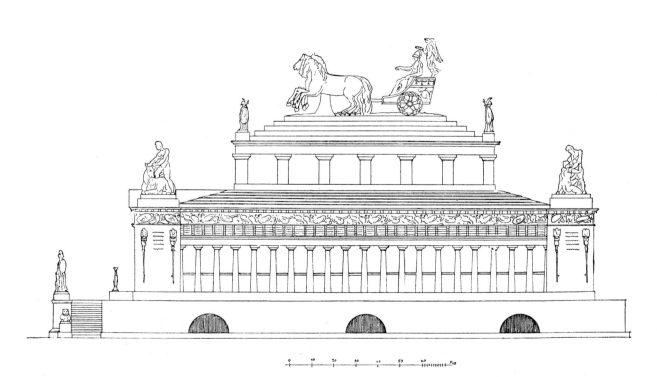

224. Weinbrenners Entwurf für ein Denkmal Napoleons

225. Weinbrenners Entwurf zu einem Denkmal für Friedrich den Großen

226. Opitz' Entwurf zu einem Denkmal für Blücher

227. Weinbrenners Entwurf für die Umgestaltung der Kaiserstraße in Karlsruhe

228. Umgekehrte Blickrichtung des Bildes 230, die gleiche wie Bild 231 und 232

229. Entwurf zur einheitlichen Gestaltung des Marktplatzes in Karlsruhe. Die gleiche Blickrichtung wie Bild 230

230. Marktplatz in Karlsruhe, heutige Ansicht. Links das Rathaus, am Marktplatz streicht tangential die Kaiserstraße vorbei, ganz fern in der Tiefe das Großherzogliche Schloß

231. Weinbrenners Entwurf für die Gestaltung des Marktplatzes in Karlsruhe

232. Dasselbe Bild ohne die Markthallen, rechts Rathaus, links Kirche.
Beide in umgekehrter Blickrichtung des Bildes der heutigen Wirklichkeit (Bild 230)

233. Pedettis Entwurf für Marktplatz und Stadterweiterung von Karlsruhe. Umgekehrte Blickrichtung des Bildes 228, die gleiche der Bilder 231 und 232

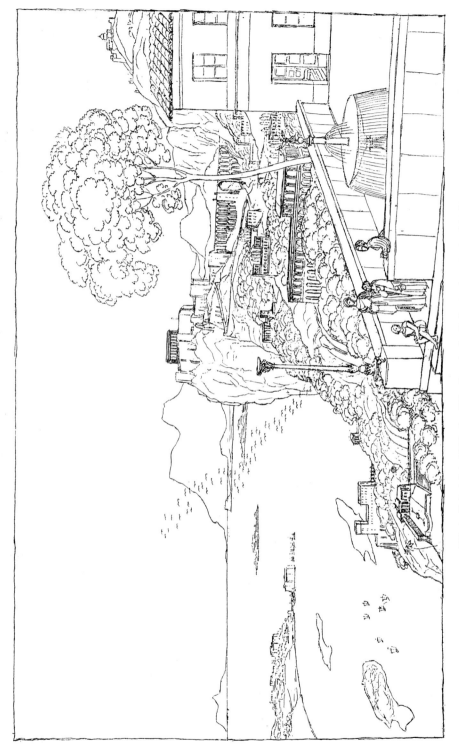

234. König Friedrich Wilhelm IV.: Landschaftsfantasie mit Architekturen

235. Blick auf Belriguardo von Sanssouci aus

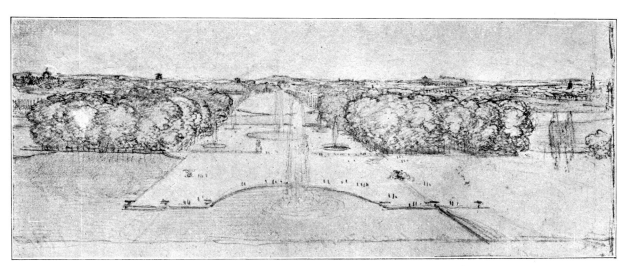
236. Blick von Belriguardo nach Sanssouci hin

237. Belriguardo und Gärten

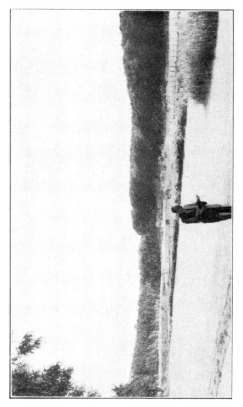

241. Heutiges Bild des »Lohgerbertales«

238/239. Heutige Ansichten des Bauberges, links der Brauhausberg

240. Heutiger Brauhausberg

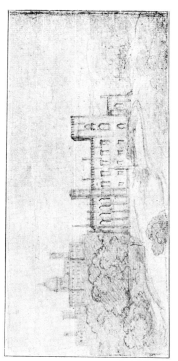

242. Entwurf für den Brauhausberg

243. Entwurf für Brauhausberg und Babelsberg

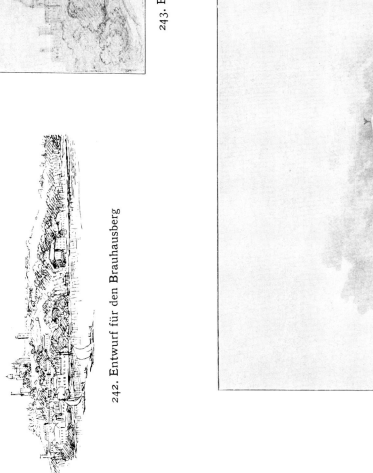

244. Belriguardo

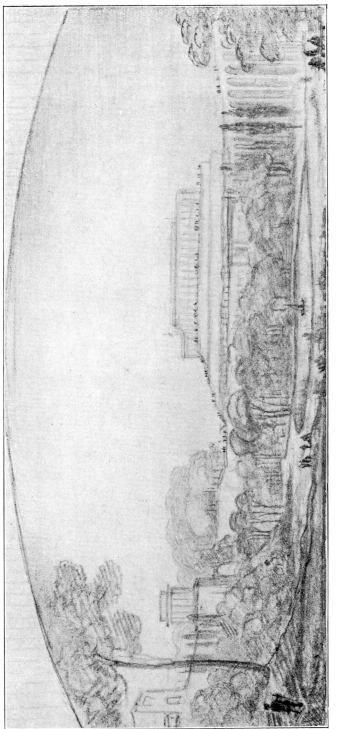

245. Belriguardo und »Lohgerbertal«

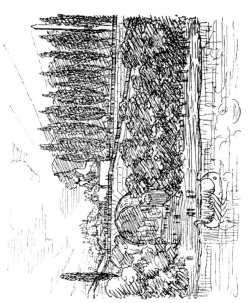

247. Rossebändigerbrücke

246. »Römische Straße«

248. Blick von der »Römischen Straße« in das »Lohgerbertal«

249. Entwurfskizze für Schloß und Viadukt

250. Belriguardo, rückwärtige Terrasse

251. Landschaftsbild der »Kappe« mit Belriguardo

252. Lageplan

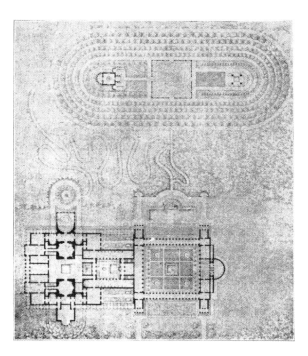

253. Antikes Landhaus. Zeichnung nach Entwurfskizzen des Königs von Schinkel

254. Schinkels Entwurf des Peristils im antiken Landhause

255. Viersäulenhalle, vom antiken Landhause ausgeführt

256. Entwurf für die Erweiterung des Schlosses Babelsberg

257. Viadukt über die Bornstädter Landstraße gedacht

258. Heutige Ansicht des Passes der Bornstädter Landstraße

259. Weinberg und Tor zur geplanten Prachtstraße

260. Heiliggeistkirche, Ideenskizze

261. Heiliggeistkirche, Wirklichkeit

262. Nymphäum

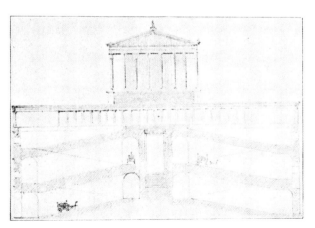
263. Auffahrt zum Denkmal

264. Denkmalskizze

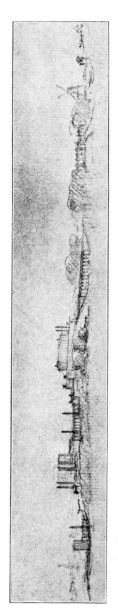

265. Geländeskizze mit Denkmal Friedrichs des Großen vom Mühlenberg über Sanssouci hinaus

266. Denkmalbau für Friedrich den Großen auf dem Mühlenberg

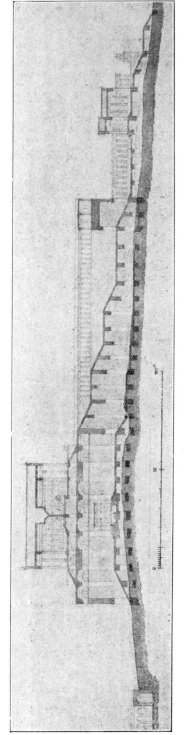

267. Längsschnitt durch den Denkmalbau

268. Jetzige Orangerie

269. Entwurf zu einem Kasino für Sanssouci

270. Ideenskizze zur Terrassenstraße mit Orangerie

271. Terrassen zwischen Orangerie und Belvedere (im Hintergrunde)

272. Pfingstberg, Blick aus der Säulenhalle auf Potsdam

273. Pfingstberg, Wirklichkeit

274. Pfingstberg, Idee

275. Pfingstberg. Der ausgeführte Teil

276. Seitenansicht des Lustschlosses nach der Idee

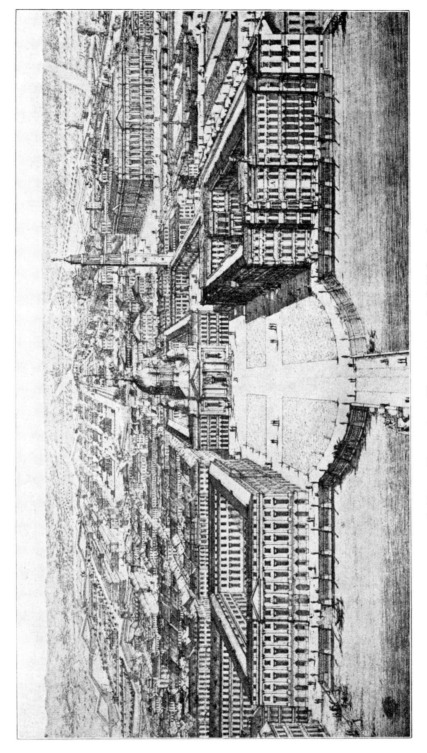
277. Schlüters Entwurf zur Umgestaltung der Schloßumgebung

278. Domvorhof

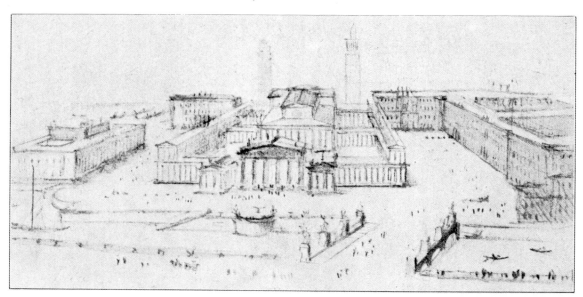
279. Dom im Lustgarten

280. Ideenskizze zu einem Denkmal Friedrichs des Großen auf dem Opernplatze

281. Gropius' Entwurf für den Dom zu Berlin

282. Stülers Entwurf

283. Raschdorfs erster Entwurf (rechts das Schloß)

284. Entwurf zu einem Palais des Prinzen Wilhelm von Preußen am Opernplatz

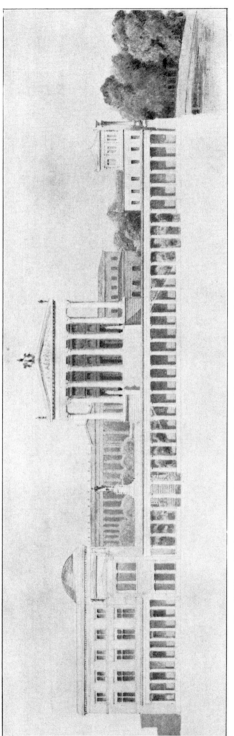

285. Stülers Entwurf für die Bebauung der Museumsinsel. Ansicht von der Museumsstraße her. Links Stülers »Neues Museum«, in der Mitte die spätere Nationalgalerie

286. Derselbe und dasselbe, Ansicht von der Burgstraße. Links Schinkels Altes Museum und Museumsstraße

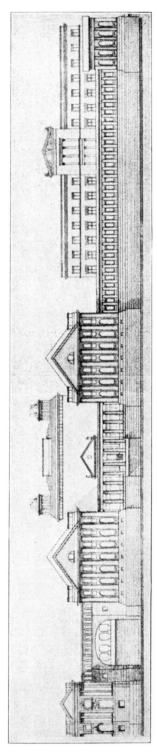

287. Messels Entwurf für die neuen Museumsbauten auf der Museumsinsel. Von links nach rechts: Kaiser-Friedrich-Museum, Stadtbahn, Neubau, Stülers Neues Museum

288. Halbrundzierhof am Inselkopfe

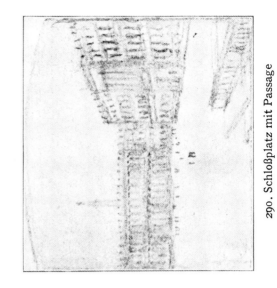

290. Schloßplatz mit Passage

289. »Passage«

291. Orths Bebauungsplan für die Museumsinsel

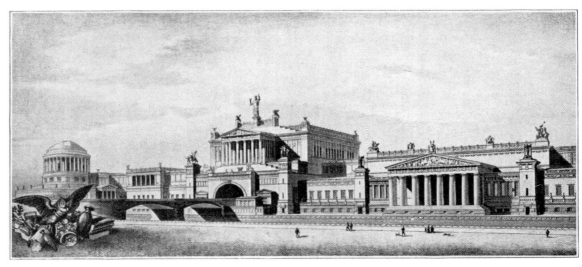

292. Klingenbergs Bebauungsplan

293. Entwürfe für einen Eiffelturm in London

294. Entwurf für eine Eisenbahnbrücke über den Kanal

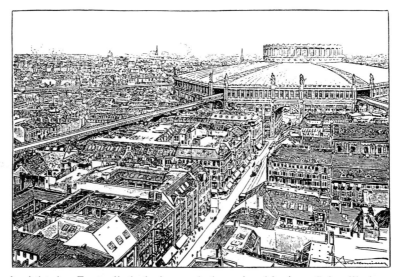

295. Ansicht des Zentralbahnhofes nach dem einschienigen Schnellbahnsystem

296. Untergeschoß des Zentralbahnhofes mit Zuführung des Straßenverkehrs

297. Obergeschoß des Zentralbahnhofes mit den Bahnsteigen

298. Entwurf für ein Kaiser-Wilhelm-Denkmal der Rheinprovinz

299. Entwurf für eine architektonische Ausgestaltung des Niederwald-Denkmals

Aus dem Wettbewerb zur Gewinnung von Entwürfen für ein Bismarck-Nationaldenkmal
auf der Elisenhöhe bei Bingerbrück am Rhein

300. Entwurf von Jooß und Caro

301. Entwurf von Högg

302. Entwurf von Hartmann

303. Entwurf von Kreis und Lederer

304. Entwurf von Thiersch

305. Entwurf von Riemerschmid

306. Entwurf von Brantzky

307. Entwurf von Billing und Bühler

308. Entwurf von Hahn

309. Entwurf von Ebhardt

310. Elsäßers Entwurf für eine protestantische Kirche

311. Innenansicht der Predigtkirche. Durchblick zur Abendmahlskirche

312. Halle für Textilindustrie

313. Halle für Sport

Entwürfe für Bauten der für Düsseldorf 1915 geplant gewesenen Ausstellung

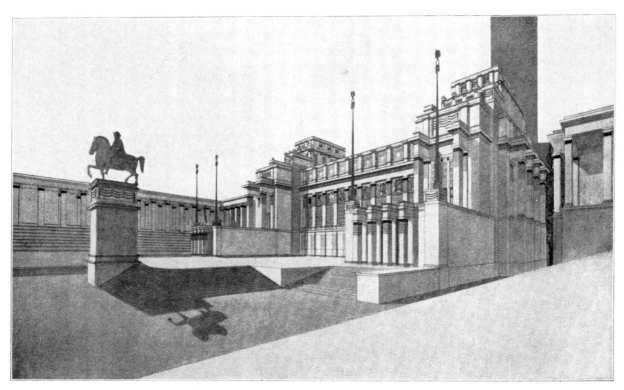

314/315. Entwürfe für ein Lustschloß in Sirmione

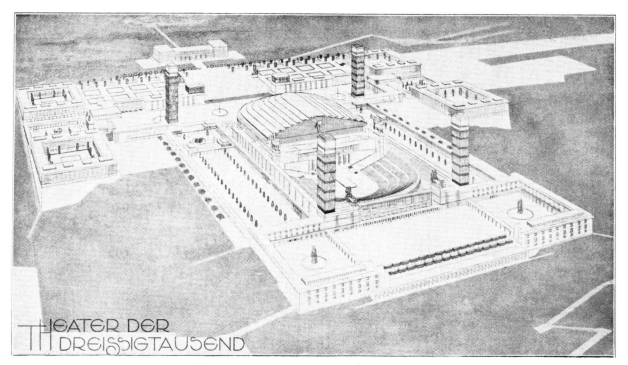

316. Entwurf für das »Theater der Dreißigtausend«

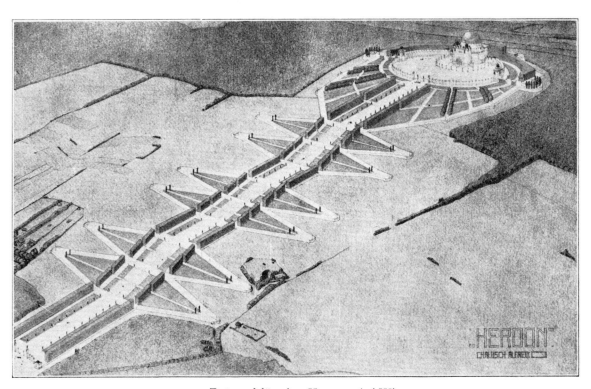

317. Entwurf für ein »Heroon« bei Wien

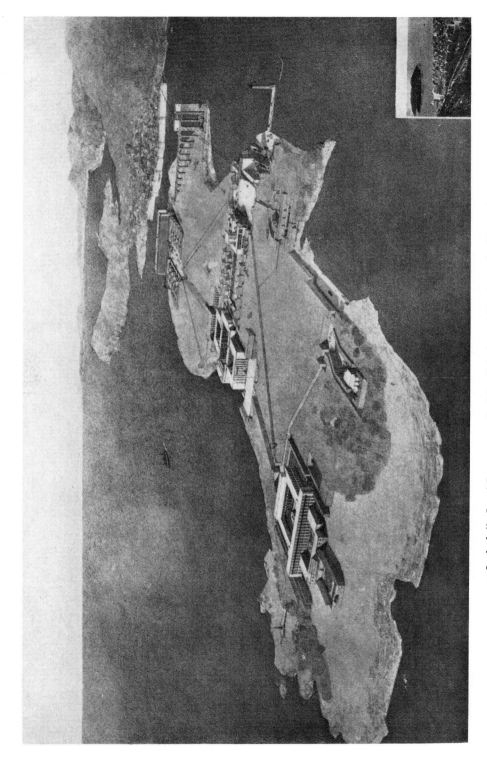

318. Auf die Insel Lacroma gedachtes Schul- und Festhaus für Tänzerinnen

319. Insel Lacroma. Arena

320. Insel Lacroma. Hotel

321. Insel Lacroma. Kirche

Entwürfe für Groß-Berlin:

322. Vereinigter Leipziger und Potsdamer Platz

323. Fliegeraufnahme vom Leipziger und Potsdamer Platz (zur Zeit des Verkehrsstreiks)
Im Vordergrund Leipziger Platz mit den Tempelchen des Potsdamer Tores, links Potsdamer Bahnhof

324. Städtisches Forum der Arbeit an der Spree auf dem Gelände des Inselspeichers

325. Heutiges Bild der Gegend um den Inselspeicher

326. Gestaltung der Döberitzer Heerstraße

327. Architektonische Ausgestaltung der Halbinsel Pichelswerder

328. Bender, Studie zum neuen Opernhaus

329. Entwurf von Paul Engler

330. Neuer Opernplatz und neues Opernhaus an der Kreuzung der verlängerten Französischen Straße mit der Budapester Straße. Dieselbe Stelle wie die des unteren Bildes

331. Durchbruch von der Jägerstraße nach der Budapester Straße mit Turmhaus

332. Idee zur Gestaltung eines »Platzes der Gerechtigkeit« mit
Verwendung der Königskolonnaden an ihrer alten Stelle

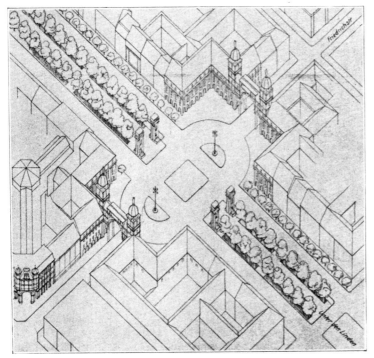

333. Ausgestaltung der Kreuzungsstelle Unter den Linden
und Friedrichstraße

334. Entwurf für eine Brücke
in Dresden

335. Ansicht von Dresden über die
Brücke weg

336. Reichsbürohaus am Königsplatz in Berlin

337. Schnitt durch das Reichsbürohaus

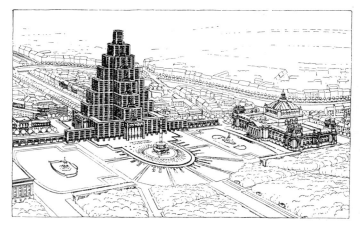

338. Lage des Reichsbürohauses am Königsplatz

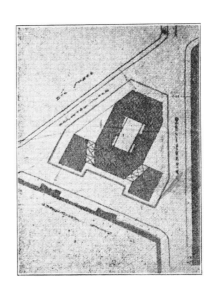

339, 340 und 341.
Zwei Entwürfe für Turmhäuser am Bahnhof Friedrichstraße

342. Umgestaltung der Gegend um den Lehrt

Zur Orientierung: Links Tiergarten und Königsplatz,

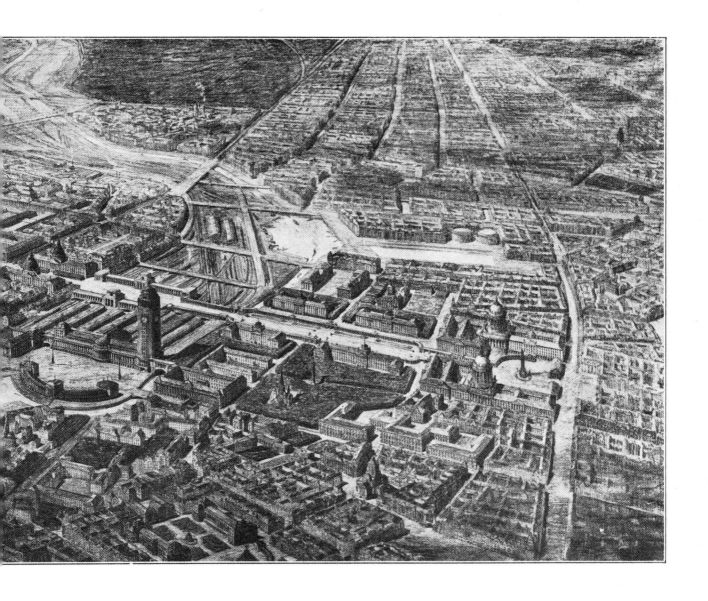

. Schaffung eines Berliner Nordbahnhofes

ckverlegter Lehrter Bahnhof, rechts Chausseestraße

343. Turmhausgruppen an der Prinz Albrecht-Straße

344. Turmhaus am Lehrter Bahnhof

345. Bürohochhaus für die Reichsschuldenverwaltung

346. Schnitt

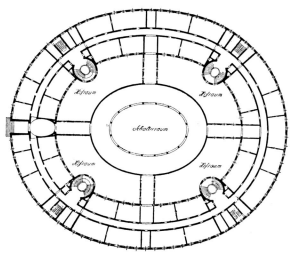

347. Grundriß

348. Umgestaltung der Gegend um Potsdamer u

Zur Orientierung: Auf der linken Bildhälfte Leipziger Platz und Leipziger Straße
Museumsviertel und weiter am Halleschen Tore vorbeistreichend. Neue Prachtst
vor den neuen Südbahnhof au

r Bahnhof, Schaffung eines Berliner Südbahnhofs

nks oben »Städtisches Forum an der Spree«, auf der rechten die Südspree, am neuen
iger Platze auf dem Gelände des heutigen Potsdamer Bahnhofs über die Südspree bis
es heutigen Güterbahnhofs ziehend

349. Wohnhochhäuser in Gruppen im Vorgelände einer Weltstadt

352. Bürohochhaus am Halleschen Tor

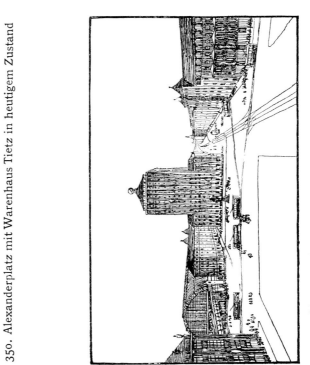

350. Alexanderplatz mit Warenhaus Tietz in heutigem Zustand

351. Alexanderplatz mit Warenhaus Tietz als Turmhaus

353. Hochhaus am Askanischen Platz,
gesehen vom Anhalter Bahnhof

354. Hochhaus am Askanischen Platz,
gesehen im Zuge der Königgrätzer Straße

355. Entwurf für eine Versuchsanstalt für sparsame Bauweisen an der Hardenbergstraße in Charlottenburg

356. Entwurf für die Platzgestaltung am Knie in Charlottenburg

357. Breslau mit Hochhäusern, von der Oder aus gesehen

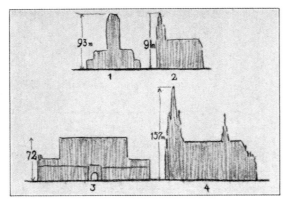

358. 1. Projekt Geschäftshochhaus am Ring, Breslau
2. Die Elisabetkirche in Breslau
3. Projekt Geschäftshochhaus auf dem Lessingplatz, Breslau
4. Der Dom in Köln

359. Entwurf zu einem Geschäftshochhaus am Ring in Breslau

360. Entwurf für ein Geschäftshochhaus am Lessingplatz in Breslau

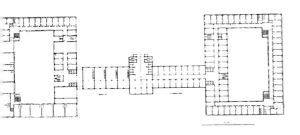

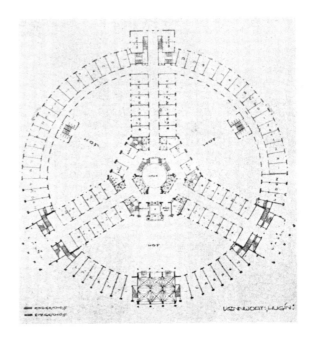

361, 362, 363 und 364.
Hochhausentwürfe für Danzig
mit zugehörigen Grundrissen

365. Hochhaus für Ludwigshafen

267. Theaterplatz in Duisburg, Geplanter Zustand

366. Theaterplatz in Duisburg, Jetziger Zustand

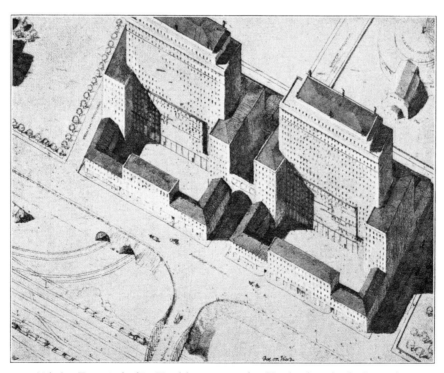

368/369. Entwürfe für Hochhäuser an der Hackerbrücke in München

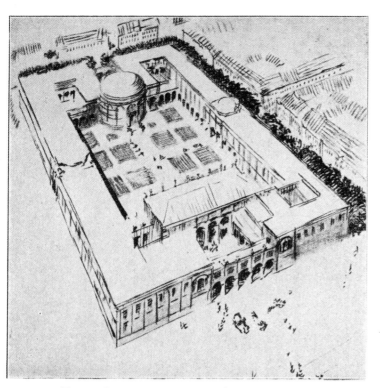

370. Entwurf für Umgestaltung der Neuen Pinakothek in München

371. Entwurf für eine Zusammenfassung der beiden Pinakotheken

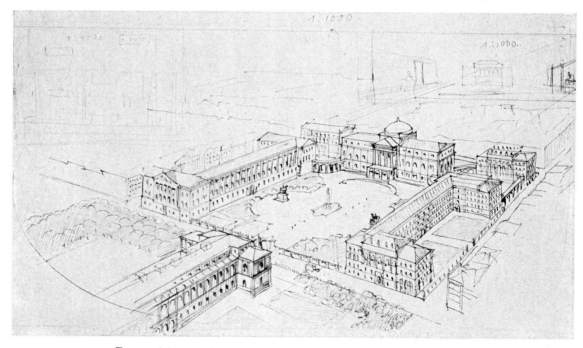

372. Entwurf für ein Akademiegebäude durch Umbau der Türkenkaserne

373. Entwurf für ein Museum der vaterländischen Altertümer in Stuttgart

374. Schaubild des künftigen Bahnhofsvorplatzes Stuttgart

375. Am Königsbau

376. An der Königstraße

Turmhausentwürfe für Stuttgart

377. An der Tübinger Straße

378. Am Alten Postplatz

Turmhausentwürfe für Stuttgart

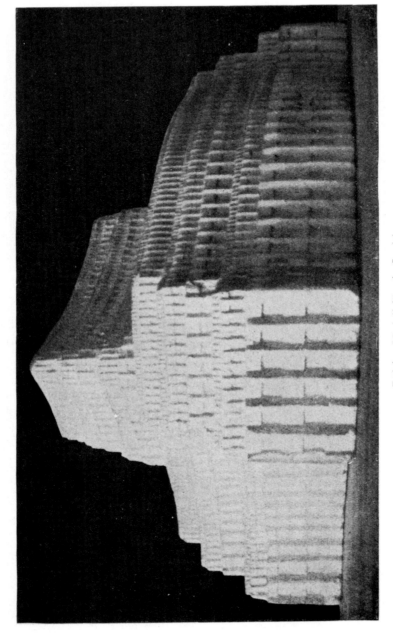

379. Pölzig: Modell für ein Stadthaus

380. Pölzig: Ideenskizze für ein Festspielhaus in Salzburg

381. Pölzig: Entwurf für eine Hauptfeuerwache in Dresden

382. Pölzig: Modell für »Zwei Schulen hinter Kirche«

383. Pölzig: Kampfspielhaus als Bismarck-Nationaldenkmal bei Bingerbrück am Rhein

384. Hans Luckhardt: Kleinhausidee

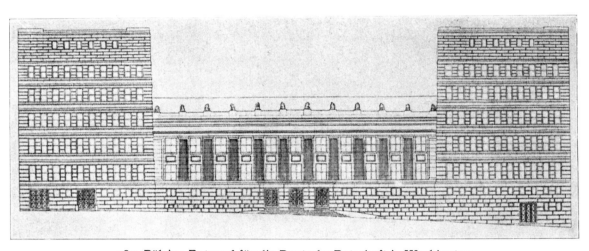

385. Pölzig: Entwurf für die Deutsche Botschaft in Washington

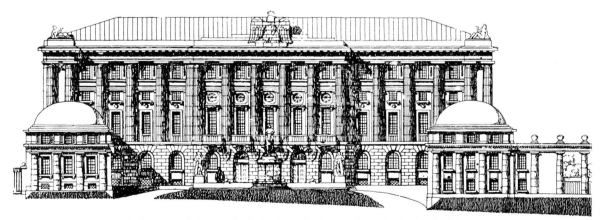

386. Kurz und Rosenthal: Entwurf für die Botschaft in Washington

387. Pölzig: Die Erscheinung des »Hauses der Freundschaft« im Stadtbilde Stambuls

388. Pölzig: »Haus der Freundschaft«

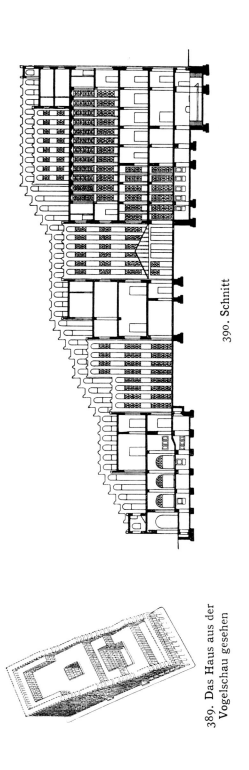

390. Schnitt

389. Das Haus aus der Vogelschau gesehen

391. Bestelmeyer: Entwurf für das »Haus der Freundschaft«

392. Riemerschmid: Entwurf für das »Haus der Freundschaft«

393. Taut: Entwurf für das »Haus der Freundschaft«

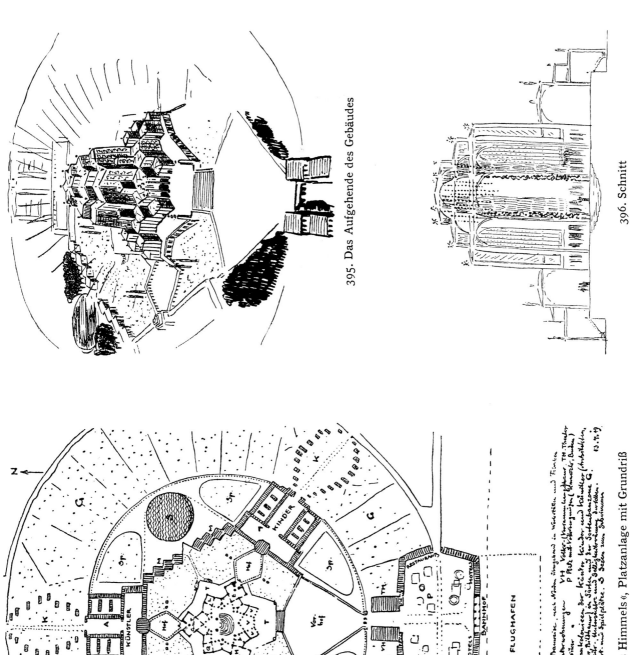

395. Das Aufgehende des Gebäudes

396. Schnitt

394. Taut: »Haus des Himmels«, Platzanlage mit Grundriß

397. Taut: Das drehbare Haus

398. Taut: Das Glashaus,
ausgeführt auf der Ausstellung in Köln 1914

399. Gösch: Leuchtglobus

400. Gösch: Küstenstadt

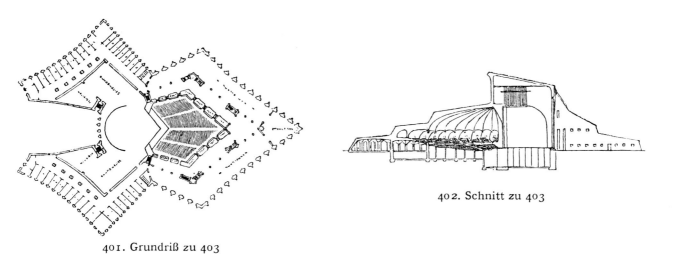

401. Grundriß zu 403

402. Schnitt zu 403

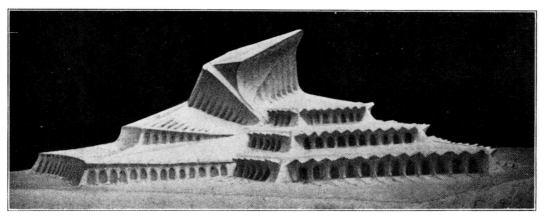

403. Wassili Luckhardt: Volkstheater

404. Grundriß zu 405

405. Gösch: Friedhofsanlage

406. Finsterlin: Haus der Künste

407. Gösch: Kugelgliederturm

408. Wassili Luckhardt: Entwurf für ein Hygienemuseum in Dresden

409. Hans Luckhardt: Entwurf für ein Hygienemuseum in Dresden

410. Rathaus

411. Heldenfriedhof

412. Schwagenscheidt: Kirche

413. Die Stadt der Zukunft. Platz der Kongresse mit Turm des Fortschrittes

414. Die Stadt der Zukunft

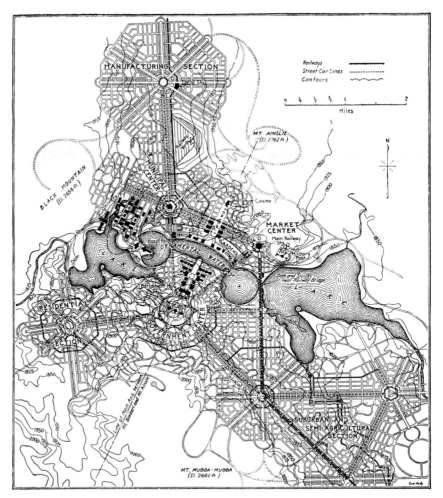

415. Plan für eine Bundeshauptstadt Australiens

416. Ein anderer Plan

417. Städtisches Forum

418. Blick auf Jachthafen, Lagunen und Forum für Kunst und Wissenschaft

Pläne für ein neues Chicago

419. Überblick

420. Geschäftsviertel

Pläne für ein neues Chicago

421. Das Rathaus auf dem Stadtforum

422. Gebäude am Forum

Pläne für ein neues Chicago